New Approaches in Cognitive Linguistics:
Beyond the Idealization of Language

新しい認知言語学
言語の理想化からの脱却を目指して

渋谷良方・吉川正人・横森大輔=編

Edited by SHIBUYA Yoshikata, YOSHIKAWA Masato,
YOKOMORI Daisuke

ひつじ書房

はしがき

　認知言語学には、言語知識は言語経験を通じて形成されるという用法（使用）基盤の前提がある。この前提は認知言語学の根幹を支えるものであり、一般的に認知言語学は用法基盤アプローチであることが認識されている。しかし、そのような認識とは裏腹に、認知言語学が用法基盤アプローチとしての要件を十分に満たしていないことを指摘する声が少なからずある。

　認知言語学が用法基盤アプローチとして不十分であるという指摘は、従来の認知言語学研究では、社会や相互行為の文脈に根ざす「現実の言語使用の観察」が不十分であったことに起因する。変異社会言語学の研究で長きにわたり示されてきたように、現実の言語使用では社会や相互行為に根ざした変異が広く観察可能である。用法基盤の前提は、認知言語学に、現実の言語使用を詳細に論じることを求めるものである。しかし、従来の認知言語学では、言語使用に見られる社会や相互行為に根ざす豊かな言語の変異性が概ね無視された形で研究がなされる傾向にあった。すなわち、従来の認知言語学研究では、高度な理想化の下に進められる傾向が強かった。このことは認知言語学では長い間、用法基盤の前提が適切に履行されてこなかったことを意味する。言語の用法基盤性は認知言語学にとってはその理論的根幹を支える前提であり、これが正しく履行されていない状況は早急に是正される必要がある。

　本書には、上記の問題意識を持つ 11 件の研究事例が収録されている。研究事例を提示する前に、序章において、本書の理念・内容・目的について述べる。研究事例は 3 つのパートに分かれている。Part 1 では、主に英語の構文の使用について、話者属性やレジスター変異性の観点から、コーパスデータとその統計分析の結果に基づく論考がなされている。このパートの執筆陣は、2022 年 9 月 3 日開催の日本認知言語学会第 23 回全国大会ワークショップ（Variation research and its implications for Cognitive Linguistics）で登壇した

4名である（ただし、ここでの論考の内容は同ワークショップでのものと同一ではない）。Part 2 では、主にインターネットの発達に伴って生じた新規表現や言語変化について、言語使用者の認知特性とコミュニケーションや社会的な関係性・構造を考慮した分析がなされている。このパートは、2023年3月16日開催の社会言語科学会第47回研究大会ワークショップ（認知と社会のダイナミズム―創発・伝播・規範から読み解く言語現象の諸相―）が土台になっている。Part 3 では、日常会話をはじめとする様々な談話・相互行為の録音・録画データの分析から言語知識の実態が論じられている。このパートの内容は、2023年9月2日開催の日本認知言語学会第24回全国大会ワークショップ（使用基盤の言語学への相互行為的アプローチ）に基づいている。

　本書の目的は、認知・社会・相互行為の観点から言語使用を論じることにより、用法基盤アプローチとしての認知言語学の在り方を考えるきっかけを提供することである。本書の読者がここに収録された論文から刺激を受け、新しい認知言語学の探求に加わっていただくことを強く願っている。

　本書の出版にあたり、多くの方のお力添えを頂いた。上述の各ワークショップの参加者からは数多くの有益なコメントを頂いた。ここに深く感謝の意を表する。また、ひつじ書房の海老澤絵莉氏には企画の段階から長い間懇切丁寧な助言やサポートをいただいた。末筆ながら心より感謝を申し上げたい。

2024 年 10 月

渋谷良方・吉川正人・横森大輔

目 次

はしがき iii

序 認知言語学と言語の理想化

渋谷良方・吉川正人・横森大輔 1

Part 1
コーパス分析からのアプローチ

WANT 交替
確率文法によるアプローチ 渋谷良方 13

Have to be or hafta be or gotta be, that is the question.
認知的・社会的要因から変異形の選択問題に迫る 吉川正人 37

多義性研究におけるテキストジャンル
RUN 構文を例に 木山直毅 65

better off not か *not better off* か

否定辞 *not* を含む *better off* 構文に関する認知社会言語学的研究

大谷直輝　89

Part 2
新規表現・逸脱表現からのアプローチ

補文標識 *like* と *that* の競合における多層的動機付け

言語変化における革新と伝播の観点から　　　　　中村文紀　111

認知と社会の両面から見るインターネット表現の機能と変化

Ash L. Spreadbury　133

「打ちことば」の連体修飾構造に見るモード依存の構文化

堀内ふみ野・土屋智行・中山俊秀　157

Part 3
談話・相互行為からのアプローチ

補文節を好む言語・避ける言語

言語類型論から話し言葉を見てわかること　　　　木本幸憲　183

会話における思考の引用

中国語会話を例に 　　　　　　　　　　　遠藤智子・李昱珉・李嘉　205

「超かわいいんだけど！」

「けど」中断節構文による肯定的評価と言語内バリエーションへの相互行為
的アプローチ 　　　　　　　　　　　　　　　　　　横森大輔　229

活動の中の相互行為と主体の認識

三味線の稽古における「教える」話しぶり／「学ぶ」話しぶり
　　　　　　　　　　　　　　　　　　　　　　　　　名塩征史　253

索引 　　　　　　　　　　　　　　　　　　　　　　　　　　　277
執筆者紹介 　　　　　　　　　　　　　　　　　　　　　　　　281

序
認知言語学と言語の理想化

渋谷良方・吉川正人・横森大輔

1. 従来の認知言語学とその問題点

　本書はそのタイトルが示す通り、「言語の理想化」を1つのキーワードとするものである。しかし、ここで言う「言語の理想化」とは何を意味するものであろうか。本章では、本書が前提としている「理想化」の問題について解説し、いかなる点で本書が「新しい」認知言語学を標榜するものであるかを明確化する。この問題は、様々な言語学的アプローチにおいて「言語」がどのような対象であるとみなされているかという「言語観」に直結する。例えば、生成文法では、言語はヒトという種に固有の「無限の再帰性」を備えた記号演算能力と同一視されているようである（e.g. Hauser, Chomsky, and Fitch 2002）。一方、認知言語学では、言語というドメインに閉じた「能力」を想定する代わりに、認知的営み一般に用いられる抽象化やカテゴリー化、類推といった能力によって言語が形作られていることが想定されている（e.g. Langacker 2000）。その意味で認知言語学における言語はそういった「一般認知能力（general cognitive abilities）」の反映であり、同時にそれらによって形成された「産物」でもあるということになる。

　このことを端的に表現しているのが、以下の認知言語学の基本的前提である（Croft and Cruse 2004: 1 より引用）。

（1）a.　language is not an autonomous cognitive faculty

b. grammar is conceptualization

c. knowledge of language emerges from language use

（1a, b）は認知言語学が言語というドメインに閉じていない一般認知能力を基盤として言語を見つめていることを表すものであるが、（1c）は言語の「産物」的側面にフォーカスしており、言語知識の用法基盤性を明文化している[1]。具体的には、（1c）では、音韻・形態・統語・意味を含む言語の様々な側面について言語使用者が持つ知識（言語知識）は言語経験（language experience）を通じて形成されることが述べられている（e.g. Langacker 1987: 494）。（1c）の前提に立脚するアプローチは用法基盤モデル（usage-based model）や用法基盤アプローチ（usage-based approaches）と呼ばれており、認知言語学もそれらに該当することが一般的に広く認識されている（e.g. Langacker 1988, 2000; Barlow and Kemmer 2000; Bybee 2001, 2010; Tomasello 2003; Croft and Cruse 2004: Ch.11; Diessel 2011; Ellis and Wulff 2019）[2]。

しかし、認知言語学＝用法基盤アプローチという一般的な認識とは裏腹に、その内実を疑問視する声は少なからずある[3]。例えば、Kristiansen and Dirven（2008: 3）では、従来の認知言語学では標準言語変種（e.g. 英語の場合のイギリス標準英語やアメリカ標準英語）について、そしてさらにはその書き言葉を対象とする研究が多く見られるが、認知言語学が真の用法基盤アプローチであるなら、言語の標準変種に加え非標準変種で観察される質的及び量的な変異性も研究スコープに積極的に含めるべきことが指摘されている[4]。さらに、以下の引用に見るように、従来の認知言語学では、英語や日本語といったいわゆる言語名のレベル（個別言語のレベル）での研究が多くなされてきたが、そこでは言語(内)変異の探求が軽視されているために、実質的に均質で理想化された言語コミュニティの研究となってしまっているという指摘がなされている[5]。

Too often linguistic analyses or cross-linguistic comparisons are carried out at the level of 'a language' as such, disregarding rich and complex patterns of intralingual variation. Such a level of granularity ultimately amounts to that of a homogeneous and thus idealized speech community.

(Geeraerts, Kristiansen, and Peirsman 2010: 6)

　それに対し、社会言語学の分野で指摘されているように、言語名のレベル
は言語使用者にとって意味のある区切りとは限らない[6]。例えば、Blommaert
(2005) は、言語名のレベルで行う研究は分析者が持つ言語のフォークイデ
オロギー (folk ideologies of language) の反映であり、社会言語学が取り組む
べきレベルとは、言語名のレベルではなく、話者が言語を実際に使用するレ
ベル(e.g. レジスター、ジャンル、使用モード)だと主張している[7]。したがっ
て、言語研究において参照される「日本語」「英語」といった言語名は抽象
的な理論的構築物に過ぎず、このレベルで一括りにした分析を行うことは、
実際の言語使用や言語知識のリアリティから乖離した研究になる可能性があ
る。

　上述の一連の観察は、従来の認知言語学では実際の言語使用とは異なるレ
ベルでの研究がなされてきたことを表している。もちろん、理想化を行うこ
と自体に問題があるわけではない。実際、多くの学問分野と同様、言語研究
においてもある程度の理想化を行う必要は常にある。しかし、ここで重要な
のは、設定する理想化のレベルは、各アプローチが持つ理論的前提と合致し
たものとなるべきだということである。言語名のレベルについて話を戻す
と、認知言語学が主張する用法基盤の前提(1c)と合致するのは、英語や日本
語などの抽象的な言語名のレベルではなく、実際の言語使用が観察される特
定の社会・文化・相互行為的文脈のレベルであろう。なぜなら、そのレベル
こそが話者が言語を使用(経験)するレベルだからである。同様に、特定言語
の標準語や書き言葉ばかりに過度なフォーカスを当てるのも、言語使用の実
態を解明するためには決して好ましいアプローチではない。なぜなら、変異
社会言語学 (Variationist Sociolinguistics; e.g. Tagliamonte 2012) で認識されて
いるように、実際の話者が使用(経験)するのは多くの場合において非標準的
変種(さらには話し言葉)だからである[8]。

　現実の言語使用が社会的要因などによって複雑に動機付けられた変異で満
たされていることは、変異社会言語学において長い間認識されてきた (e.g.

Labov 1972; Trudgill 1974)。一方、残念ながら、従来の認知言語学では実際の社会・文化の文脈に根ざした現実の言語使用の観察が疎かとなる傾向があった (Kristiansen and Dirven 2008: 7)。しかし、認知言語学が言語知識の用法基盤性を主張するなら、同枠組みにおいて変異研究に取り組むことは必要かつ必然である (Geeraerts, Speelman, Heylen, Montes, De Pascale, Franco, and Lang 2024: 31)。従来の認知言語学研究の多くが真の意味での用法基盤アプローチと呼ぶには不十分であった主な原因は、この枠組みでは変異研究への取り組みが不足していたことにある。このことは同枠組みにとって好ましくない含意を持つ。なぜなら、上で引用した Geeraerts, Kristiansen, and Peirsman (2010: 6) の後半部分で述べられているように、従来の認知言語学研究は、言語変異に注意を払っていないという点においては、生成文法家が研究を行う「均質な言語コミュニティ」(homogeneous speech communities; e.g. Chomsky 1965: 3–4) とほぼ同等のレベルでの研究に、(たとえ意図していなくとも実質的に)従事してきたことを意味するからである[9]。

　もちろん、生成文法でなされる理想化は言語能力 (competence; e.g. Chomsky 1965: 4) との関連で進められるものであり、いわゆる言語運用 (performance) の探求を重視する認知言語学における理想化のレベルと比較するとさらに高次なものとみなせる。したがって、従来の認知言語学が生成文法と同様の理想化を行っていたという Geeraerts, Kristiansen, and Peirsman (2010: 6) の上の指摘の妥当性については議論の余地があろう。しかし、上述のように、従来の認知言語学が、変異社会言語学でなされるような体系性を持って言語変異研究を展開してこなかったことは事実である。一般的に、用法基盤の前提は、認知言語学と、生得・遺伝的な言語能力の観点から言語知識を規定しようとする生成文法を区別する上で最も重要な特徴(の１つ)として認識されている (Croft and Cruse 2004: 3–4)。しかし、そのような認識に反して、従来の認知言語学は、言語使用における変異を概ね無視した研究を行ってきた点においては理論と実践の間に長い間ずれがあったのである。以下の引用にあるように、そのような状態にある限り、認知言語学を真の用法基盤アプローチと呼ぶことはできない。当然ながら、認知言語学における理論と実践のずれは早急に解消される必要がある。

[I]t is difficult to see how Cognitive Linguistics can live up to its self de-
clared nature as a usage-based model if it does not start from actual usage
data and a methodology that is suited to deal with such data.

(Geeraerts 2015: 287、［　］は引用者)

2. 本書の内容

　本書には前節で述べた問題意識を共有する 11 件の研究事例が収録されて
いる。変異社会言語学で長い間認識されてきたように、現実の言語使用で
は、音韻・語彙・文法など様々なレベルでの変異が観察可能である。言語変
異の豊かさ及びそれを引き起こす要因を捉えるには実際の言語使用を記録し
たデータとそれを分析するための厳密な方法論の利用が不可欠である
(Geeraerts 2005)。本論文集に収められた論文ではいずれも現実に使用され
た言語データが変異・相互行為的観点から論じられている。

　本論文集はテーマ毎に 3 つのパートに分かれている。Part 1 では、英語の
構文について、話者属性やレジスター変異性などの観点から、コーパスデー
タとその定量的分析に基づく論考がなされている。各章において、構文を分
析する際に社会的要因を考察の対象に含めることの大切さが論じられてい
る。Part 2 では、主にインターネットの発達に伴って生じた新規表現や言語
変化について、人間の認知特性とコミュニケーションや社会的な関係性・構
造を考慮した分析の事例研究が示されている。各章の分析を通して、言語表
現の創発や伝播にいかに認知的・社会的要因の双方が関与しているかの理解
が深まるであろう。Part 3 は、日常会話をはじめとする様々な談話・相互行
為の録音・録画データの分析から言語知識の実態に迫っている。各章におい
て、特定の相互行為文脈やジャンル・レジスターと構文の結びつきが論じら
れ、今後の認知言語学の展開に向けて、話し言葉を分析対象とすることの意
義はもちろんのこと、話し言葉データを分析する際に個々の用例の相互行為
文脈やジャンル・レジスターに十分な注意を払うことの必要性が示されてい
る。

3. 本書の目的

　本書の各論文はそれぞれ独自のテーマに取り組んでいる。しかし、広義には、その全てが認知言語学の社会的転回 (the social turn; Harder 2010: 3; e.g. 横森 2010; Geeraerts 2018: 1; 渋谷 2021; 吉川 2021) の流れを汲むものである。認知言語学の社会的転回における取り組みは社会記号論的コミットメント (the sociosemiotic commitment; Geeraerts 2016) とも呼ばれており、従来の認知言語学が立脚した認知へのコミットメント (the cognitive commitment; Lakoff 1990: 40) からの拡張を表している[10]。認知言語学は変異言語学や相互行為言語学に目を向けることによって多くの恩恵を受けることができる (Kristiansen and Dirven 2008: 3)。本書の目的は、言語の変異性と相互行為性に焦点を当てることにより、今後の認知言語学の発展に必要な研究の在り方を考えるきっかけを提供することである。本書の読者がここに収録された論文から刺激を受け、現実的な言語使用の研究に取り組む新しい認知言語学の探求に加わっていただけたら本書の目的は果たされたことになる。執筆者一同、そうなることを強く願っている。

注

1　(1a) と (1b) に関する詳細は Croft and Cruse (2004: 1–3) 参照。

2　usage-based という用語は、研究で扱う事象の性質上、「使用基盤」と訳される場合がある。本章では「用法基盤」と訳しているが、「使用基盤」と入れ替え可能なものと理解されたい。

3　以下では、用法基盤モデルではなく「用法基盤アプローチ」という用語を用いる。

4　いわゆる言語研究における書き言葉バイアス (the written language bias) については Linell (2005) 参照。

5　同様の指摘は Kristiansen, Montes, and Zhang (2021: 6) にも見られる。

6　同様の指摘は言語学習の観点からなされた Lee (2001: 28) にも見られる。

7　なお、そもそも、言語名に表される言語の分類は、純粋な相互理解可能性 (mutual intelligibility) に基づきなされるものではなく、社会政治的 (sociopolitical) に動機付けられたものである (e.g. Hudson 1996; Jones 2002)。さらに、特定言語においてどの変種が標準であるかについての決定も社会政治的になされるものである (Milroy and Milroy 1998)。これらの事実からも、認知言語学が言語名のレベルや標準変種に偏った研究を行うことは、記述的観点から問題を抱えたものであることがわかる。

8　ただし、対象とする言語現象や目的によっては（標準変種の）書き言葉を分析することがむしろ適切な場合も存在する。例えば、アメリカの標準的な中学生にとっては語彙の学習はほとんど書き言葉で行われることが指摘されており（Landauer and Dumais 1997: 211）、その意味で語彙知識を対象とする分析の場合は書き言葉のデータを中心に扱うべき状況も存在するとも言える。また使用の実態というよりはヒトが持つ「言語意識」を分析の対象とする場合は、書き言葉などのある種の「規範性」を帯びたレジスターが適切である可能性もある（吉川 2017a）。いずれにせよ重要な点は、分析の対象や目的に応じて適切なデータを選択するということであり、無自覚に標準変種の書き言葉に基づいた分析を行うことは「用法基盤」のアプローチにとっては大きな問題であろう（吉川 2017b）。

9　同様の指摘は Kristiansen and Dirven（2008: 3）や Dąbrowska（2015: 663）でもなされている。

10　この流れの実現形の 1 つが認知社会言語学（Cognitive Sociolinguistics）である（e.g. Kristiansen and Dirven 2008; Geeraerts, Kristiansen, and Peirsman 2010; Kristiansen, Franco, De Pascale, Rosseel, and Zhang 2021）。

参考文献

Barlow, Michael and Suzanne Kemmer.（eds.）（2000）*Usage-Based Models of Language*. Stanford: CSLI Publications.

Blommaert, Jan.（2005）Situating Language Rights: English and Swahili in Tanzania Revisited. *Journal of Sociolinguistics* 9（3）: pp. 390–417.

Bybee, Joan L.（2001）*Phonology and Language Use*. Cambridge: Cambridge University Press.

Bybee, Joan L.（2010）*Language, Usage and Cognition*. Cambridge: Cambridge University Press.

Chomsky, Noam.（1965）*Aspects of the Theory of Syntax*. Cambridge, MA: MIT Press.（ノーム・チョムスキー　安井稔訳（1970）『文法理論の諸相』研究社）

Croft, William and D. Alan Cruse.（2004）*Cognitive Linguistics*. Cambridge: Cambridge University Press.

Dąbrowska, Ewa.（2015）Individual Differences in Grammatical Knowledge. In Ewa

Dąbrowska and Dagmar Divjak. (eds.) *Handbook of Cognitive Linguistics*, pp. 650–668. Berlin: Mouton de Gruyter.

Diessel, Holger. (2011) Language, Usage and Cognition. *Language* 87 (4) : pp. 830–844.

Ellis, Nick C. and Stefanie Wulff. (2019) Cognitive Approaches to Second Language Acquisition. In John W. Schwieter and Alessandro Benati. (eds.) *The Cambridge Handbook of Language Learning*, pp. 41–61. Cambridge: Cambridge University Press.

Geeraerts, Dirk. (2005) Lectal Variation and Empirical Data in Cognitive Linguistics. In Francisco J. Ruiz de Mendoza Ibáñez and M. Sandra Peña Cervel. (eds.) *Cognitive Linguistics: Internal Dynamics and Interdisciplinary Interaction*, pp. 163–189. Berlin: Mouton de Gruyter.

Geeraerts, Dirk. (2015) Lexical Semantics. In Ewa Dąbrowska and Dagmar Divjak. (eds.) *Handbook of Cognitive Linguistics*, pp. 273–295. Berlin: Mouton de Gruyter.

Geeraerts, Dirk. (2016) The Sociosemiotic Commitment. *Cognitive Linguistics* 27 (4) : pp. 527–542.

Geeraerts, Dirk. (2018) *Ten Lectures on Cognitive Sociolinguistics*. Leiden: Brill.

Geeraerts, Dirk, Dirk Speelman, Kris Heylen, Mariana Montes, Stefano De Pascale, Karlien Franco, and Michael Lang. (2024) *Lexical Variation and Change: A Distributional Semantic Approach*. Oxford: Oxford University Press.

Geeraerts, Dirk, Gitte Kristiansen, and Yves Peirsman. (eds.) (2010) *Advances in Cognitive Sociolinguistics*. Berlin: Mouton de Gruyter.

Harder, Peter. (2010) *Meaning in Mind and Society: A Functional Contribution to the Social Turn in Cognitive Linguistics*. Berlin: Mouton de Gruyter.

Hauser, Marc D., Noam Chomsky, and W. Tecumseh Fitch. (2002) The Faculty of Language: What Is It, Who Has It, and How Did It Evolve? *Science* 298 (5598) : pp. 1569–1579.

Hudson, Richard A. (1996) *Sociolinguistics*. 2nd edition. Cambridge: Cambridge University Press.

Jones, Charles. (2002) *The English Language in Scotland: An Introduction to Scots*. East Linton: Tuckwell Press.

Kristiansen, Gitte and René Dirven. (2008) Introduction: Cognitive Sociolinguistics: Rationale, Methods and Scope. In Gitte Kristiansen and René Dirven. (eds.) *Cognitive Sociolinguistics: Language Variation, Cultural Models, Social Systems*, pp. 1–20. Berlin: De Gruyter Mouton.

Kristiansen, Gitte, Karlien Franco, Stefano De Pascale, Laura Rosseel, and Weiwei Zhang.

(eds.)（2021）*Cognitive Sociolinguistics Revisited*. Berlin: Mouton de Gruyter.

Kristiansen, Gitte, Mariana Montes and Weiwei Zhang.（2021）Cognitive Sociolinguistics in the 21st Century. In Gitte Kristiansen, Karlien Franco, Stefano De Pascale, Laura Rosseel, and Weiwei Zhang.（eds.）*Cognitive Sociolinguistics Revisited*, pp. 3–19. Berlin: Mouton de Gruyter.

Labov, William.（1972）*Sociolinguistic Patterns*. Philadelphia: University of Pennsylvania Press.

Lakoff, George.（1990）The Invariance Hypothesis: Is Abstract Reason Based on Image-schemas? *Cognitive Linguistics* 1（1）: pp. 39–74.

Landauer, Thomas K. and Susan T. Dumais.（1997）A Solution to Plato's Problem: The Latent Semantic Analysis Theory of Acquisition, Induction, and Representation of Knowledge. *Psychological Review* 104（2）: pp. 211–240.

Langacker, Ronald W.（1987）*Foundations of Cognitive Grammar 1: Theoretical Prerequisites*. Stanford: Stanford University Press.

Langacker, Ronald W.（1988）An Overview of Cognitive Grammar. In Brygida Rudzka-Ostyn.（ed.）*Topics in Cognitive Linguistics*, pp. 3–48. Amsterdam: John Benjamins.

Langacker, Ronald W.（2000）A Dynamic Usage-Based Model. In Michael Barlow and Suzanne Kemmer.（eds.）*Usage-Based Models of Language*, pp. 1–63. Stanford, CA: CSLI Publications.

Lee, D.（2001）Genres, Registers, Text types, Domains, and Styles: Clarifying the Concepts and Navigating a Path through the BNC Jungle. *Language Learning & Technology* 5（3）: pp. 37–72.

Linell, Per.（2005）*The Written Language Bias in Linguistics: Its Nature, Origins and Transformations*. London: Routledge.

Milroy, James and Lesley Milroy.（1998）*Authority in Language: Investigating Standard English*. 3rd edition. London: Routledge.

渋谷良方（2021）「認知言語学の社会的転回—言語変異と言語変化の問題を中心に」児玉一宏・小山哲春（編）『認知言語学の最前線—山梨正明教授古希記念論文集』pp. 335–360. ひつじ書房

Tagliamonte, Sali A.（2012）*Variationist Sociolinguistics: Change, Observation, Interpretation*. Oxford: Wiley-Blackwell.

Tomasello, Michael.（2003）*Constructing a Language: A Usage-Based Theory of Language Acquisition*. Cambridge, MA: Harvard University Press.（マイケル・トマセロ　辻幸

夫・野村益寛・出原健一・菅井三実・鍋島弘治朗・森吉直子訳（2008）『ことばをつくる―言語習得の認知言語学的アプローチ』慶應義塾大学出版会）

Trudgill, Peter. (1974) *The Social Differentiation of English in Norwich*. Cambridge: Cambridge University Press.

横森大輔（2010）「認知と相互行為の接点としての接続表現―カラとノデの比較から」山梨正明・辻幸夫・西村義樹・坪井栄治郎（編）『認知言語学論考 No.9』pp. 211–244. ひつじ書房

吉川正人（2017a）「社会統語論の目論見―「文法」は誰のものか」井上逸兵（編）『社会言語学』pp. 146–167. 朝倉書店

吉川正人（2017b）「データを生み出す知識、知識を生み出すデータ―「正しい」コーパス認知言語学のための覚書」『日本認知言語学会論文集』17: pp. 569–574. 日本認知言語学会

吉川正人（2021）「認知言語学の社会的転回に向けて―「拡張された認知」が切り開く認知言語学の新たな可能性」篠原和子・宇野良子（編）『実験認知言語学の深化』pp. 213–238. ひつじ書房

Part 1

コーパス分析からのアプローチ

WANT 交替

確率文法によるアプローチ

渋谷良方

1. はじめに

　本稿が論じるのは、英語の want to 不定詞（e.g. I want to walk.）とその縮約変異形である wanna 原形不定詞（e.g. I wanna walk.）の使用に見られる交替現象である。英語には I'd、it's、cuz など様々な縮約形がある。先行研究では縮約はインフォーマルさ（informality）や口語性（colloquialness）を表すものとして分析されることが多いが（Levshina and Lorenz 2022: 255）、同様の分析は WANT 交替（WANT alternation; 同上、p. 253）の説明においても広く見受けられる（e.g. Pullum 1997; Boas 2004）。

　本研究の目的は、WANT 交替ではどのような要因に基づき変異形選択が行なわれているのかを明らかにすることである。言語使用の観点からWANT 交替を論じる研究はこれまで比較的手薄であったが、本研究では先行研究の不足点を補うことを目指す。ここでの分析は確率文法（probabilistic grammar; e.g. Grafmiller et al. 2018）の文法観に立脚するものである。確率文法とは、用法基盤言語学（usage-based linguistics; e.g. Bybee 2010）と変異主義言語学（variationist linguistics; e.g. Geeraerts et al. 2010）と社会言語学（sociolinguistics; e.g. Labov 1966）の接点に位置するアプローチである（Grafmiller et al. 2018 参照）。本研究では、コーパスから得たデータを混合モデルを用いて分

析し、WANT 交替は、インフォーマルさ（及び口語性；本稿では前者を後者の上位語として用いる）に加え、複数の他の要因が確率的に条件づけられた形で（すなわち変異形選択に対して相対的に様々に異なる影響力を行使する中で）起こる現象であることを示し、認知言語学が言語知識の高度な理想化からの脱却を果たすために必要となる新しい研究の在り方を考えるきっかけを提供したい。

　以下の構成は次の通りである。2 節では、先行研究を概観し、本研究の目的とリサーチ・クエスチョン（以下 RQ）について述べる。3 節では、本研究で用いたデータとモデルに含めた変数について述べる。4 節では分析結果を示す。5 節では分析結果に基づき RQ に対する回答を示し、結果の解釈を先行研究との比較を通じて行う。同節では今後の課題についても触れる。6 節では内容をまとめ、認知言語学の今後の方向性について手短に述べる。

2. 先行研究と本研究のアプローチ

2.1 生成文法による研究とその問題点

　生成文法（generative grammar）では、wanna 縮約（wanna contraction; 以下WC）の名の下に多くの研究が行われてきた。以下ではそれらを 2 つのアプローチに分類し、その概要と問題点について述べる。

　1 つ目は、want と to の間に介在する要素に着目するアプローチである。これは 1970 年代に注目を集めた縮約規則（contraction rules）の適用における隣接条件（adjacency condition）に関する議論に見ることができる（e.g. Chomsky and Lasnik 1978）。当時の議論は大変活発であり（e.g. Postal and Pullum 1982）、研究者間の見解の不一致も度々見受けられた（e.g. Lightfoot 1977; Jaeggli 1980）。1 つ目のアプローチにおける初期の研究は線形順序（linear order）に基づく説明であったが、1980 年代に生成文法で起きた理論的進展（e.g. Chomsky 1981）に伴い、統率（government）の概念に基づく階層構造の観点からの分析が行われるようになった（e.g. Aoun and Lightfoot 1984）。そして、ミニマリスト・プログラム（Minimalist Program; 以下 MP; e.g. Chomsky 1995）では、Bošković（1997）のように、Who do you wanna visit? の

ような PRO を持つ事例とは異なり、*Who do you wanna visit you? のような
事例では、want の不定詞補部（infinitival complement）は空格照合（null case
checking）C が主要部（head）であり、to 縮約は C によって阻止（block）される
という説明がなされるようになった（Ausín 2002: 53、55 も参照）。

　さて、上記の 1 つ目のアプローチによる一連の分析では、want と to の間
に介在する要素に注目する形で WC 適用の有無が論じられるが、このよう
な分析に対する批判が Ausín（2002）によってなされている。例えば、次の事
例を見てみよう（同上、p. 56）。

（1）a.　who you want ＿ to visit who
　　 b.　who you want who to visit you

　WC 適用の有無を want と to の間に介在する特定要素による阻止の観点か
ら説明する分析では、例えば、（1a）では派生後は want と to の間に介在する
要素が存在しないため WC が可能であるのに対し、（1b）では who が介在し
ているために WC が阻止されるといった説明がなされる。これが上の段落
で述べた Bošković（1997）の説明である。しかし、Ausín（2002: 56–57）は、そ
のような説明では WC のような形態音韻的プロセスがなぜ音韻的観点から
見て空である要素の存在によって影響を受ける必要があるのか、すなわち
（1b）では who のコピー（copy）／痕跡（trace）がなぜ WC を阻止するのかが明
確でないことを指摘する。なぜなら、who のコピー／痕跡は音韻的には発音
されないものであり、WC という形態音韻的プロセスを阻止する類のもの
でないと考えることも可能だからである（同上）。

　生成文法の立場から提出された 2 つ目のアプローチは、1 つ目のアプロー
チの代替案として多重書き出し（Multiple Spell-out; 以下 MSO）に基づく説明
を提案した Ausín（2002）の分析である。生成文法の根底にある基本的前提の
1 つがモジュール仮説（Modularity Hypothesis; e.g. Chomsky 1986）である。
この仮説では、言語（文法）の全体的システムは幾つかの部分的システム（モ
ジュール）によって構成され、部分的システムは互いに相互作用するもの
の、それぞれには独自の系としての働きがあると考えられている（e.g. Crain

16 Part 1 コーパス分析からのアプローチ

and Lillo-Martin 1999: 7章)。モジュール仮説は生成文法において長きにわたり不変的に維持されてきた前提だが、モジュール同士の相互作用の回数についての変更(見直し)自体はあった。具体的には、生成文法の初期の時代からMP初期の頃までは、統語部門が音韻部門や意味部門などの他のモジュールと作用するのは派生において1回のみと考えられたのに対し、MP初期以降では統語部門と他の部門との相互作用、すなわち書き出しという操作は複数回起こりうると考えられるようになった(多重書き出し仮説;e.g. Uriagereka 1999)。Ausín(2002)ではこのMSOの操作がWCの説明に利用されている。

なお、MSOのように、部門同士の相互作用が複数回起こることを述べた研究は1970年代にすでに見られたことも述べておく必要がある(e.g. Jack-endoff 1972)。実際、MSOをWCの説明に用いたAusín(2002)の分析にも、統語部門と音韻部門の相互作用は規則適用のサイクル毎に起こるという分析に基づきWCを論じたBresnan(1971)という前身がある。Ausínは、Bres-nanの説明に依拠した形で、書き出しの操作は文の派生の過程において何度も行われうるものだと主張している。次の事例を見てみよう(事例はAusín(2002: 58)から)。

(2) a.　They want to leave.

　　 b.　They want Mary to leave.

Ausínは、(2a)では不定詞補部の主語の位置について格照合が行われないのに対し、(2b)では埋め込まれた主語(embedded subject)に関する格照合がなされることに注目し、両者におけるこの違いがWCの実現にとって重要な結果をもたらすと述べている。すなわち、Ausínは(2a)では格照合が発生しないため派生の初期の段階で書き出しがなされないのに対し、(2b)では格照合が生じてしまうことから不定詞補部は派生の初期の段階で書き出しが行われてしまう(WCが起きない)と説明している(同上、p. 58)。

これまで述べてきた生成文法による一連の研究は、WCのメカニズムについて一定の記述的妥当性を有するものである。しかし、以下で述べるよう

に、上で見た分析はいずれも実証性の点において問題を抱えている。もちろん、上記の研究は、言語使用の観点から WANT 交替における変異形選択のメカニズムの説明を目指す本研究とは方向性が異なることを認識することは大切である。しかし、言語研究が経験科学である以上、目的や方向性の違いに関わらず、研究は実証性・反証可能性を持つものであることは必須であろう。

　例えば、生成文法による1つ目のアプローチにおいて、WC 適用の可能性を音韻的に空の要素の存在との関連で主張する者は、そもそも WC と音韻的に空の要素の間に関係性があることを証明する必要があろう。統計的用語を用いれば、仮に WC は音韻的に空の要素の存在(関係性)によるという考えを対立仮説(alternative hypothesis)とするなら、WC は音韻的に空の要素の存在(関係性)によるものではないという考えが帰無仮説(null hypothesis)となる。実証的研究のプロセスにおいては、対立仮説を採択するには帰無仮説を棄却する必要がある。しかし、WC と音韻的に空の要素の関係性を主張する分析ではそのような手順は踏まれていない。また、そもそも、音韻的に空の要素とそれによる WC の阻止の関係性は、どのようにすれば仮説検定に耐えうる形での操作化が行えるのだろうか。WC と音韻的に空の要素の関係性が実証されていない(あるいは、実証できない)状態では、研究者は実質的にどのような説明を提案しても良いことになる。実際、このことが上で述べた生成文法家の間で度々見られる見解の相違の原因(あるいは、少なくともその1つ)となっている可能性がある。

　生成文法の枠組みに基づき提出された2つ目のアプローチである Ausín の説明についても、実証的視点が乏しいことが指摘できる(実証性に関する他の批判は Boas (2004: 481) 参照)。例えば、Ausín の分析が依拠する前提の1つに、WC を誘発する to (レキシコンで接辞の to (to$_{+Aff}$) として指定されているもの; $_{Aff}$ は Affix (接辞)の略)と、WC を誘発しない to (独立した語)という2種類の to が存在するという考え方がある。次の事例を見てみよう(事例は Ausín (2002: 58) から)。

（3）a.　They want to leave ← {They, pres, want, to, leave}

b. They wanna leave ← {They, pres, want, to+Aff, leave}

　(3a)と(3b)では、(語彙項目の)列挙(numeration; Chomsky 1995: 225)にお
ける要素が各々異なることが波括弧内の要素によって示されている。すなわ
ち、ここでは、(3a)は独立した語である to を要素として含むのに対し、(3b)
が含む to は接辞であることが示されている。MSO に基づく Ausín の説明は
これら 2 種類の to の存在に依存するものである。すなわち、彼の説明によ
ると、接辞の to (to+Aff)を持たない表示(representation)は形態論的要請に違
反するものとして排除されることになる(Ausín 2002: 59、62)。しかし、2
つの to が存在すると主張する Ausín にはそれが単なる理論的構築物(theo-
retical constructs)によるものでないことを立証する責任がある。WC が可能
な文は to+Aff を含むものであるのに対し、WC を許可しない文は独立した語
としての to を含むものだという Ausín の説明は、それが理論内的要請によ
るものではなく何らかの経験的事実に基づくものでない限り、場当たり的あ
るいは、少なくとも循環論とも呼ぶべき性質のものである。
　繰り返すが、本研究と生成文法では WC の扱いに関する関心と方向性が
異なる。しかし、前述の通り、言語研究が経験科学である以上、目的の違い
に関わらず、実証性を追求することを忘れてはいけない。本研究では理論中
立的な再現性と反証可能性を持つ分析を進める(方法については 3 節参照)。

2.2　構文文法の枠組みを用いた研究(Boas 2004)とその問題点

　前述の通り、生成文法はモジュール仮説に立脚するアプローチである。し
かし、モジュール仮説はあくまで仮定であり立証されたものではない。実
際、言語研究においては、非モジュール型(non-modular)のアプローチも提
案されている。その 1 つが構文文法(Construction Grammar; e.g. Hilpert
2019)である。構文文法は非モジュール型であることに加え、非派生型
(non-derivational)でもあり、そこでは構文(construction; 定義については下
記参照)は言語の基本単位として位置づけられ、音韻・統語・意味・語用論
などに関する様々な情報が統合的(すなわち単層的)に扱われている。
　Boas (2004)では、1990 年代の構文文法(e.g. Fillmore and Kay 1993; Gold-

berg 1995）に依拠する形で wanna の分析が行われている。Boas は、want to の縮約形である wanna は前者から言語的プロパティの全てを継承（inherit）しつつも、特定の形式的情報（縮約という音韻的プロセスに由来する特定の音韻的形式と NP ＿ VP という統語的形式により構成）と特定の意味・語用論的情報（欲望を表す動詞 want の口語的用法であるという情報）を結合する固有の構文だと主張している（詳細は同上、4 節参照）。

　構文文法では、構文は形式と意味の組み合わせ（form-meaning pairings）として規定され、各々の構文の独自性が主張及び分析されることが多い（e.g. Goldberg 1995）。Boas による前述の主張は、wanna 構文の独自性を唱える点において構文文法に広く見られる論考の進め方と合致するものである。さらに、Boas の議論はコーパス（Switchboard corpus と COBUILD Bank of English）から得た用例に基づくものであり、生成文法で散見される作例された文に対する容認性の判断に基づく研究よりも、言語使用の研究としては歓迎すべきものである。しかし、Boas の分析は、コーパス利用によるものではあるものの、用例の分析自体は厳密な量的手法に基づくものではなく、主に（1990 年代の）構文文法の記述フォーマットを用いた理論的説明であったという点に関しては実証性の部分で問題を抱えている。

　なお、急いで補足すると、実証性よりも理論的説明を求める者にとっては上記の点は「問題」と呼ぶべきものではないもしれない。しかし、用法基盤の観点からはより深刻な別の問題点を指摘することができる。それは、Boas の分析では、話者がどのような要因に基づき want to と wanna の選択を行っているのかが不明だということである。話者による変異形選択のメカニズムを捉えることは、変異主義社会言語学（variationist sociolinguistics; e.g. Tagliamonte 2012）の研究に見るように、言語使用を理解する上ではきわめて重要である。変異主義社会言語学と同様の問題意識は、用法基盤アプローチである構文文法及び認知言語学においても持つべきものである（Geeraerts et al. 2010: 5–6）。実際、Boas 自身も want to と wanna が同じ文脈の中で入れ替え可能であることに触れており、両者の選択は話者がフォーマルな印象を与えたいのか、あるいは口語的な印象を与えたいのかによると説明している（p. 484）。しかし、彼はそれ以上の詳しい説明は行っておらず、現状では、

WANT 交替での変異形選択はインフォーマルさに由来するという単因子的
説明に留まっており、循環論的説明ともとれる状態である。

2.3 本研究の目的とリサーチ・クエスチョン

　本研究は、文法知識は話者の言語経験から派生し、動的に(再)構築を繰り
返す確率的(probabilistic)なプロパティを有するものだという確率文法の前
提(e.g. Grafmiller et al. 2018)に立脚している。1 節で述べたように、確率文
法は用法基盤言語学と変異主義言語学と社会言語学の接点に位置するアプロ
ーチであり、言語知識の高度な理想化からの脱却を目指すこれからの認知言
語学にとってきわめて重要な枠組みだと考えられる。確率文法では文法的交
替現象が多因子的(multifactorial)観点から分析され、変異形選択に関わる制
約(すなわち要因間の作用)が用法基盤的視点から探究されている(e.g. Graf-
miller et al. 2018: 4-6)。WANT 交替の先行研究では、頻度(e.g. Levshina
2018)やインフォーマルさ(e.g. Boas 2004)などの観点から同交替現象に関わ
る要因を論じる研究はあった。しかし、仮説検定の観点から多因子的に
WANT 交替をモデル化する研究は、Levshina and Lorenz(2022; 詳細は 3.2
節と 5 節参照)を除き不足した状態にある。本研究では、WANT 交替を多
因子・確率的視点から分析することにより、先行研究の不足点を補うと共
に、認知言語学における文法研究の今後の在り方を考えるきっかけを提供す
ることを目指す。

　本研究の RQ は、「WANT 交替において変異形選択に影響を与える要因
は何であり、またそれ(ら)はどのように作用しているのか？」である。この
RQ に答えるために、本研究では、次節で述べるように、話し言葉のコーパ
スデータに基づく統計・機械学習モデリングを行う。

3. 方法

3.1 コーパスとデータ

　本研究では、分析用のデータを Spoken British National Corpus 2014(以下
Spoken BNC2014; e.g. Love et al. 2017)から取得した。従来よりコーパス研

究で広く利用されている約 1 億語からなる British National Corpus[1]（以下 BNC）には話し言葉のデータ（約 1,000 万語）も収められている。Levshina and Lorenz（2022）では、WANT 交替を説明するために、BNC の話し言葉のデータについてベイジアン混合効果一般化線形モデル（Bayesian mixed-effects generalized linear model［GLMM］; Bürkner 2018）が用いられ、コミュニケーション効率（communicative efficiency）と非同義性の原理（Principle of No Synonymy; Goldberg 1995: 67）の関係性がレジスターやスタイルとの関連で論じられている。Levshina and Lorenz の研究は統計モデリングを用いた研究であり、理論面においても、本研究が進める分析との親和性が高い。しかし、彼らが分析した BNC の話し言葉データは 1990 年初頭に集められたものであり、より最近のイギリス英語の WANT 交替をめぐる言語使用の実態については不明である。本研究では Spoken BNC2014 を用いることで、より新しいイギリス英語の使用実態を明らかにすると共に、Levshina and Lorenz で報告された 1990 年初頭のデータに関する知見との比較を行う。Spoken BNC2014 には、2012 年から 2016 年に使用されたイギリス英語の話し言葉のデータが収められている。Spoken BNC2014 では、1,251 件のレコーディングに対して 668 人の話者が参加しており、約 1,140 万語の書き起こしがなされている。同コーパスでは、レマ（lemma）、品詞タグ、意味タグ（UCREL Semantic Analysis System[2]［USAS］）、話者属性（性別、年齢、職業、出身地など）に加え、発話の状況（話者の数や互いの関係性など）等に関する情報が付与されており、社会言語学的研究を進めるのに適した構成となっている。データ（すなわち、WANT 交替構文で生じる用例）の抽出と分析には R（version 4.2.1, R Core Team 2022）を用いた。最初に取得した用例群（n = 8,016）にはノイズ（メタデータ上の不備など）が含まれていたので、それらを手動で除去した結果、分析対象となる合計 6,628 の用例が得られた。

3.2　分析に用いた手法と考察の対象とした変数

　本研究では一般化線形混合モデルツリー（generalized linear mixed-model trees; e.g. Fokkema et al. 2018; 以下 glmertree）を分析に用いた（R の glmertree パッケージ利用）。glmertree は線形混合モデリング（linear mixed-modeling）

の手法と決定木（decision tree）を組み合わせた分析手法である。glmertree は
混合モデリングの一種であることから特定の変数をランダム効果として指定
することができる一方、決定木（条件付き推論木［conditional inference
trees］）を用いる分析でもあるため、分析結果の解釈が容易であるという利点
を持つ（Fokkema et al. 2018）。

　本研究で glmertree に含めた変数は、表1に示す通り、合計11個であった。
11個の変数の中で、socgr と sem 以外は Levshina and Lorenz（2022）で考察
の対象とされたものに依拠している。

表1　本研究で考察の対象とした変数とレベル

変数 （ラベル名）	レベル（丸括弧は略語をスペルアウトしたもの）
cstr	want to, wanna
negp	yes, no
qstn	yes, no
subj	I, you, we, he_she, they, PRON, other, omitted, unclear
gndr	M (male), F (female)
age	CH (children), TN (teens), YA (young adults), MAA (middle-aged adults), ES (early seniors), ELS (elderly seniors)
socgr	A, B, C1, C2, D, E
rel	close, distant
sem	A, B, C, E, F, G, H, I, K, L, M, N, O, P, Q, S, T, X, Z
inf	achieve, act, add, agree, analyse, apply, ask, avoid, become, believe, bet, blame, block, blow, borrow, bother, break, bring, build, buy, call, cancel, capture, carry, carve, catch, cause, challenge, change, charge, chat, check, choose, chuck, climb, come, commit, compare, complain, complete, continue, cook, count, create, cry, decorate, delete, describe, die, dig, dip, discuss, download, draw, dress, drink, drive, drop, earn, eat, edit, employ, end, enjoy, eradicate, experience, fall, feel, fight, find, finish, fly, focus, follow, forget, freeze, fuck, get, give, go, grab, grate, grow, hang, hear, help, hire, hold, host, hug, interrupt, invite, join, jump, keep, kick, kill, knock, know, learn, leave, let, lie, listen, live, look, lose, love, make, marry, measure, meet, mess, miss, mix, move, offend,

	offer, open, order, overdo, paint, pass, pause, pay, pick, play, pop, press, protect, prove, pull, punch, push, put, raise, receive, relax, remember, rent, retain, retire, rewrite, ride, ring, rip, roll, ruin, rush, save, say, scrape, scream, see, sell, send, separate, serve, settle, shake, share, show, shut, sign, sing, sit, slap, sleep, smell, smoke, speak, spend, spoil, stand, start, stay, steal, stick, stop, stretch, stroke, suck, support, swap, switch, take, talk, teach, tell, think, throw, toast, touch, train, travel, treat, try, turn, understand, use, wait, wake, walk, warm, wash, waste, watch, wear, win, work, worry, write
spkr	S0008, S0012, S0013, S0015, S0021, ...

　変数列の 1 つ目の cstr（construction）は wanna（n = 3,051）と want to（n = 3,577）からなる応答変数（response variable）である（両レベルの比率は 0.46 : 0.54; ベースラインは 0.5397 [baseline 1] と 0.5031 [baseline 2]; ベースラインに関する概説は Gries 2021: 326 参照）。続く 3 つの変数は構造的変数である。negp は want to と wanna の前に否定辞（negative particle）があるかどうかに関わるものである。qstn は文の最後に疑問符（question mark）を持つかどうかに関わる。subj は wanna と want to の文法的主語（subject）が何であるのかを表す（PRON は everybody や who を含む「その他」の代名詞を指し、other は名詞とそれ以外の語彙的主語を指す; 詳細は Levshina and Lorenz（2022: 256）参照）。

　続く 4 つの変数は社会的変数に関わるものである。gndr は話者の性別（gender）を表す。age は話者の年齢層（age group）を表す（CH: 0–12 歳、TN: 13–19 歳、YA: 20–39 歳、MAA: 40–59 歳、ES: 60–74 歳、ELS: 75 歳以上）。socgr（social grade）は社会経済的地位（socio-economic status）を表す（A: 上級幹部・管理・専門職、B: 中間幹部・管理・専門職、C1: 監督職、事務職、下級幹部・管理・専門職、C2: 熟練工、D: 中級および非熟練肉体労働者、E: 公的年金受給者、非正規労働者、低所得労働者、公的給付のみの失業者; Brezina et al. 2018: 8）。rel は話者同士の関係（relationship）を表している。これは Boas（2004）ではインフォーマルさとして扱われているものに該当し、本研究では close と distant の 2 つのレベルからなる変数として操作化した。

　変数列の 9 つ目の sem は wanna と want to に後続する動詞の意味（seman-

tics)に関わる意味的変数である。wanna の使用における動詞効果については
先行研究(e.g. Levshina 2018)で言及されていることから、本研究ではこの変
数を考察の対象とした。コーディングは Spoken BNC2014 が提供する意味
タグ(USAS)に依拠した。USAS では様々に異なる抽象度で意味分類がなさ
れているが、本研究では(4)に示す高い抽象度を持つレベルでのコーディン
グを採用した。丸括弧内の情報は各語彙(本研究では動詞)が使用される意味
領域(semantic field)を表す。

（4）　A(一般用語と抽象用語)、B(身体と個人)、C(芸術と工芸)、E(感情)、
　　　 F(食べ物と農業)、G(政府と公共)、H(建築、住宅、家庭)、I(マネ
　　　 ーと商業)、K(娯楽、スポーツ、ゲーム)、L(生命と生物)、M(移動、
　　　 場所、旅行、交通)、N(数と測定)、O(物質、材料、物、設備)、P(教
　　　 育)、Q(言語と伝達)、S(社会的行為・状態・プロセス)、T(時間)、
　　　 X(心理的行為・状態・プロセス)、Z(名称と文法)

　10 個目と 11 個目の変数はランダム効果として含めたものである。inf は
wanna と want to に後続する動詞の原形(infinitives; 212 個)を指定している。
spkr では今回調査対象となった計 436 名の話者(speaker)の ID が指定されて
いる(紙幅の都合上、表では一部の話者 ID のみを表示している)。

4. 結果

　Spoken BNC2014 から取得した用例(n = 6,628)について各変数に関するア
ノテーションを施した後で glmertree モデルをフィットした結果、かなり良
好なモデルが得られた (C = 0.84 [Somers2 利用；C 統計量については Baayen
(2008: 204) や Gries (2021: 327) 参照]；なお、精度(accuracy)は 0.7634 であ
り、先述のベースラインを共に超えていた；$p_{\text{binomial test}}$<0.001)。分析結果は
図 1 に示す通りである(過学習(overfitting)問題を抑制するために階層のレベ
ル(深さ)は 6 に設定した)。

　図 1 では、最初の分岐は変数 age で起きている(ノード 1)。このいわゆる

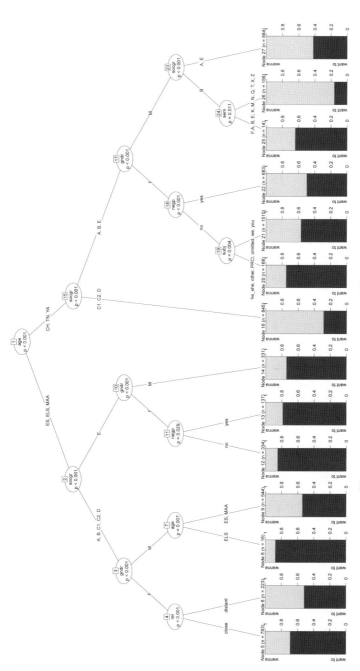

図 1　Spoken BNC2014 における WANT 交替の glmertree 分析

26 Part 1 コーパス分析からのアプローチ

根ノード（root node）の左側では ES、ELS、MAA が、そして右側では CH、TN、YA が見つかる。左側では、一部を除き（ノード 6、9）、want to を選択する傾向が強いものが目立つ。一方、図の右側では、wanna の選好が強いノードが含まれている（ノード 16、26、27）。図 1 の 2 つ目のレベルでは socgr が確認できる（ノード 2、15）。このレベルの左側では、A、B、C1、C2、D と E での分岐が生じている。一方、右側では C1、C2、D と A、B、E で分岐しており、前者のグループ（ノード 16 に接続）は wanna を選ぶ傾向がかなり強い。3 つ目のレベルでは gndr が見つかり（ノード 3、10、17）、変異形選択に有意な男女差があることが示されている。

　紙幅の都合上、glmertree 分析の全てをここで詳細に述べることはできないが、先行研究との関連でまず注目すべきは rel である。図 1 では rel はノード 1 の左側にグルーピングされたノード 4 で見つかる。このノードはノード 3（gndr）から分岐した F の枝（branch）に接続するものであり、close の方が distant よりも 20% 程度 want to の使用率が高いことが示されている。なお、図 1 では gndr（ノード 10、17）から分岐した F の枝に接続するものとして negp の関与も確認できる（ノード 11、18）。ノード 11 の方は効果が弱いものの有意な結果となっている。subj（ノード 19）と sem（ノード 24）は、図では紙幅の関係で枝上の文字が重なっているが、前者は he_she、other、PRON、they、unclear（ノード 20）と I、omitted、we、you（ノード 21）において、そして後者では F、H、I、S（ノード 25）と A、B、E、K、M、N、Q、T、X、Z（ノード 26）での分岐が起きている。どちらにおいても、左側のノードでは右側のものよりも want to の選好が強いことが確認できる（その差は特にノード 25 とノード 26 において顕著である）。

5. 考察

　前節で述べた分析結果に基づくと、本研究の RQ に対してはどのような回答が可能であろうか。全体像の把握から始めると、本研究では話者属性を考察の対象に含めることの重要性が明らかとなった。具体的には age や socgr や gndr といった社会的変数が、他のいかなる構造及び意味的変数より

も WANT 交替における変異形選択に対して大きな影響力を持つことがわかった。WANT 交替では社会的変数の影響力が強いという本研究の結果は、Levshina and Lorenz（2022）の分析結果とも概ね一致している。本研究の分析結果はまた、言語使用の研究において社会的要因を考察の対象に組み込むことの重要性を強調する認知社会言語学（e.g. Geeraerts et al. 2010）の主張を裏付けるものでもある。

　以下、分析結果を先行研究との比較を通じてより詳細に考察していく。まず、特に重要な変数として判定された age については、CH と TN と YA の年齢グループに属する若い話者は、概して wanna の使用を好む傾向があるのに対し、年齢層が高い話者は want to の使用率が高いことがわかった（ただし、次段落で述べるように、他の変数との作用もある）。Levshina and Lorenz（2022: 265）でも話者が若い場合には wanna の使用率が高まることが確認されており、本研究の結果との一致が見られる。

　本研究では、socgr も WANT 交替における重要度が特に高い要因の 1 つとして判定された。言語使用における変異形と社会階層（social stratification）の関係性は社会言語学では 1960 年代から長い間認識されてきた（e.g. Labov 1966）。Levshina and Lorenz では socgr は考察の対象に含められていないが、本研究の分析結果からは WANT 交替の分析において socgr を重視する必要があることがわかる。ただし、WANT 交替における socgr の関与をめぐる解釈は困難であることは付しておく。例えば、図 1 の右側では、ノード 15 の socgr において C1、C2、D と A、B、E での分岐が確認できる。また、ノード 23 の socgr では B と A、E での分岐が見られる。3.2 節で述べたように、Spoken BNC2014 のデータにおいて、A と B は高い社会経済的地位であるのに対し、E は最も低い社会階層である。上記のノードにおいて、なぜ E は階層上高いものと同じグループに分類されているのだろうか。今回の結果が何らかの社会言語学的要因によるものなのか、あるいはアルゴリズム上のものであるのかを理解するにはさらなる研究が必要である。

　図 1 の右側からは、若い男性が非標準的変異形の wanna の使用率が高い傾向にあることも読み取れる（ノード 26、27）。この結果は Levshina and Lorenz の分析とも一致している（p. 264）。しかし、ノード 25 が示すように、

sem（ノード 24）の効果も関与しており、単純に若い男性であれば wanna の使用頻度が高いといったものではない。同様のことは若い女性にも当てはまる。社会言語学では女性は顕在的権威（overt prestige）の高い変異形の使用を好む傾向があると述べられることがあるが（e.g. Labov 1990）、変異形の使用率は他の要因との複雑な作用の中で決まる確率的現象であることがノード 20、21、22 からわかる。

　変数同士が作用し合う様子については、rel についても観察可能である。先述のように、Boas（2004）では、WANT 交替においてインフォーマルさ（本研究では rel として操作化）が変異形選択に重要な影響を与えることが主張されているが、それ以上の言及はなされていない（2.3 節も参照）。しかし、glmertree 分析では、rel（ノード 4）が gndr や socgr や age などの他の要因と作用する様子が捉えられている。ここで示す結果はインフォーマルさのみに基づく単因子的分析からは得られないものであり、本研究で進めた多因子的分析の記述力の高さが確認できる。

　なお、本研究では、sem も分類に役立つ変数であることがわかった。これも注目に値する結果である。なぜなら、これにより WANT 交替には want to と wanna に後続する動詞の意味を考慮に入れる必要があることが示唆されるからである。ただし、3.2 節で述べたように本研究では USAS において抽象度が高いレベルの意味領域を用いたが、このことは図 1 のノード 24 における分岐の解釈を著しく困難なものにすることも付しておく。例えば、S（社会的行為・状態・プロセス）は want to の使用が強く示唆されるグループ（ノード 25）に分類されているのに対し、X（心理的行為・状態・プロセス）は wanna の使用を強く好むグループ（ノード 26）に分類されている。S（社会）と X（心理）にどのような違いがあるのかを理解するには、今回用いた意味分類より低い抽象度での意味分析が必要である。

　negp については、Levshina and Lorenz では否定辞の存在が want to の使用を動機づけることが述べられている（p. 264）。しかし、glmertree 分析では、むしろ否定辞が無い場合の方が want to の使用率が少し高まるようにも見受けられる。しかし、それは、例えばノード 11 を見ると、高い年齢層かつ E という社会階層に属する女性の場合に起こることであることがわかる。

Levshina and Lorenz は、否定辞の存在が want to の使用を動機づける理由として、否定の認知的複雑性 (cognitive complexity; Rohdenburg 1996) の高さと頻度の低さ (Diessel 2019) をその要因として挙げているが (pp. 268–269)、本研究の glmertree 分析からは、上述の通り、さらに他の要因との作用を考察する必要があることが示唆される。

変数 qstn についても述べておく。glmertree 分析からは qstn は有意な変数ではないことがわかった。この結果は、qstn は効果としては弱いものの want to の使用率を高めることを捉えた Levshina and Lorenz の分析結果とは異なる (p. 264)。両研究の分析結果の違いは、イギリス英語の WANT 交替において qstn による影響が約 20 年の間に有意に低下したことを暗示するものだが、確証を得るには詳細な研究が必要である[3]。

上記の通り、本研究では様々な知見が得られたと同時に数多くの課題も浮かび上がる結果となった。上で述べた一連の課題に加え、インフォーマルさの扱いについても今後検討する必要があろう。例えば、Levshina and Lorenz は、主語が言語行為の参加者 (speech act participant; I または you) であったり、それが省略される場合には、wanna の使用率が高まることをインフォーマルさの表れだと述べている (p. 268)。しかし、本研究でフィットした glmertree モデルでは、subj が I や you、あるいは省略される場合には、むしろ want to の使用率が若干高い結果となっている (ノード 21)。ここでも制約上の変化が起きた可能性があるが、確証を得るには、インフォーマルさと subj の関係について精査する必要がある。さらに、Levshina and Lorenz は発話速度 (speech rate) も変数としてモデルに組み込んでおり、発話速度の高さはカジュアルな話し言葉 (casual speech) において見られやすく、縮約形を生み出しやすいことを述べている (p. 268)。本研究では発話速度を変数に含めることはしなかったが、今後は発話速度とカジュアルさ (及びインフォーマルさ) の関係も考察する必要があるだろう。

本節を締めくくるにあたり、本研究でフィットしたモデルの妥当性について述べておく。ここでは、先にフィットした glmertree モデルとの比較を行うために、ランダムフォレスト (random forests; 以下 RF) の分析結果を紹介する (ntree = 500, mtry = 8; R の party パッケージ使用)。RF 分析を行ったと

ころ、先の glmertree モデルとほぼ同等の良好な識別能力を有する結果が得られた (C = 0.83)。この分析で特定された変数重要度 (variable importance) は図 2 に示す通りである (降順により表示)。

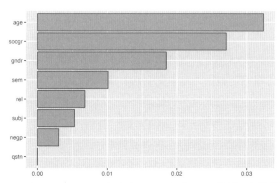

図 2　Spoken BNC2014 における WANT 交替の RF 分析：変数重要度

　図 2 では、age、socgr、gndr という社会的変数が上位 3 つの最も有意な予測変数であるのに対し、意味的変数の sem、社会的変数の rel、構造的変数の subj と negp は、この順で、WANT 交替における変数重要度を下げること、さらに qstn については、負の影響を持つものの、値が比較的小さいことから (-0.000021)、WANT 交替に関わる要因としての寄与は他の変数と比較してそれほど重要でないことが示されている[4]。

　RF 分析の結果は、先に見た glmertree 分析の結果と概ね同様だが、どちらの方が優れた分析だと判断できるだろうか。これは glmertree 分析を用いることの妥当性に関わる問題であり一考に値する。この問題に対して、本研究では glmertree 分析の方が優れていると考える。なぜなら、RF 分析ではランダム効果が含められていないからである。glmertree 分析の切片 (intercept) について、正の値と負の値がつくものを上位 5 件に限定して示すと、inf に関しては、前者では talk (1.53)、live (1.07)、work (0.55)、sleep (0.51)、paint (0.5)、後者では stay (-0.64)、pay (-0.5)、lose (-0.46)、know (-0.45)、see (-0.41) であった。一方、spkr に関しては、前者では S0520 (3.57)、S0655 (2.96)、S0589 (2.75)、S0357 (2.55)、S0456 (2.26)、後者では S0344 (-2.86)、

S0571 (-2.77)、S0541 (-2.6)、S0424 (-2.55)、S0618 (-2.49) であった。want to に強く引き寄せられるものは正の値により、そして wanna に強く引き寄せられるものは負の値によって示されている。この結果から、混合モデルをフィットした結果、ランダム効果として設定した変数のレベルがそれぞれ異なる切片を持つことがわかる。これは、データのばらつきを適切に捉えている可能性があることを示すものであり、ランダム効果を含めたモデルフィッティングが妥当な判断であったことを示唆している。なお、spkr と inf という 2 つの混合効果には重要度において差があることもわかった。具体的には、spkr を外すと C スコアは 0.73 まで減少するのに対し、inf を外した場合の C スコアは 0.83 と高いままであった。これは、spkr がモデルにとって重要な情報を提供している可能性が高い一方、inf は予測にそれほど強く寄与していない可能性を示唆している。このことから、文法知識を論じる際には話者の個人的変異性を考慮に入れることが大切であることがわかる。

6. 結論

　言語変異は多因子的で確率的な現象である (Lohmann 2011)。そのような認識の下に言語変異を論じる機運は近年の認知言語学において高まりつつある (e.g. Szmrecsanyi et al. 2017; Grafmiller et al. 2018)。本研究もその流れを汲むものである。ここでは、イギリス英語における WANT 交替では、age や socgr や gndr などの社会的要因が、構造及び意味的要因より重要な影響を与えることがわかった。本研究の結果は、言語使用の研究では、構造や意味などの言語内的要因に加え、言語外的要因である社会的要因も考察の対象に含めるべきだという認知社会言語学の主張 (e.g. Geeraerts et al. 2010) と合致している。なお、同一の言語であっても変種毎に確率的な変異パタンが異なることは確率文法で確認されており (e.g. Szmrecsanyi et al. 2017)、今回の分析結果についても特定の時代のイギリス英語(話し言葉)に当てはまるものと理解される必要がある。従来の認知言語学では話者の言語知識が高度に理想化された形で論じられる傾向が強かった (Dąbrowska 2015: 663)。しかし、それは明らかに用法基盤の前提に矛盾している (Geeraerts et al. 2010: 6)。ここ

で論じたように、言語使用には話者属性やフォーマルさなど、様々な社会文脈的要因が深く関与している。また、本研究でフィットした混合モデルが示唆するように、言語使用の研究において話者の個人性を考慮に入れることが大切である。認知言語学が高度な理想化の下に言語知識を論じる姿勢から脱却するには、言語使用における社会及び変異的側面を考察の対象に含める必要がある。実際、それが今後の認知言語学の最重要課題である (Dąbrowska and Divjak 2015: 6)。本研究には解決すべき問題が多く残されている。しかし、多因子及び確率的視点から進めた本研究のアプローチは、言語使用における複雑な変異性を捉えるのに有効な手段である。本研究が認知言語学の文法研究の在り方を考える足がかりとなれば幸いである。

謝辞

本稿の執筆にあたり、木山直毅氏 (北九州市立大学) から貴重なコメントを頂きました。この場をお借りして御礼を申し上げます。

注

1　http://www.natcorp.ox.ac.uk
2　https://ucrel.lancs.ac.uk/usas/
3　当然だが、qstn だけでなく他の全ての変数も、変異形選択における影響力の度合いについて用法基盤性を持つこと、すなわち常に変化の過程にあることは言うまでもない。
4　本研究では glmertree 分析を通じて各予測変数が持つ効果の方向性を見た。したがって、ここでは部分依存性 (partial dependence) に関する考察のプロセスは省略する。

参考文献

Aoun, Joseph and David W. Lightfoot. (1984) Government and Contraction. *Linguistic Inquiry* 15 (3): pp. 465–473.

Ausín, Adolfo. (2002) A Multiple-Spell-out Account of *Wanna*-Contraction. In Vida Samiian. (ed.) *Proceedings of the 2000 Western Conference on Linguistics*, pp. 53–64. California State University Fresno: Department of Linguistics.

Baayen, R Harald. (2008) *Analyzing Linguistic Data: A Practical Introduction to Statistics Using R.* Cambridge: Cambridge University press.

Boas, Hans C. (2004) You *Wanna* Consider a Constructional Approach towards *Wanna*-contraction? In Michel Achard and Suzanne Kemmer. (eds.) *Language, Culture and Mind*, pp. 479–491. Stanford, CA: CSLI Publications.

Bošković, Željko. (1997) *The Syntax of Nonfinite Complementation: An Economy Approach.* Cambridge, MA: MIT Press.

Bresnan, Joan W. (1971) Contraction and the Transformational Cycle. Ms., MIT.

Brezina, Vaclav, Robbie Love, and Karin Aijmer. (eds.) (2018) *Corpus Approaches to Contemporary British Speech: Sociolinguistic Studies of the Spoken BNC2014.* London: Routledge.

Bürkner, Paul-Christian. (2018) Advanced Bayesian Multilevel Modeling with the R Package Brms. *The R Journal* 10 (1): pp. 395–411.

Bybee, Joan. (2010) *Language, Usage and Cognition.* Cambridge: Cambridge University Press.

Chomsky, Noam. (1981) *Lectures on Government and Binding.* Dordrecht: Foris.

Chomsky, Noam. (1986) *Knowledge of Language: Its Nature, Origin, and Use.* New York: Praeger.

Chomsky, Noam. (1995) *The Minimalist Program.* Cambridge, MA: MIT Press.

Chomsky, Noam and Howard Lasnik. (1978) A Remark on Contraction. *Linguistic Inquiry* 9 (2): pp. 268–274.

Crain, Stephen and Diane Lillo-Martin. (1999) *An Introduction to Linguistic Theory and Language Acquisition.* Malden, MA: Blackwell Publishers.

Dąbrowska, Ewa. (2015) Individual Differences in Grammatical Knowledge. In Ewa Dąbrowska and Dagmar Divjak. (eds.) *Handbook of Cognitive Linguistics*, pp. 650–668. Berlin: Mouton de Gruyter.

Dąbrowska, Ewa and Dagmar Divjak. (2015) Introduction. In Ewa Dąbrowska and Dagmar Divjak. (eds.) *Handbook of Cognitive Linguistics*, pp. 1–9. Berlin: Mouton de Gruyter.

Diessel, Holger. (2019) *The Grammar Network: How Linguistic Structure is Shaped by Language Use.* Cambridge: Cambridge University Press.

Fillmore, Charles J. and Paul Kay. (1993) Construction Grammar. Ms., University of California, Berkeley.

Fokkema, Marjolein, Niels Smits, Achim Zeileis, Torsten Hothorn, and Henk Kelderman.

（2018）Detecting Treatment-Subgroup Interactions in Clustered Data with General-
alized Linear Mixed-Effects Model Trees. *Behavior Research Methods* 50 （5）: pp.
2016–2036.

Geeraerts, Dirk, Gitte Kristiansen and Yves Peirsman. （2010）Introduction: Advances in
Cognitive Sociolinguistics. In Dirk Geeraerts, Gitte Kristiansen, and Yves Peirsman.
（eds.）*Advances in Cognitive Sociolinguistics*, pp. 1–20, Berlin: De Gruyter Mouton.

Goldberg, Adele E. （1995）*Constructions: A Construction Grammar Approach to Argument
Structure*. Chicago: Chicago University Press.

Grafmiller, Jason, Benedikt Szmrecsanyi, Melanie Röthlisberger, and Benedikt Heller.
（2018）General Introduction: A Comparative Perspective on Probabilistic Variation
in Grammar. *Glossa: A Journal of General Linguistics* 3 （1）: pp. 1–10.

Gries, Stefan Th. （2021）*Statistics for Linguistics with R: A Practical Introduction*. Berlin: De
Gruyter Mouton.

Hilpert, Martin. （2019）*Construction Grammar and its Application to English*, 2nd edition.
Edinburgh: Edinburgh University Press.

Jackendoff, Ray. （1972）*Semantic Interpretation in Generative Grammar*. Cambridge, MA:
MIT Press.

Jaeggli, Osvaldo. （1980）Remarks on *to* Contraction. *Linguistic Inquiry* 11 （1）: pp. 239–245.

Labov, William. （1966）*The Social Stratification of English in New York City*. Washington,
D.C.: Center for Applied Linguistics.

Labov, William. （1990）The Intersection of Sex and Social Class in the Course of Linguis-
tic Change. *Language Variation and Change* 2 （2）: pp. 205–254.

Levshina, Natalia. （2018）*Towards a Theory of Communicative Efficiency in Human Languag-
es*. Habilitation thesis, Leipzig University.

Levshina, Natalia and David Lorenz. （2022）Communicative Efficiency and the Principle
of No Synonymy: Predictability Effects and the Variation of *Want to* and *Wanna*.
Language and Cognition 14 （2）: pp. 249–274.

Lightfoot, David W. （1977）On Traces and Conditions on Rules. In Peter W. Culicover,
Thomas Wasow, and Adrian Akmajian. （eds.）*Formal Syntax*, pp. 207–237. New
York: Academic Press.

Lohmann, Arne. （2011）*Help* vs. *Help to*: A Multifactorial, Mixed-effects Account of Infini-
tive Marker Omission. *English Language and Linguistics* 15 （3）: pp. 499–521.

Love, Robbie, Claire Dembry, Andrew Hardie, Vaclav Brezina, and Tony McEnery. （2017）
The Spoken BNC2014: Designing and Building a Spoken Corpus of Everyday Con-

versations. *International Journal of Corpus Linguistics* 22 (3): pp. 319–344.

Postal, Paul M. and Geoffrey K. Pullum. (1982) The Contraction Debate. *Linguistic Inquiry* 13 (1): pp. 122–138.

Pullum, Geoffrey K. (1997) The Morpholexical Nature of English *to*-Contraction. *Language* 73 (1): pp. 79–102.

R Core Team. (2022) *R: A Language and Environment for Statistical Computing*. R Foundation for Statistical Computing, Vienna, Austria. https://www.R-project.org/.

Rohdenburg, Günter. (1996) Cognitive Complexity and Increased Grammatical Explicitness in English. *Cognitive Linguistics* 7 (2): pp. 149–182.

Szmrecsanyi, Benedikt, Jason Grafmiller, Joan Bresnan, Anette Rosenbach, Sali Tagliamonte, and Simon Todd. (2017) Spoken Syntax in a Comparative Perspective: The Dative and Genitive Alternation in Varieties of English. *Glossa: A Journal of General Linguistics* 2 (1): pp. 1–27.

Tagliamonte, Sali A. (2012) *Variationist Sociolinguistics: Change, Observation, Interpretation*. Oxford: Wiley-Blackwell.

Uriagereka, Juan. (1999) Multiple Spell-Out. In Samuel D. Epstein and Norbert Hornstein. (eds.) *Working Minimalism*, pp. 251–282. Cambridge, MA: MIT Press.

Have to be or hafta be or gotta be, that is the question.

認知的・社会的要因から変異形の選択問題に迫る

吉川正人

1. はじめに

　今目の前のテーブルに、瓶に半分入った飲みかけのビールが置かれている。それは「ビール」でもあり「瓶」でもあり、そして「酒」でもある。また瓶の残量は「半分もある」し「半分しかない」。このように単一の客観的な状況や事物に対して異なる言語表現が用いられるという事実を、認知言語学では「概念化」や「カテゴリー化」「捉え方」といった認知的な作用に訴えることで論じてきた。認知言語学における表現選択の問題は、話し手／書き手が表現すべき事態をどのように認識しているかという「主観的意味」に基づくものとして対処されてきたということである。しかし一方で、このような「主観的」意味に基づく言語観に内外から疑義が提示されていることもまた事実である (e.g., Croft 2009; Harder 2010)。言語とコミュニケーションは密接に結びついており、話し言葉における実際の言語使用はリアルタイムで展開される会話の場に左右される部分が少なくない。また言語はコミュティに共有されることで初めて意味を持つ本質的に社会的なものでもあり、そのような側面を取り込んだ言語観を持つ必要性がたびたび論じられている (e.g., Beckner et al. 2009)。

本稿では、このような問題意識から、言語の表現選択の問題を認知的・社会的要因双方から複合的に分析する必要性を前提に、ケーススタディとして英語の準モーダル have to の変異形選択に対するコーパスを用いた分析を提示する。具体的には、認知的要因として「概念的要因」と話者の経験的学習に関わる「用法基盤的要因」を、社会的要因として性別・年齢という話者属性やスタイル的要因を考慮した上で、それらを説明変数とする多変量の統計モデルを構築し、各要因の影響について検討する[1]。

なお、紙面の都合上詳細には論じられないが、本稿の議論の理論的背景についてここで簡単に述べておく。本稿の議論は上述の「社会的要因の取り込み」という点において、旧来の認知言語学が（暗黙的に）行っていた「理想化」から脱却することを企図するものである。旧来の認知言語学は認知的・概念的意味観に基づいたある種の「綺麗な」形式 - 意味関係を想定していたものとみなすことができるが、一方で実際の言語使用はもっとゆらぎに満ちた大きなばらつきがあるもので、ばらつきの中での表現選択は多分に確率的なものであり、旧来の認知言語学が想定していたスキーマのような記号的な概念装置では十分にその振る舞いを記述・説明できないように思える。詳しくは吉川 (2021) で論じたが、ヒトは主観的・概念的意味に基づいて言語使用を行っているのみならず、言語使用の文脈たる「環境」にある意味「呼応」するような形で「経験」や「知識」という自己に内在化した認知的リソースを補完することで言語活動を行っていると考えるべきであり、そのような認知観を前提とした、スキーマより柔軟で、また「会話の環境」の情報も取り込めるような動的なモデルが必要となると考えられる。本稿の分析は極めて部分的であれ、このような認知観の体現となっている。

2. 分析対象とデータ

2.1 準モーダル have to とその変異形

本研究では、英語の準モーダルである have to の変異形選択を分析対象とする。have to は統語的には法助動詞とは言い難いが、意味的・機能的には主として「〜しなければならない」という「義務的モダリティ (deontic modality)」を担うモーダルマーカーとして使用される。また have to には have got to という変異形が存在し、その縮約形である gotta という形式が近年存在感を増している (Krug 1998, 2000)。一方で have to 自体の縮約形として hafta という表記も存在し、多数のバリエーションを持つ準モーダルであると言える。本研究ではこのうち、(have/'ve) got to を除く 3 つの変異形 (have to、hafta、gotta) を対象として、それらの選択問題について分析を行う。

　「同一」と思われる言語的要素に変異形が認められるとき、その変異がどのような「差異」に呼応しているのかということは重要な検討要素となる。例えば「アメリカとイギリス」といった地域の差に対応する変異なのだとすれば、特段「認知的」な要因から検討する必要性はないかもしれない。本研究が対象とする have to の変異形については、これらの要因も関係する可能性は否定できないが、例えば同一の会話データに複数の変異形が混在しているという事実や、同一の話者が複数の変異形を用いているという事実、さらには同一の発話内ですら複数が共存する形で用いられるという事実が存在するため、様相は極めて複雑であると言える。(1) は全て同一のコーパス (Simpson, Briggs, Ovens, and Swales 1999) に収録されている同一の会話データ (sgr385su057) に含まれている発話である（一部転記記号等を取り除いている）。冒頭の "S2" などは話者 ID である。

（ 1 ）a.　S2: you <u>have to</u> go to X.

　　　b.　S2: just a second I <u>gotta</u> think .

　　　c.　S1: it <u>hasta</u> fix the whole (.) thing (.) because &-uh it's an isometry and it's <u>gotta</u> preserve distances.　　　　　（下線は筆者による）

　ただし hafta については have to と発音上相違が無い表記上のみの変異であり、「あえて hafta という略式の表記をする」ことで話者の教養の低さなどを表現する侮蔑的な「視覚方言 (eye dialect)」であるとする見解が存在する (https://languagelog.ldc.upenn.edu/nll/?p=640[2])。しかし明確に have to と hafta が区別される形で転記されているコーパスも存在することを鑑みると、hafta を単なる視覚方言として切り捨てることは難しい。仮に発音上の

40　Part 1　コーパス分析からのアプローチ

差異が明確でなかったとしても、発話を書き起こす際に have to と hafta を区別させる何らかの要因が存在するはずであり、従って本稿では hafta を独立の変異形として扱うこととする。

　なお関連する先行研究 (e.g., Tagliamonte 2004) では、have to と have got to の差異についても検討しているものが少なくない。これを含めると変異形は4パターンとなるが、本研究では、分析に用いたデータに have/'ve got to の事例が極端に少なく有意義な分析を行うことが困難に思われたため、当該形式を除いた3変異形を分析対象とした。

2.2　データ

　本研究では、アメリカ英語におけるアカデミック領域の話し言葉を集めたコーパスである Michigan Corpus of Academic Spoken English (MICASE: Simpson et al. 1999) を用いて分析を行った。本コーパスはアカデミック領域に特化した特殊コーパスではあるものの、講義やディスカッションなどフォーマルな談話のみならず、オフィスアワーやキャンパスツアーなど比較的カジュアルな談話まで幅広く収録している。また総語数も 1,848,364 語と話し言葉のコーパスとしては大規模であり、定量的な分析に適している。

　そして何より重要な点は、分析対象となる準モーダル have to の縮約形 hafta が書き起こしに含まれているという点である。ほとんどの話し言葉コーパスにおいては hafta は have to として書き起こされており、両者の差異について分析することが困難である (Krug 2000: 88)。MICASE においては両者が明確に区別されていることから、「視覚方言」説に反して、少なくとも当該コーパスの書き起こしに際して両者を峻別する何らかの判断基準が存在していることが見て取れる[3]。

　データは提供元であるミシガン大学の独自サイト (https://quod.lib. umich. edu/cgi/c/corpus/corpus) からアクセスできるほか、TalkBank 内のデータベースの一つである CABank (MacWhinney and Wagner 2010) にも収録されており、統一の CHAT フォーマットで転記されたデータが音声データと共に入手できる。本研究ではこの CABank 版のデータを使用した。なお CABank 版では発話の文字起こしに加えて品詞や語彙素などの形態論情報と依存構造

を用いた文法構造が付与されている。本研究では形態論情報を活用し以降の前処理や分析に用いた要因の認定などを行っている。

2.2.1 MICASE の構成

　MICASE (Simpson et al. 1999) は 152 の書き起こしファイルから構成されており、各ファイルが 15 のジャンル（スピーチイベントタイプ）に属する形となっている（詳細は MICASE マニュアル［https://ca.talkbank.org/access/0docs/MICASE.pdf］を参照）。構成ジャンルは表 1 の通りである。ジャンル略称(ラベル)はファイル名等に用いられているものであり、本稿でも図表等でジャンルを示すのに使用する。なお、ミシガン大学のサイト上で提供されているデータにはもう一つ TUTORIAL というジャンルが含まれているが、CABank 版には含まれていないため、本研究でも除外されている。

表 1　MICASE のジャンル構成

ジャンル名	ジャンル略称(ラベル)	ファイル数
SMALL LECTURES	les	32
LARGE LECTURES	lel	30
DISCUSSION SECTIONS	dis	9
LAB SECTIONS	lab	8
SEMINARS	sem	7
STUDENT PRESENTATIONS	stp	11
ADVISING SESSIONS	adv	2
COLLOQUIA	col	14
DISSERTATION DEFENSES	def	4
INTERVIEWS	int	3
MEETINGS	mtg	6
OFFICE HOURS	ofc	14
SERVICE ENCOUNTERS	svc	2
STUDY GROUPS	sgr	8
TOURS	tou	2

2.2.2　前処理と分析対象発話の抽出

　TalkBank の提供する CHAT フォーマットは話し言葉の（主として）定量的な分析を前提とした統一的な表記が用いられており利便性が高いが、専用の処理プログラムである CLAN（https://dali.talkbank.org/clan/）に最適化されているため、データをそのまま用いることは必ずしも有効とは言えない。本研究では発話の断片性やオーバーラップ、ポーズなどの会話要素、声色や笑い声などの非言語情報を表す種々の転記記号を除去し、また文字表記を全て小文字で統一させる前処理を行った。

　また分析の設計上、形態論情報の付与されていない発話、および話者の年齢情報が得られない発話を分析対象から除外した。なお理由は不明だが STUDY GROUPS（sgr）に属するファイルはほとんどが形態論情報が含まれていなかったため、それらについては分析対象から除外した（1 ファイルのみ残存）。

2.2.3　基本統計

　以上の前処理と分析対象発話の抽出を行った上での総語数・総発話数等を表 2 に示す。「分析対象」の行が前処理後の最終的な抽出結果であり、総語数は前処理前の総語数 1,848,364 語よりも 30 万語ほど減少している（約 82%、表中の「全体」は前処理「後」の統計値）。

表 2　MICASE データ前処理後の基本統計

	総語数	異なり語数	総発話数	総ファイル数
全体	1,661,203	31,007	151,389	152
分析対象	1,523,409	29,957	128,618	142

表 3　3 変異形のバリエーションと頻度

変異形［mod］	略称	バリエーション	頻度
have to	havto	have to, has to, had to, having to	1,303
hafta	hafta	hafta, hasta, hadta	1,446
gotta	gotta	(have, has, had, 've, 's, 'd) gotta	268

以上のファイルから対象となる have to の変異形を抽出した。have to、hafta、gotta の 3 変異形を、以降それぞれ havto、hafta、gotta と呼称する。havto、hafta の活用形や gotta における have の有無などのバリエーションは考慮せず一つの変異形として扱っている。詳細は表 3 を参照されたい。変異形の抽出に際しては、データに付された形態論情報を参照し以下の方法で認定を行った。

（2）a. havto: 語彙素 have の直後に語彙素 to が続くもの

b. hafta: 形態論情報において mod|have˜inf|to, mod|have&3S˜inf|to, mod|have&PAST˜inf|to のいずれかの該当するもの

c. gotta: 形態論情報において mod|got˜inf|to に該当するもの

（2a）ではあえて不定詞マーカー to か前置詞 to かの区別を行っていない。というのも、一部不定詞の to であるにもかかわらず前置詞のタグが付与されている事例が認められたためである。また「X と関係がある」といった意味で用いられる "have to do with X" との区別は行っていないため一定数その事例が紛れているものと思われる（"have to do with" の事例は全体で 41 件）。この配列を一律に除外することも考えたが、「do with X しなければならない」というパターンとなってる可能性も排除できないため今回は全て含めた。

（2b）は要するに法助動詞（mod）の have に不定詞マーカー（inf）の to が連結されているものを抽出しているということである。（2c）についても法助動詞 got に不定詞マーカーが連結されているものを抽出している。表層形 gotta で認定することも考えたが、いくつか不定冠詞 a を伴う "got a" の縮約で gotta となっている事例が認められたため形態論情報を利用した。

以上の認定方法で抽出した結果、havto は 1303 例、hafta は 1446 例、gotta は 268 例を取得できた。gotta が他に比して数量が極端に少ないため以降の分析に少なからず影響を与えている可能性があるが、その点については適宜言及する。なお（have/'ve）got to の事例は 51 例認められたが、前述の通り今回は分析対象に含めていない。

3. 認知的要因と社会的要因

　分析には先行研究や筆者の以前の研究（Yoshikawa 2023）を踏まえて認知的要因・社会的要因を含め複数の要因を検討した。認知的要因には共起する主語・動詞の情報を見る「用法基盤的要因」と、周辺文脈の「意味」を見る「概念的要因」に二分される。「用法基盤的要因」とは要するに、話者が当該準モーダルの変異形の使用を経験的に学習する過程で特定の主語や動詞と頻繁に共起する事実を内在化し、それらを含めたコロケーションをそのまま再生産している、という可能性を検討するものである。「概念的要因」は「どのような内容について話すか」という意味内容に基づく選好を検討するものである。後者については直接数量化することは困難であるが、後述の通り意味ベクトルを用いた埋め込み表現を用いることで実現している。社会的要因には、旧来変異研究で検討されてきた性差と年齢を含めたほか、談話のフォーマルさや会話度を考慮した。以降で各要因の詳細と変異形選択に関する統計的な検討を行う。

3.1　認知的要因 1—用法基盤的要因（主語・動詞との共起）

　Tagliamonte（2004）では must、have to、have got to、gotta の比較において主語の人称・数などの変数を用いた検証を行っており、主語が「総称的（generic）」であるか否かが変異形選択に有意な影響を与えることを示している（Tagliamonte 2004: 45–51）。また動詞については「状態的（stative）」「持続的（durative）」「一時的（punctual）」というアスペクトに基づく分類を用いて検証を行っており、同様に有効な変数となることを示している（Tagliamonte 2004: 44-45, 47-51）。

　本研究ではこれらの知見を参考に、当該準モーダルの主語および継続する本動詞の性質を検討する。ただし先行研究のように意味的な基準ではなく、各変異形との「共起（collocations）」の問題と解釈し、高頻度で生起する特定の主語・動詞との共起を分析対象とする。具体的には、当該準モーダルの主語として高頻度で生起した主語 6 タイプ（I、you、we、it、they、there）およびその他（other）、そして主語が存在しないと思われるもの（NULL）に分類

し、動詞は頻度上位 10 タイプ（be、do、go、have、know、get、take、say、make、look）およびその他（other）、NULL に分類した。主語・動詞の抽出には、コーパスに付与された依存構造の情報を利用する方法も検討したが、タグの誤りも多くあまり効果的ではなかったため、

（3）a.　主語：当該準モーダルの前 5 語を探索し最も近くに生起している名詞、代名詞、there のいずれかを主語とする（該当が無ければ NULL）

　　　b.　動詞：当該準モーダルの後ろ 3 語を探索し最も近くに生起している動詞を動詞とする（該当が無ければ NULL）

というかなり単純なルールを用いた。それぞれの頻度を表 4 に示す。

表 4　変異形ごとの主語(S)・動詞(V)の頻度

S	gotta	hafta	havto
I	55	164	237
You	127	395	610
We	31	109	207
It	15	187	17
They	5	103	97
There	3	22	2
Other	26	427	119
NULL	6	39	14
合計	268	1,446	1,303

V	gotta	hafta	havto
Be	33	429	13
Do	15	159	163
Go	19	48	59
Have	18	106	6
Know	5	12	25
Get	22	28	31
Take	9	32	33
Say	8	24	40
Make	4	24	33
Look	3	12	37
Other	120	513	701
NULL	12	59	162
合計	268	1,446	1,303

gotta

	Be	Do	Go	Have	Know	Get	Take	Say	Make	Look	Other	NULL
I	3	1	7	2	1	1	3	1	2	0	29	5
You	8	10	2	10	3	13	5	7	1	2	63	3
We	1	2	5	6	0	4	1	0	0	0	9	3
It	10	0	1	0	0	0	0	0	1	0	3	0
They	0	1	0	0	0	1	0	0	0	1	2	0
There	2	0	0	0	0	0	0	0	0	0	0	1
Other	8	0	4	0	1	3	0	0	0	0	10	0
NULL	1	1	0	0	0	0	0	0	0	0	4	0

hafta

	Be	Do	Go	Have	Know	Get	Take	Say	Make	Look	Other	NULL
I	13	19	10	7	0	7	7	6	4	5	76	10
You	63	28	11	59	9	12	11	5	6	4	170	17
We	8	8	1	11	0	2	4	0	1	1	66	7
It	105	38	7	6	0	0	0	0	4	1	23	3
They	23	6	3	10	1	3	5	3	3	0	41	5
There	21	0	0	1	0	0	0	0	0	0	0	0
Other	184	51	16	10	2	4	4	10	5	1	125	15
NULL	12	9	0	2	0	0	1	0	1	0	12	2

hafta

	Be	Do	Go	Have	Know	Get	Take	Say	Make	Look	Other	NULL
I	13	19	10	7	0	7	7	6	4	5	76	10
You	63	28	11	59	9	12	11	5	6	4	170	17
We	8	8	1	11	0	2	4	0	1	1	66	7
It	105	38	7	6	0	0	0	0	4	1	23	3
They	23	6	3	10	1	3	5	3	3	0	41	5
There	21	0	0	1	0	0	0	0	0	0	0	0
Other	184	51	16	10	2	4	4	10	5	1	125	15
NULL	12	9	0	2	0	0	1	0	1	0	12	2

havto

	Be	Do	Go	Have	Know	Get	Take	Say	Make	Look	Other	NULL
I	1	20	9	0	3	7	6	25	4	4	129	29
You	6	60	33	3	17	19	17	5	20	23	325	82
We	2	28	4	0	3	4	5	3	4	8	123	23
It	1	9	0	0	0	0	0	0	0	0	5	1
They	1	7	0	0	1	3	2	3	1	0	57	13
There	1	0	0	0	0	0	0	0	0	0	1	1
Other	2	32	6	2	1	0	2	4	2	1	56	11
NULL	0	5	0	0	1	0	0	1	0	0	5	2

図1　主語・動詞と変異形の共起マトリックス（ヒートマップ）

　また主語・動詞の組み合わせについても観察ができるよう、主語を行、動詞を列としたヒートマップを作製した（図1）。各セルの値が共起する頻度であり、頻度が高いほど濃い色で塗りつぶされている（比較のため hafta のデータを2回描画している）。これらのデータから、いくつかの特徴が読み取れる。

(4) a.　gotta の主語は I、you、we がほとんどを占め、"I gotta go ..." "You gotta get ..." などの定型的なパターンの存在が示唆される

　　 b.　hafta は比較的その他の主語の比率が高く、他の変異形よりも多様な主語とともに用いられていることが見て取れる

　　 c.　hafta は他と比して it や there など無生物的な主語を取る頻度が高い

　　 d.　havto は be、have とはほとんど共起せず、逆に hafta は両動詞ときわめて高頻度で共起していることから、havto - hafta の選択に動詞 be、have が大きくかかわっていることが示唆される

e.　havto は比較的動詞を伴わないケース（NULL）が多く観察される

3.2　認知的要因 2―概念的要因（周辺文脈の意味）

　表現選択には用法基盤的な要因のみならず、当然ながら「どのような内容について語るか」という意味的・概念的な要因も影響していると考えられる。一方で定量的な分析を行うにあたっては意味的・概念的な要因を含めるのは方法論的な困難が伴う。一つの方法は一定の意味カテゴリーを設定しそのいずれに該当するかを人手でコーディングする、というものがあり得るが、主観性がぬぐえないほか、意味カテゴリーの設定にも恣意性が伴うという問題もある。

　本研究では、近年自然言語処理において一般的に使用されている言語文脈をベクトル化した分散表現を利用し意味的な要因を数量化することとした。具体的には、Sentence-BERT（Reimers and Gurevych 2019）という文単位で効果的に意味ベクトルを得られるモデルを利用した。Sentence-BERT はChatGPT などにも使用されている深層学習モデルである Transformer（Vaswani et al. 2017）を用いた BERT を応用したもので、BERT で変換された語レベルの意味ベクトルを複数語からなる文などのより大きな単位に拡張したものと言える。

　本研究では意味ベクトルを生成する対象を文ではなく当該準モーダル各変異形の前後 5 語からなる周辺文脈に設定した。これにより同一発話内で複数の変異形が生起する場合でも異なる意味ベクトルを得ることが可能となる。ベクトル化には Python（ver. 3.12.2、以下同様）のライブラリである sentence transformers を使用し、事前学習モデルには精度と処理速度の点で優れているとされる汎用モデル all-MiniLM-L6-v2（https:// huggingface.co/nreimers/ MiniLM-L6-H384-uncased）を使用した。ただしこの処理で得られる意味ベクトルは 384 次元と高次元であり解釈が困難であるため、独立成分分析（ICA）を用いて 3 次元に圧縮した。次元圧縮には主成分分析（PCA）がよく用いられるが、ICA は PCA よりも意味ベクトルから解釈可能な意味情報を取り出す上で有効であることが示されている（Yamagiwa, Oyama, and Shimodaira 2023）。ICA の実行には Python の Scikit-Learn ライブラリ（Pedregosa et al. 2011)における FastICA を利用した。

この結果得られた意味成分をそれぞれ「独立意味成分(independent semantic components)」の頭文字をとり isc1、isc2、isc3 とした。各意味成分の分布を図2に示す。図はバイオリンプロットを用いたグラフであり、白線は中央値を表している。

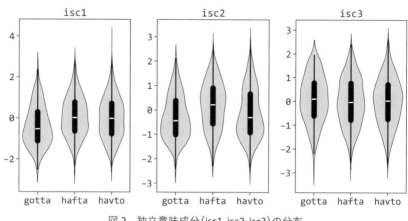

図2 独立意味成分(isc1, isc2, isc3)の分布

表5 各意味成分ごとの特徴語

	words
isc1	been, most, cut, particular, natural, special, different, specific, itself, big
isc2	figure, carefully, choose, feel, ask, use, buy, never, twice, prove
isc3	pace, tables, hours, data, light, numbers, statistics, twenty, math, minutes

各意味成分の特性を見るため、文脈全体を意味ベクトル化したものと同一の Sentence-BERT モデルを使用し、前後5語の文脈を構成する各語(トークン)に対して384次元の意味ベクトルを取得した上で、同様に ICA を用いて3次元への圧縮を行った後、各意味成分を単語内で標準化し z-score に変換

した。単語のスコアはトークン単位であり、同一単語でも事例ごとに意味成分の値が異なるため、単語ごとに意味成分の平均を算出した上で、5回以上生起した単語に絞り、各意味成分でスコアを降順でソートし、上位に位置したものを表5に示した。isc1については be 動詞や副詞、数量詞などが多いことから、静的な関係や状態、数量に関する意味成分であると解釈できる。特に特異性、特殊性に関する内容であると値が高いようである。isc2については動詞が多く、動作や行為などに関する意味成分であると解釈できるが、物理的な運動ではなく思考・認識・発話関連である度合いに対応しているように見える。isc3については数値などに関する語が多いが、表中以外の語（teachers、students、homework、lectures 等）も併せて検討してみると、学校・授業関連の語の値が高いことが確認できた。

　図2から見て取れる通り、isc1、isc2については変異形ごとの差が存在することがうかがえる。実際、対応の無い3群以上の平均の差の検定に利用できるクラスカル・ウォリス検定を用いて3変異形の差を検定したところ、両意味成分ともに有意な差が確認できた（isc1: 統計量 = 48.346, p = 0.000; isc2: 統計量 = 102.122, p = 0.000）。上記の解釈が正しければ、gotta と比べて hafta、havto は強意的な性質に関する内容で用いられやすく、また hafta は gotta、havto よりも思考・認識・発話に関する意味内容で用いられやすい、という傾向が見て取れる。

3.3　社会的要因 1—性別・年齢

　社会的要因としてはまず性別と年齢を考慮した。特に gotta という形式は比較的近年発生し広まったものであり（Krug 1998, 2000）年齢の効果が表れる事が予測される。性別については変異形ごとの頻度分布を図3に、使用数を表6にまとめた。使用数は hafta、havto については女性が多く、gotta については圧倒的に男性が多いことがわかる。この変異形3×性別2のマトリックスに対して両要因の独立性を χ 二乗検定で検定したところ、χ^2 = 27.236（p = 0.000）という結果を得たため、両要因は独立でない、つまり「変異形の選択と性差が何らかの形で影響し合っている」ことがうかがえる[4]。

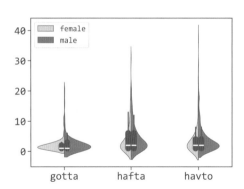

図 3　性別ごとの頻度分布（話者単位）

表 6　性別ごとの頻度と各変異形における各種検定の結果

変異形	female	male	変異形間統計（Fisher）オッズ比	p 値	変異形内統計（Brunner）統計量(p)	p 値
gotta	108	160	0.511	0.000	0.300	0.765
hafta	821	625	1.111	0.153	1.052	0.293
havto	743	560	1.121	0.130	0.428	0.669

$\chi^2 = 27.236$ ($p = 0.000$, Cramer's $V = 0.095$)

　次に、実際に 3 つの変異形のうちどの組み合わせで性差が見られるかを検討するため、それぞれの変異形とそれ以外の二つをまとめたもの（e.g., gotta - gotta 以外）について男女の頻度差を見る 2×2 のマトリックスを作成し、フィッシャーの正確確率検定（表中では "Fisher"）を用いて影響関係を検証した。結果は表 6 の 4、5 列目の通りである。gotta とそれ以外については性差があると言えそうだが、hafta とそれ以外、havto とそれ以外については性差を認めるのは難しそうである。

　最後に各変異形内で使用数に性差があるかどうか、平均の差の検定である Brunner = Munzel 検定を使用して検証した。結果は表 6 の 6、7 列目の通りであるが、どの変異形についても変異形内では性差があるとは言い難いという結果になっている。

　続いて年齢であるが、まず各変異形の事例単位で発話者の年齢の平均と標

準偏差を算出した。(表7の2、3列目)。やはり前述の通りgottaのみ平均年齢が目立って低いことがわかるが、分散も大きく一概に「使用者の年齢が低い」とは言えない可能性がある。そこでクラスカル・ウォリス検定を利用して差の検定を行ったところ、統計量$H=11.744$ ($p=0.003$)という結果が得られ、年齢による使用数に差があることが示唆された。個々の変異形間についてはSteel=Dwass検定を行い差の検証を行った。結果は表7の4–6列目に示した通りだが、gottaとhaftaについては有意な差がありそうである。

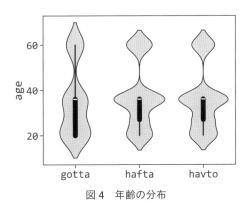

図4　年齢の分布

表7　変異形ごとの年齢平均値と差の統計検定結果

変異形	年齢		変異形間比較(p値)		
	平均	標準偏差	gotta	hafta	havto
gotta	34.802	15.144	-	0.005	0.085
hafta	36.701	13.811	0.005	-	0.097
havto	35.663	13.482	0.085	0.097	-

$H=11.744$ ($p=0.003$)

3.4　社会的要因2—フォーマルさ、会話度

　本研究が対象とする変異形の選択問題は同一準モーダルの縮約形にかかわるものであり、縮約形の選択はフォーマルさと呼応することが容易に考えられる (Cf. Stolarski 2013)。またある程度フォーマルな場や話題であっても、

素早く話者交替が行われる極めて「会話的」な談話においては話速の問題も相まってより「崩れた」形式が用いられる可能性が高くなることが予想される。実際本研究と同様に MICASE を使用して want to - wanna や got to - gotta という準モーダルの非縮約形 - 縮約形比較を行った Stolarski (2013: 258–260) では、会話ファイルに付された「相互行為性 (interactivity)」の評価と縮約形の使用率が相関することが示されている。

　問題はフォーマルさと会話度をどのように計測するかという点だが、本研究ではフォーマルさの指標を先行研究を参考に 2 つ、会話度については独自の指標を考案し用いることとする。上述の通り会話度に相当する相互行為性の評定は MICASE のデータに付与されているが、会話ファイル単位であり、より細かな単位で会話度を検討するために独自指標を用意した。

　フォーマルさの尺度にはリーダビリティの尺度にも用いられる「語彙密度 (Lexical Density, LD)」を利用した。LD にはいくつか定義があるが、任意の範囲 (節、文、文章) における総語数に対する内容語の割合 ($\frac{内容語数}{総語数}$) を尺度化したものである (Halliday 1985: 63-64)。範囲としては、「会話の場」としての会話ファイル全体 (全発話) を対象とした指標と、当該モーダルが実際に用いられている発話の前後数発話からなるローカルな談話環境 (前 10 発話 ＋当該発話＋後 9 発話＝20 発話) を対象とした指標を用意した。前者をファイルレベルの LD として fld、後者をコンテクストレベルの LD として cld と呼ぶ。「内容語」には品詞情報を参照し、「名詞」「動詞」「形容詞」を含めた。

　会話度についてだが、一人の話者のみが話し続けるような状況、あるいは一方がほとんど相槌しか打っていないような状況はあまり「会話的」とは言えない。そこで本研究では、話者交替の活発さと話者同士の「発話量」の「均一性」をあわせて数量的に評価する指標を考案した。具体的には、cld 同様に前 10 発話＋当該発話＋後ろ 9 発話の計 20 発話のコンテクスト $C = [u_1, u_2, ..., u_{20}]$ に対して、i 番目の発話 u_i と $i+1$ 番目の発話 u_{i+1} について話者が異なる場合には発話の「長さ」(＝語数) $|u_i|, |u_{i+1}|$ を比較し、両者の均一性をシャノンのエントロピー $H_i = -\sum_{k=i}^{i+1} p(|u_k|) \log_2 p(|u_k|)$ で表現し、それを $i = 1$ から 19 まで繰り返し平均を取ることで全体の「会話度」を求めた (話者が交

代していない場合は 0 を計上する）。この計算方法では、発話ペアで話者が異なりかつ発話量が均質だった場合は $-(0.5 \times \log_2 0.5 + 0.5 \times \log_2 0.5) = 1$ となり、そのパターンが 19 番目のペアまで続いた場合平均が 1 となる。逆に全て同一話者が発話していた場合は 0 となる。この指標を「会話度（conversationality）」として、cnv と呼ぶ。

　これらは独自の指標であるため、実際に両要因を適切に尺度化しているかどうか検討する必要がある。そこで、fld と、cnv を会話ファイル全体に拡張したもの（fcnv）をファイル単位でジャンルごとにグラフ上にプロットし、ジャンル特性と対応しているかどうかを検討した（図 5）。例えば図 5 の中央付近にある lel（大規模講義）では基本的には教員が一方的に話す場面が多くなるため、会話度は低く、また内容的にもフォーマルなものであると予想されるが、実際にそのような分布になっている。逆にその二つ右隣の mtg（ミーティング）は比較的カジュアルだが会話度は高いことが予想され、実際にその通りの分布になっている。もっとも会話度が高いと評価されているジャンルが svc（サービスカウンターでの会話）であるが、適切に尺度化できていると言える。他のジャンルについてもかなり適切にフォーマルさと会話度を表現できていることがうかがえる。

表 8　cld, fld, cnv の各種統計量

	cld		fld		cnv	
	平均値	中央値	平均値	中央値	平均値	中央値
gotta	0.308	0.307	0.316	0.311	0.285	0.290
hafta	0.314	0.313	0.321	0.318	0.225	0.194
havto	0.316	0.316	0.317	0.315	0.264	0.251

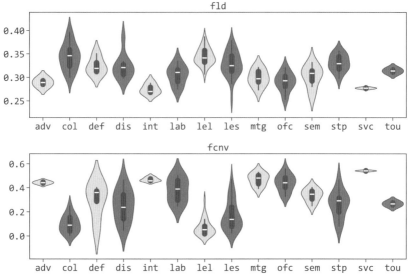

図 5　ジャンルごとの cnv、fld の分布

　これらの尺度について、各変異形ごとの各種統計量を表 8 に示した。cld については gotta < hafta < havto、cnv については hafta < havto < gotta という順に高くなっている。fld については平均値では gotta と havto にほぼ差が無く gotta ≈ havto < hafta という関係性を見て取れるが、中央値では明確に gotta < havto < hafta となっている。分布は図 6 に示す通りである。各要因で変異形 3 群に対するクラスカル・ウォリス検定を行った結果、どの指標も統計的にも差が認められると言えそうである（表 9）。また個々の変異形同士の差を Steel = Dwass 検定で検証したところ、cld では gotta-havto 間のみ、fld、cnv については gotta-hafta、hafta-havto 間で有意な差があると言えそうである（表 9、4–6 列目）。この結果から、gotta はかなり会話的な文脈、かつカジュアルな場で好まれ、hafta はその逆の傾向を示すことが見て取れる。また gotta-hafta、hafta-havto の選択には場のフォーマルさと会話度が影響し、gotta-havto の選択には文脈のフォーマルさが影響する、という関係性が読み取れる。

表9 cld、fld、cnv を対象とした変異型ごとの差の検定結果

	統計量(H)	p値	gotta-hafta	gotta-havto	hafta-havto
cld	6.526	0.038	0.188	0.031	0.415
fld	15.945	0.000	0.003	0.276	0.006
cnv	28.875	0.000	0.001	0.371	0.001

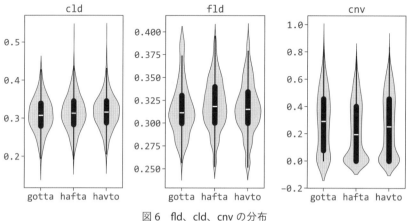

図6 fld、cld、cnv の分布

4. 多変量の分析

上記諸要因はそれぞれ何らかの形で変異形選択に影響を及ぼしていると言えるが、実際は複合的に影響し合うことで最終的な選択が決定されるはずであり、全要因の影響関係を同時に検討することが好ましい。そこで本研究では上記要因を説明変数として、変異形の選択という目的変数(mod)を予測するモデルを構築し、各要因(説明変数)の貢献度について検討する。表10に各変数をまとめた分析用データフレームの一部(上から10例)を提示する。

表 10 分析に用いたデータフレーム（上から 10 例）

mod	gend	age	S	V	fld	cld	cnv	isc1	isc2	isc3
gotta	female	60	You	Take	0.282	0.265	0.321	2.368	-1.026	-1.350
hafta	female	60	You	Do	0.282	0.309	0.545	1.727	-1.859	-0.086
havto	female	60	You	Get	0.282	0.326	0.428	-0.376	-1.068	1.273
hafta	female	60	You	Have	0.282	0.311	0.478	1.141	0.233	-1.152
hafta	female	60	You	Have	0.282	0.277	0.440	1.958	-1.129	-1.152
havto	female	60	You	Take	0.282	0.284	0.280	0.936	0.047	-0.304
hafta	female	60	You	Take	0.282	0.292	0.284	-0.719	-0.184	-1.158
hafta	female	60	You	Take	0.282	0.292	0.284	0.504	0.112	-1.613
hafta	female	60	You	Take	0.282	0.292	0.284	1.569	0.263	-1.560
hafta	female	20	I	Take	0.282	0.312	0.515	-0.735	-0.759	0.726

4.1 ランダムフォレスト分類器による分析

　変異形の選択は一つの分類問題とみなせるため、本研究では機械学習分類モデルである「ランダムフォレスト分類器（Random Forest Classifier、以降 RFC）」を用いた分析を行った。RFC は「決定木（Decision Tree）」と呼ばれる（主として）2 分類木に基づく分類モデルを複数実行し、その多数決で正解となる分類を推定する「アンサンブル学習」と呼ばれる枠組みで、本研究のように数量的な連続値変数や {0,1} からなる bool 変数、そして質的なカテゴリ変数が混在する場合でも精度よく分類が可能である。

　分析には Python の Scikit-Learn ライブラリ（Pedregosa et al. 2011）の RandomForestClassifier を使用した。決定木の数は 3000 に設定したほか、gotta が低頻度であることを考慮し、分類間の不均衡な割合を調整する設定とした。その他のパラメータはデフォルト値である。結果、モデルは全ての事例を正しく分類した（精度＝1.0）。

　RFC は分類タスクにおける各説明変数の「重要度（feature importances）」を数値化するため、これを図 7 に示した。性別・年齢は相対的に貢献度が低く、3 つの意味成分とスタイル的要因、そして動詞の選択の貢献が大きいことがわかる。特に isc1、isc2 の貢献度が高く、次いで isc3 とフォーマルさ（fld、 cld）の貢献が大きい。従って認知的要因も社会的要因もともに変異形選択に重要な貢献をしているとみなすことができそうである。

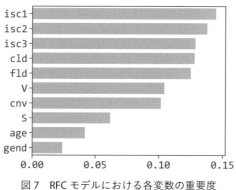

図7　RFC モデルにおける各変数の重要度

4.2　各変数が変異形選択に与える影響の検討

RFC は変数間の影響力の大小を比較することが可能だが、各変数が具体的にどのように分類に影響しているかを知ることは難しいため、それを可視化する方法として Partial Dependency Plot（PDP）という手法が存在する[5]。PDP は簡単に言えば、ある説明変数 x_S について、それ以外の説明変数の値を固定した上で x_S の値のみを変化させ、それぞれの値において学習した分類器（ランダムフォレスト）による分類判定（予測確率）がどう変化するかを事例単位で検討し、その平均（Partial Dependence）をとることで変数が分類に与える影響を可視化する。例えば cld は事例によって 0.2 から 0.4 あたりの数値を示すが、仮にすべての事例で cld が 0.21 だった場合分類器の分類判定がどうなるか、0.22 だった場合どうなるか、…という疑似データを用いた検討を行う。結果、固定した値ごとに事例数（今回のデータであれば 3017 件）分の判定結果が得られるが、その平均をとり、各分類（変異形）が選択される確率がどの程度であるかを算出する。

　各説明変数に対する PDP の結果を図 8 に示す。カテゴリ変数については 100% 積み上げ棒グラフで示している。各グラフにおいてプロットされた折れ線や棒が平坦、つまり x 軸の値によらず一定であれば、特にその変数は変

異形の選択に影響を与えていないことが示唆される。実際、重要度が低かった gend、age については hafta、havto はほぼ平坦である。gotta については男性より、若年層に多い（が、同時に 60 歳あたりでも多い）という傾向が読み取れる。逆に重要度の高かった 3 意味成分は明確な値の変動が観察されている。isc2 においては hafta と havto が対照的な傾向を示しており、値が高くなるにつれ hafta が用いられやすく、havto が用いられにくくなることが示唆され、gotta についてはおおよそ havto と同一の傾向が確認できる一方、isc3 では全く逆の傾向が見て取れる。isc1 については gotta と hafta/havto の対比が明確で、値が高くなるにつれ gotta の確率が大きく減少していることが見て取れる。3.2 節で示した解釈が正しければ、hafta は思考・認識・発話関連の内容でより多く使用され、逆に授業関連の話題では比較的使用されにくいこと、gotta については特異性・特殊性に関する内容では使用されにくくなる、といった意味的な傾向があるということになろう。ただし「授業関連」の話題にセンシティブであるというのは今回用いたデータがアカデミック領域に特化したコーパスであることに起因するものである可能性が高いため、一般化可能な傾向と言えるかどうかは大いに疑問の余地がある。

　続いてフォーマルさの 2 指標（fld、cld）であるが、fld については値が高くなるにつれ hafta は用いられやすく、havto、gotta は用いられにくくなる傾向が見て取れる。一方 cld は gotta については fld と同傾向であるものの、hafta と havto は fld と逆の傾向を示しており、値が高くなるほど hafta は使われにくく、havto は使われやすくなることがうかがえる（ただし 0.35 付近で傾向が逆転している）。また hafta、havto については同様の傾向が cnv にも認められ、こちらについては gotta も値が高いほど使われやすい傾向を緩やかに認めることができる。総じて、「カジュアルで会話的」な gotta、「場としてはフォーマル、文脈としてはカジュアルで独話的」な hafta、「場としてはカジュアル、文脈としてはフォーマルで会話的」な havto、という特徴づけが可能であろう。

　最後に主語（S）・動詞（V）であるが、まず特筆すべきは動詞 Be の効果である。明らかに Be は hafta を選好しており、逆に havto が用いられる確率が極端に低いことが見て取れる。同様の傾向は Have にも認められるが、Be

ほど大きな差ではない。また若干ではあるが動詞が NULL の場合 havto への選好が認められると言えそうである。主語については It が hafta を選好する傾向が認められるほか、無主語（NULL）や There についても同様の傾向を見て取れる。逆に、若干ではあるが We、You については havto への選好がうかがえる。グラフからはわかりづらいが、We、You に関しては gotta も他の主語と比べて比較的高い値となっている。

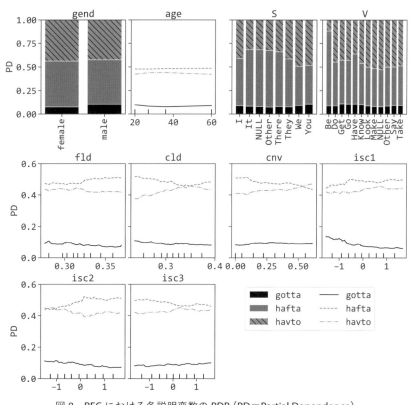

図 8　RFC における各説明変数の PDP（PD＝Partial Dependence）

5. 考察と課題・展望

　以上の結果から、本研究の分析は用法基盤的・概念的問わず認知的な要因

が変異形選択に一定の影響を与えていること、また同時に主としてフォーマルさと会話度という談話の場や相互行為に関する社会的要因も同程度に貢献していることが示されたと言える。

前者に関しては特に意味成分の影響と動詞との共起、後者はフォーマルさの影響が大きいことが確かめられた。動詞（および主語）の共起については "it hasta be ... " のような定型的な表現の存在をうかがわせるものであり、「変異形を選択している」というよりはより大きな単位での論理が働いている可能性を見て取れる。

フォーマルさについていえば、縮約形である gotta、hafta はよりインフォーマルな状況で用いられることが予測されるが、cld に関しては確かにその傾向が確認できたと言える。また今回フォーマルさについて fld、cld という2つの指標を用いたが、両者の傾向に比較的大きな差が見られたという点も興味深い。fld については談話全体のフォーマルさを近似したもので、いわば「場」の「堅さ」を表現している。これは「こういう場では have to と言うようにしよう」のような「意識的な配慮」を反映しているとみなすことができるかもしれない（意外なことに、図8で見た通り havto は fld の値が大きい方が選択される確率が低いことが示されており、フォーマルな場ではむしろ選好されにくいことが示唆される）。一方 cld は近接文脈の局所的なフォーマルさの近似であり、会話における他の参与者との相互作用によってリアルタイムに変化する意識化しづらい要因と言える。従って cld との相関は内省などでは判断が難しいいわば「環境との呼応」によって「反応」的に産出されるメカニズムを映し出すものという解釈も可能である。本稿の冒頭で述べた「会話の環境を取り込む」という認知観はまさにここに体現されているといえる。

最後に、変異形の選択ではなく have to という準モーダル全体の振る舞いについての考察を述べたい。上でも触れたが、図1からも明らかな通り hafta は主語 it および動詞 be との結びつきが他と比較して明らかに強く、図8でも軒並み高い数値を示している。そして実際のデータを見てみると、(5) のような発話が認められる。より広い文脈を見ないことには判断が難しいが、これらの例は「(it が) 〜でなければならない」という義務的モダリティ

として用いられているというよりは、「〜に違いない」という認識的モダリティ（epistemic modality）の用法であるように読める。

（5）a.　S1: the resistance is very small it hasta be very conductive too .
　　　　　（ofc195su116）
　　　b.　S1: and &-uh that hasta be due to (.) this sort of mechanism .
　　　　　（les365jg029）

先行研究（e.g., Tagliamonte 2004）でも少ないながら have to の認識的モダリティ用法は報告されており、モーダルの変化の一般的な傾向としても「義務的→認識的」というパターンが存在する（Cf. Krug 1998）ことを鑑みると、hafta という縮約形が徐々に認識的モダリティ用法を担うものとして発展しているという可能性が指摘できる。従って今後このような用法の差異も含めて分析を行っていくべきであろう。また今回検討できなかったが、「gotta ばかり使う人物」のような個人差の存在や、出身地による地域差の影響なども考えられるため、この検討は今後の課題としたい。

注

1　本稿で示す分析は筆者が以前実施した分析（Yoshikawa 2023）と同一の現象を同一のデータで検討したものであるが、方法論的に大幅な改善を加えている。

2　言語学者によるブログとして著名な *Language Log* のエントリーで、著者は Arnold Zwicky である（Language Log — What Palin's gonna do (September 26, 2008 @ 3:44 pm / Filed by Arnold Zwicky under Language and the media, Variation)）

3　もちろん書き起こしに携わった人物ごとの「表記ゆれ」も影響している可能性は否めないが、分析の結果として一定の傾向が記述できれば「単なる表記ゆれである」という可能性は排除できる。なおこの可能性については編者の渋谷良方氏（金沢大学）からご指摘いただいた。

4　ただし、効果量を Cramer's V で算出すると $V = 0.095$ となるため、影響の度合いはかなり低いと言える（表6下参照）。また、当該データは同一人物が gotta, hafta, havto のいずれか2つ以上を使用しているケースがまま認められるため、完全に独立な変数とはなっておらず、その点で χ 二乗検定を用いることは本来は適切で

はない。この点は編者の渋谷氏からご指摘いただいた。

5 PDP の使用については編者の渋谷氏から助言をいただいた。謝意を表したい。

参考文献

Beckner, Clay, Blythe, Richard, Bybee, Joan, Christiansen, Morten H., Croft, William, Ellis, Nick C., Holland, John, Ke, Jinyun, Larsen-Freeman, Diane, and Schoenemann, Tom. (2009) Language is a Complex Adaptive System: Position Paper, *Language Learning* 59 (supplement 1): pp. 1–26.

Croft, William. (2009) Toward a Social Cognitive Linguistics, In Vyvyan Evans and Stephanie Pourcel (Eds.), *New Directions in Cognitive Linguistics*, pp. 395–420. Amsterdam; Philadelphia: John Benjamins.

Halliday, Michael Alexander Kirkwood. (1985) *Spoken and Written Language*, Oxford: Oxford University Press.

Harder, Peter. (2010) *Meaning in Mind and Society: A Functional Contribution to the Social Turn in Cognitive Linguistics*, Berlin; New York: De Gruyter Mouton.

Krug, Manfred G. (1998) Gotta – The Tenth Central Modal in English? Social, Stylistic and Regional Variation in the British National Corpus as Evidence of Ongoing Grammaticalization, In *The Major Varieties of English: Papers from MAVEN* 97, pp. 177–191. Växjö: Växjö University Press.

Krug, Manfred G. (2000) *Emerging English Modals: A Corpus-Based Study of Grammaticalization*, Berlin; New York: De Gruyter Mouton.

MacWhinney, Brian and Wagner, Johannes. (2010) Transcribing, Searching and Data Sharing: The CLAN Software and the TalkBank Data Repository, *Gesprachsforschung* 11: pp. 154–173.

Pedregosa, Fabian, Varoquaux, Gaël, Gramfort, Alexandre, Michel, Vincent, Thirion, Bertrand, Grisel, Olivier, Blondel, Mathieu, Prettenhofer, Peter, Weiss, Ron, Dubourg, Vincent, Vanderplas, Jake, Passos, Alexandre, Cour napeau, David, Brucher, Matthieu, Perrot, Matthieu, and Duchesnay, Edouard. (2011) Scikit-learn: Machine Learning in Python, *Journal of Machine Learning Research* 12: pp. 2825–2830.

Reimers, Nils and Gurevych, Iryna. (2019) Sentence-BERT: Sentence Embeddings Using Siamese BERT-Networks, *In Proceedings of the 2019 Conference on Empirical Methods in Natural Language Processing*, pp. 3982–3992. Association for Computational Linguistics.

Simpson, Rita C, Briggs, Sarah L, Ovens, Janine, and Swales, John M. (1999) *The Michigan*

Corpus of Academic Spoken English, Ann Arbor, MI: The Re gents of the University of Michigan.

Stolarski, Łukasz. (2013) Style-shifting as a Function of Multiple Factors: A Corpus Based Study, *Token – A journal of English linguistics* 2: pp. 245–263.

Tagliamonte, Sali. (2004) Have to, Gotta, Must: Grammaticalisation, Variation and Specialization in English Deontic Modality, In Hans Lindquist and Chris tian Mair (Eds.), *Corpus Approaches to Grammaticalization in English*, pp. 33–55. Amsterdam: John Benjamins.

Vaswani, Ashish, Shazeer, Noam, Parmar, Niki, Uszkoreit, Jakob, Jones, Llion, Gomez, Aidan N, Kaiser, Łukasz, and Polosukhin, Illia. (2017) Attention is All You Need, *Advances in Neural Information Processing Systems* 30: pp. 5998–6008.

Yamagiwa, Hiroaki, Oyama, Momose, and Shimodaira, Hidetoshi. (2023) Discovering Universal Geometry in Embeddings with ICA, In Houda Bouamor, Juan Pino, and Kalika Bali (Eds.), *Proceedings of the 2023 Conference on Empirical Methods in Natural Language Processing*, pp. 4647–4675. Singapore: Association for Computational Linguistics.

吉川正人 (2021)「認知言語学の社会的転回に向けて―「拡張された認知」が切り開く認知言語学の新たな可能性」篠原和子・宇野良子 (編)『実験認知言語学の深化』pp. 213–238. ひつじ書房

Yoshikawa, Masato. (2023) You Gotta Get Things Right but Hafta Be Careful, I Have to Say, In *Papers from the National Conference of the Japanese Cognitive Linguistics Association* 23, pp. 506–511. Tokyo: The Japanese Cognitive Linguistics Association.

多義性研究におけるテキストジャンル

RUN 構文を例に

木山直毅

1. はじめに

　近年、コンピュータの発達に伴い、様々な種類のコーパスが整備されてきた。その中でも、認知言語学的な研究で多く用いられるのは、British National Corpus（以下 BNC; BNC Consortium 2007）や Corpus of Contemporary American English（以下 COCA; Davies 2008-）といった均衡コーパスであろう。これらが「均衡」と呼ばれる理由としては、コーパス内に様々なテキストジャンル（以下、ジャンル）が収録されていて、母集団（すなわち、分析対象言語）との相関が強いと考えられるからである（石川 2012: 37）[1]。

　ところが、認知言語学では、ジャンル間の言語の姿を理想化してきた（Steen 2011: 26）。たとえば、Gries（2006）や Glynn（2014）は、均衡コーパスから取得した英語動詞 run の事例に対して、200 以上もの統語や形態に関するタグ付けを行なっているが、そこにはジャンルに関する情報は含まれていない。他にも、コロストラクション分析や（e.g. Stefanowitsch and Gries 2003; Gries and Stefanowitsch 2004; Stefanowitsch and Gries 2005）、比較相関構文（Hoffmann 2019; Hoffmann et al. 2019）など、コーパスを用いた研究の多くが、ジャンルの差を理想化している（e.g., Desagulier 2022; Gilquin 2006; Hayase 2011; Hilpert 2008a; Panther and Thornburg 2009）。

以上のようなアプローチでは、すべての言語表現や構文、語彙の意味は、すべてのジャンルに均等に現れるという仮説を（意図するかしないかにかかわらず）暗黙のうちに想定していることになる（Biber 2012）。しかし、認知言語学が重視する用法基盤モデルでは、言葉が発せられる様々な状況や文脈が人の言語知識として記憶されていると想定している（Bybee 2010; Divjak 2019）。もし、「状況」や「文脈」という用語が指し示す範囲の中にジャンルが含まれるとすれば、人はジャンルに関する知識を蓄えていると考えられるだろう。コーパス言語学では、伝統的に単語の出現率や構文の出現率は、ジャンル間で異なることが頻繁に論じられてきた（e.g., Biber 2012; Biber et al. 1998; Stubbs 1996）。近年では、用法基盤モデルの枠組みに立脚した研究においても、ジャンルの違いに関する重要性は論じられており、言語変化におけるジャンル差（Shibuya 2020）や、特定のジャンルでのみ現れる構文（Hoffmann and Bergs 2018; Nikiforidou 2021; Ruppenhofer and Michaelis 2010）など、様々な観点からの考察が見られる。

　以上の背景をもとに、本稿では、様々なジャンルをまとめて分析するアプローチ（以下、一括化アプローチ）と、ジャンル間の変異を分析するアプローチ（以下、変異アプローチ）とを共時的な観点から比較し、両アプローチに依拠するとそれぞれどのような記述・説明に導かれるのかを示し、分析結果に基づき、どちらが認知言語学にとって好ましいのかを検証する。その際、本稿では、構文の多義性がジャンル間でどのように分布しているのかを調査し、人の言語知識、とりわけ構文の多義性に関する知識が、ジャンルとどのように結びついているのかについて考察を行っていく。

　本稿の構成は次のとおりである。2節では、本研究が調査対象とする構文の統語的特徴と、意味的特徴について質的に考察し、量的手法を援用して一括化アプローチの観点から構文のプロトタイプ的意味を記述する。3節では、2節で得られた結果をジャンル間変異の観点から改めて分析し、変異アプローチの重要性を検証する。4節では、ジャンルと構文の知識の方向性について調査を行い、5節で理論的示唆と本稿の結論を述べる。

2. RUN 構文

2.1 補部か付加詞か

本研究が調査する言語表現は、(1)のような英語の［run+PP］構文である（以下 RUN 構文）（英語の動詞 run に関する研究は、Tuggy (1988)、Gries (2006)、Goddard et al. (2016)、Taylor (1996)参照）。

(1) a.　She ran to the bedroom with tears in her eyes.
　　 b.　The cost may run into the hundreds of billions of dollars.

ここで注意したいこととしては、動詞 run の直後に現れる前置詞の役割である。動詞に後続する前置詞は、(1)のように動詞の補部として用いられる場合と、(2)のように付加詞として用いられる場合とがある。本稿が対象とするのは、(1)の補部となる場合である。

(2) a.　She runs on every Monday.
　　 b.　She runs in the park.

前置詞が動詞に対する補部なのか、付加詞なのかに関しては、様々な言語テストが提案されてきた (e.g., Radford 1988; Zehentner 2022)。本稿では、数ある判定テストの中でも、最も信頼性が高いとされる do so テストを用いる (Huddleston (2002)、テストの有効性については Hoffmann (2022)参照)。

　照応表現 do so は、動詞句全体を置き換える特徴を持つ。そのため、動詞が前置詞を下位範疇化している場合、do so は動詞＋前置詞句全体を照応する。一方で、前置詞が動詞の付加詞である場合、do so は動詞句のみを照応するため、do so の直後に当該の前置詞を続けることは問題ない。たとえば、(3)を見てみよう（例文と、その容認度は Hoffmann (2022: 162)より）。

(3) a.　*Jill ran to the church but Pam did so to the house.
　　 b.　Jill killed a cat with Jack and Pam did so with Bob.

(3a)の do so は、動詞句全体(run to the church)を照応しているため、前置詞句を do so の外に置いて表現することはできない。このことから、方向性を表す前置詞句は動詞句の一部であると考えることができる。一方で、(3b)の do so は、kill a cat のみを照応しているため、with Bob が do so に後続しても問題ない。これにより、with 句は付加詞であると認められる。

　本稿では、以上のような照応関係を利用し、COCA より RUN 構文の事例を収集した。なお、言語テストの容認性は、話者の言語に関する経験の影響を受けるため (Diessel 2022)、どの事例が前置詞句を下位範疇化しているのかについては、必ずしも明確な判断を下すことはできない (Biber et al. 1999)。例えば、Hoffmann (2022) は、目的地への移動を表す run for X は動詞の補部としているが、本研究に協力してもらった 2 名のインフォーマントは付加詞であると判断した。そこで、本研究では、熟語として辞書に登録されているものや、インフォーマントの間でテスト文の容認性が一致しない事例については、容認性が低いものと判断し、調査対象としてデータを含めることとした。

2.2 RUN 構文の意味

　本研究の研究課題に入る前に、RUN 構文が持つ意味を記述しておこう。質的な考察においては、3 節で利用する COCA のフィクションと新聞のデータのフルテキスト版より 500 例を無作為抽出し、Gries (2006) の分類を参考にして、手作業で意味をコーディングした[2]。その結果が次のとおりである。頻度が低い意味には、具体的な例を挙げる。なお、地名や建物名は PLACE に、人物名は NAME に、数字を含む物の重量(e.g., 10 pounds)や距離等の表現(e.g., 10 miles)は AMOUNT に置き換えている。

- 高速移動：run の主語の指示対象が、補部が表す場所を素早く移動する事象(run {up stairs/down street/out of room...})
- 逃走：run の主語の指示対象が何かから逃走する事象(run for {life/cover})
- 追跡：run の主語の指示対象が補部の参照物を追尾する事象(run after him)

・衝突：run の主語の指示対象が移動した結果事象として、物理的障壁に衝突する事象（run into {wall/PLACE}）

・遭遇：run の主語の指示対象が移動した結果事象として、補部の指示対象に遭遇する事象（run into {NAME/friends...}）

・介助：run の主語の指示対象が助けを求めて場所を移動する事象（run {for help/to aid}）

・轢く：run の主語の指示対象が移動した結果、補部の参照物を乗り物で轢いてしまう事象（run over {a cat/body}）

・量：run の主語の指示対象が一定の量に達する事象（run into {million/AMOUNT...}）

・遅れ：run の主語の指示対象が予定より遅れる事象（run behind schedule...）

・使い切り：run の主語の指示対象が補部の参照物を使用した結果、補部の参照物がなくなり、利用できなくなる事象（run out of {time/money/food...}）

・経験：run の主語の指示対象の状態が変化した結果、（典型的には良くない）特定の状況に変化する事象（run into {problem/opposition/trouble...}）

・選挙：run の主語の指示対象が選挙に出馬する事象（run for {president/against NAME...}）

・超越：run の主語の指示対象が、補部の参照物よりも優位に立つ事象（Daschle wins plenty of support. He's not going to let Bush run over him.）

・機能：run の主語の指示対象が、補部の参照物を用いて作用する事象（run off money e.g., state government runs off money, not water.）

・仮想移動：run の主語の指示対象は物理的な移動をしていないが、対象物が移動しているかのごとく主体が知覚する事象（The insulated wire ran under the door.）

ここで得られた意味については、3つのスキーマ的意味を取り出すことができる。1つは、動作主の物理的な位置の移動（以下、物理的移動義）である。これは、高速移動義や逃走義、追跡義に加え、衝突義や遭遇義といった、動

作主が物理的に移動した結果事象を表すものも含む。2つ目は、（共時的には）動作主の物理的な場所移動を必要としない抽象的な移動義で、ここには経験義や選挙義、量義等が含まれる[3]。最後が仮想移動である。仮想移動は、知覚主体による移動の解釈であるため、いずれにも属さない意味として分類する。

　なお、使い切り義については、Gries（2006）とは異なる分類をしている点に注意されたい。Gries は、使い切り義を物理的移動義に分類している。これは、Gries が使い切り義において the ink runs out のような液体を主語とする構文を想定しているからである。Gries によると、液体主語の構文は、主語で表される液体が容器から移動した結果を表す。しかし、本稿が分析対象とするのは、所有者を主語とする構文（e.g., We are running out of the ink）であり、例のように進行形で表現したとしても、発話時に主語の指示対象が容器から移動している必要はないことから、本稿では抽象的な移動義に分類する。

2.3　一括化アプローチに基づくプロトタイプ的意味

　次に、前節で分析した意味のうち、どの意味が RUN 構文のプロトタイプ的意味であるかを調査する。COCA で得られたデータに対し、RUN 構文で用いられる前置詞と名詞の共起強度を共変動コレキシーム分析（Covarying collexeme analysis; 以下 CCA; Stefanowitsch and Gries 2005）を用いて調査した（頻度が 5 以上のものに限定した）。表 1 は、CCA の結果を、対数尤度比（Log-likelihood ratio; 以下 LLR）の降順で並べて得られた上位 20 項目である。LLR を降順に並べ、RUN 構文の 99.9% 水準で重要な結びつきであると判断されたマイクロ構文（micro-construction; Traugott 2007）を考察したところ、質的に考察した意味の多くが含まれていたが、すべての意味が現れているわけではなかった。

表 1　CCA を用いた RUN 構文の分析結果

	表現	LLR		表現	LLR
1	run for president	1635.50	11	run out of gas	491.01
2	run out door	1524.59	12	run into problem	470.38
3	run for office	1256.24	13	run down stair	387.73
4	run out of money	868.31	14	run for senate	379.30
5	run up stair	783.16	15	run for mayor	375.34
6	run out of time	629.08	16	run for congress	364.72
7	run for reelection	608.39	17	run for life	357.33
8	run for governor	603.74	18	run for seat	332.84
9	run into trouble	551.34	19	run against NAME	331.20
10	run down street	512.14	20	run after them	318.14

　この調査から、RUN 構文の典型的な意味に関して、先行研究で論じられ
ていた英語の動詞 run の典型的意味とは異なることが見えてくる。一般的
に、動詞 run の最も使用頻度の高い意味は高速移動義であり、動詞 run の典
型的な意味であると言われる（Glynn 2014; Gries 2006; Tuggy 1988）。しか
し、本コーパスにおける RUN 構文は様子が異なる。図 1 は、LLR の値が
99.9% の水準で有意な結びつきであると判定されたマイクロ構文の意味の割
合である。この図を見てみると、RUN 構文の約 40% を選挙義が占めている。
一方で、高速移動義の頻度は約 25% と、2 番目に位置する。そのため、
RUN 構文の頻度に基づくプロトタイプ的意味は、選挙義であると言えよ
う。ただし、この結果は、動詞 run の一般的な特徴というより、本コーパス
における RUN 構文の特徴であるということに注意されたい。

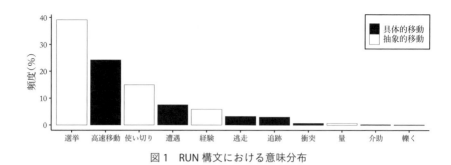

図1　RUN 構文における意味分布

3. 2つのアプローチの検証

2.3 節では、一括化アプローチに基づく RUN 構文の分析を行った。本節では、変異アプローチの観点から、タイプレベルと事例レベルの分析手法を用いて RUN 構文を考察する。

3.1　タイプレベルの分析手法を用いた検証

はじめに、COCA に収録されているすべてのジャンルを用いて対応分析を行った。ただし、視認性を高めるために、5つのジャンル（spoken、fiction、popular、magazines、newspapers、academic）の頻度の合計が 70 を超えるマイクロ構文に限定した。その結果が図 2 である。まず、ジャンル分布（★）を見てみると、フィクションか、それ以外かで、分布が大きく異なっていることがわかる。意味の分布を見てみると、フィクションの周辺には物理的移動義がまとっているのに対し、それ以外のジャンルの周辺には選挙義等の抽象的な移動義が集まっている。使い切り義に関しては、X 軸ではフィクション、新聞、学術分野の中間に位置しているが、Y 軸では負の次元に偏りがあることが確認できる。この分布より、フィクションとそれ以外のジャンルには、使用される意味の頻度に差があることが示唆される。

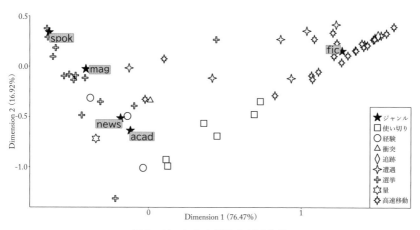

図2　ジャンルと意味の対応分析

　一般的に、言語の振る舞いについては、話し言葉と書き言葉の間で比較されることが多いが (e.g., Biber 1988; Biber et al. 1999; Theijssen et al. 2013)、図2では、RUN 構文に関してはフィクションかそれ以外かという、別な観点から研究する必要性が示唆されている。そこで、より詳細な分析を行うために、同じ書き言葉であるフィクションと新聞に限定し、弁別的コレキシーム分析 (Distinctive collexeme analysis; 以下 DCA; Gries and Stefanowitch 2004) を行った。ただし、頻度が低い場合、本当に有意差があるのか判断にしにくいため、2つのジャンルにおける合計の頻度が20以上のものに限定して分析した。従来の DCA は、CCA と同じく LLR などを結びつきの強度の指標として使用していたが、Gries (2023) では、χ^2 検定の残差を使用することが提案された。そこで本稿では、頻度の影響を受けない調整済み標準化残差(以下、残差)を用いた。ここで得られた残差と頻度の関係を描画したグラフが図3である (χ^2=5261.3, p<0.05, Cramer's V=0.71)[4]。この分布を見てみると、図2の時と同じように、フィクションには高速移動義や追跡義といった、物理的移動を表すものが多く現れている。一方で、新聞には選挙義や使い切り義といった、抽象的な移動義が確認できる。これは、フィクションでは人物の動きや心情を描写することが多く、新聞では社会的な関心事を記述することが多いという、ジャンルの特性を反映していると考えられる (run out of breath がフィクションに現れる理由については、3.2 節にて触れる)。

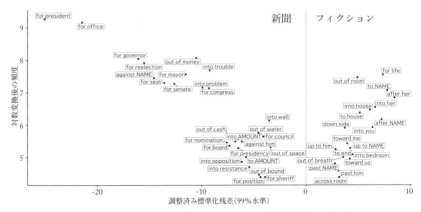

図 3　頻度と残差の関係（フィクションは無作為抽出による）

　しかし、図 3 を見てみると、(−3.5, 6.1) に位置する run into wall に関して興味深いことが見えてくる。この構文を直訳すると、「壁に衝突する」という意味なので、物理的移動を表しているように思われるが、図 3 では新聞に多く使用されていることがわかる。この理由は、run into wall の多義性にあると考えられる。Merriam Webster (n.d.) における run into の項目を参考に、実際の例を観察すると、(4) の意味に分類することができる。

(4) a.　衝突：Fred Flintstone recoiled, like he had run into a wall, and fell backward ...
　　b.　スポーツの衝突：He's batting. 440 with eight homers but left LA's game Wednesday after running into the right-field wall in Denver while making a catch and suffered a leg injury.
　　c.　経験：those who relied on them [notes] quickly ran into an academic brick wall.
　　d.　遭遇：they went down a corridor and (中略) run into a wall of guards.
　　e.　仮想移動：At Stanford, they [wires] run into a wall and feed data to a control room ...　　　　　　　　　　　　（[ ] 引用者、以下同じ）

なお、ここでは「衝突」と「スポーツの衝突」を分けている点に注意された
い。本コーパスでは、衝突義はスポーツの文脈で用いられていることが多か
った。言葉の意味は、トピックと重要な関わりがあるため（木山・渋谷
2023）、衝突義がスポーツのトピックで用いられているかどうかで分けて分
析する。では、2つのジャンルの間に、各意味の頻度差はあるのだろうか。

　（4）のタグを付与し、χ^2検定を用いた分析結果が表2である（補正あり）。
表の残差は、正の値の場合はフィクションに多く現れ、負の値の場合は新聞
に多く現れていることを示している。また、値の絶対値が1.96を超えると
95%の水準で有意に偏りがあることを示す。この表を見ると、スポーツの
衝突義と経験義が新聞に多く現れていることがわかる。スポーツの衝突義に
ついては、通常の衝突義とは異なり、スポーツ、とりわけ野球に関する報道
で多く用いられており、ジャンルに加え、語が用いられるトピックを多義性
の分布に考察に入れることの重要性が示唆される。また、経験義が新聞に多
く現れ、物理的移動義（通常の衝突義）はフィクションに多く現れているとい
うのは、本稿が論じてきた内容と一致する結果である。

表2　*run into wall* の頻度と残差分析（χ^2=16.15, *p*<0.05, Cramer's *V*=0.48）

	フィクション(%)	新聞(%)	残差
衝突	16(22.86)	9(12.86)	3.53
スポーツの衝突	1(1.43)	10(14.29)	-2.06
経験	8(10)	25(34.71)	-2.01
仮想移動	0(0)	1(1.43)	-0.77
遭遇	1(1.43)	0(0)	1.32

　以上より、図3において run into wall が新聞に現れているのは、トピック
や抽象的な移動を表す経験義の影響であることがわかる。しかし、同時に、
コロストラクション分析の課題が明らかになった。すなわち、コロストラク
ション分析は、言語表現をタイプレベルで分析するため、各マイクロ構文の
多義性を十分に考慮に入れることができていない。そこで、次節では、事例
レベルでの分析を行う。

3.2 事例レベルの分析手法を用いた検証

3.1 節では、タイプに基づく分析では、各マイクロ構文の多義性を十分に考慮に入れられないことを示した。例えば run into wall には、比喩的な用法もあれば字義通りの用法もあるが、コロストラクション分析では、これらを抽象化してしまうため、図 2 と図 3 の解釈が恣意的になりかねない。本節では、Heylen et al. (2015) が提案した、事例レベルの意味空間モデル (token-based semantic vector space model; 以下 tSVS) を用いて、意味とジャンルの関係について考察を行う (Geeraerts et al. 2024; Hilpert and Saavedra 2017)。

tSVS は、次のようなプロセスを経て分析がなされる。(i) 分析対象の事例をコーパスから取得する (本稿では、左右で 15 語ずつを取得)。(ii) コーパス全体から、語彙共起語頻度表を作成する (内容的意味を持たないとされるストップワードや記号は、計算量を減らす目的で除外した)。(iii) (ii) で作成した行列に対して、正の相互情報量を用いてコロケーション強度を計算する。(iv) (iii) で作成した表から、各コンコーダンスラインで使用されている語彙を抽出する。(v) コンコーダンスラインごとの平均値を計算する[5]。(vi) (v) で作成した表を、類似度計算指標 (本稿では、コサイン類似度) を利用してコンコーダンスライン間の類似度を計算する。

tSVS は、計算の性質から頻度行列が巨大になるため、すべての事例を利用することは不可能である。そこで本稿では、2.2 節にて RUN 構文の意味を考察する際に用いた 500 例から、記号やストップワードを除外し、残った語数が 5 語以上となる事例に限定した。これにより、211 例 (フィクションは 102 例、新聞は 109 例) が分析の対象となった。

以上の手続きで得られた結果を、2 種類のタグを用いて表示する。図 4 は、事例をジャンル別に描画したものである。各軸に描画した箱ひげ図は、凡例の色と対応する。この図を見ると、第一象限に新聞が、第三象限にフィクションが多く集まっていることがわかる。箱ひげ図をみても、X 軸、Y 軸ともにノッチの重なりがないことから、両軸ともに 95% 水準で中央値に有意な差があることがわかる。この違いは、RUN 構文と共起する内容語が、ジャンル間で異なっていることを示すものであり、語の意味は、共起する語で決まるという分布仮説 (Firth 1957; Harris 1954) の想定に立つと、各ジャンル

で用いられる RUN 構文の意味は異なっていることが示唆される。

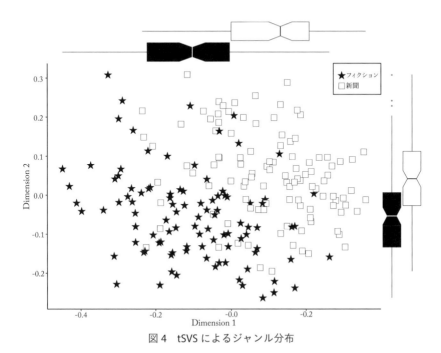

図 4　tSVS によるジャンル分布

そこで、2.2 節で付与した RUN 構文の意味タグを用いて図 4 を描画し直す。しかし、タグの種類が多いと、図の視認性が下がることから、頻度が 10 以上のものに限定して描画した（全体の 96％に相当）。その結果が図 5 である。箱ひげ図は、グラフの凡例の順に内側から描画されている。箱ひげ図を見ると、経験義と選挙義は X 軸、Y 軸ともに正の次元、すなわち第 1 象限に多く集まっていることがわかる。言い換えると、これらは新聞の次元に多く現れていると言える。他方、高速移動義は両軸上の負の次元に多く現れており、フィクションに多く現れていることがわかる。そして、高速移動義と経験、選挙義は箱ひげ図のノッチの重なりがないことから、これら 3 つの意味の分布は、95％の水準で中央値に有意な差を確認できる。

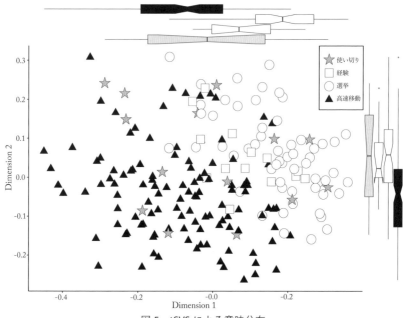

図 5　tSVS による意味分布

　図 5 の結果は、経験、選挙、そして高速移動に関しては、DCA での結果と同じものであった。しかし、使い切り義 (run out of X) に関しては興味深い振る舞いを示している。DCA の調査では、使い切り義は新聞に多く現れていたが、図 5 の X 軸では、箱ひげ図が原点を中心に左右の両方に大きく広がっている。これに似た傾向は、対応分析においても確認できる (3.1 節)。しかし、図 5 の実例を見てみると、補部に差が確認できる。(5) は、第 1 象限に現れる使い切り義の事例で、(6) は第 3 象限に現れる事例である。

(5) a. [T]he plan, which covers nearly 20,000 people, could run out of money for retiree health care in early 2007 ...

　　b. More than 50 of the 345 publicly traded biotechnology companies (中略) will run out of cash within a year...

(6) a. He raced to the side of the tub, running out of control ...

　　b. [H]e ran out of fingers on which to itemize and turned to the other hand.

(5)では、補語に金銭を表す語が現れるのに対して、(6)では、人の感情や身体部位を表す語が現れている。この違いは、3.1節で論じたジャンルの特徴を反映していると考えられる。すなわち、経済や景気は、新聞において重要なテーマであるため、[run out of X]が金銭の不足という意味で用いられやすいが、一方でフィクションは、登場人物の心情変化や身体の動きを表現する必要があり、使い切り義においても身体に関連する表現が用いられやすいと考えられる。3.1節の図3において、使い切り義である run out of breath がフィクションで多く用いられていた理由は、身体に関連する表現である点で、(6)と同じ理由であると考えられる。

　3節の調査より、構文の多義性における変異アプローチの記述力の高さが示唆された。一括化アプローチでは、構文の意味とジャンルの間には重要な差がないことが(意図するかしないかにかかわらず)暗黙のうちに想定されている。しかし、本節の分析から、新聞においては選挙義が非常に多く現れていたが、フィクションにおいては高速移動を含む物理的移動義がプロトタイプ的意味であることが明らかになった。また、たとえ使い切り義のような抽象的移動義が両方のジャンルに現れたとしても、補部が示す内容についてはジャンル間で違いが確認された。そのため、RUN 構文の意味の分布とジャンルの間には、無視することのできない関係があると言えるだろう。

4．知識の方向性

　これまでの議論より、RUN 構文が表す意味の使用頻度は、2つのジャンルの間に無視することのできない差があることが明らかになった。しかし、今までの分析では、あるジャンルが特定の構文を好むのか、特定の構文があるジャンルを好むのかは考察できていない。そこで、ΔP を用いて、この知識の方向性に関する考察を行う。

　ΔP は、コロケーション統計が複数の全く異なる指標を統合していることの問題点を克服するために提案されたものである(Ellis 2006; Gries 2019、

2022a、2022b)。たとえば、コロストラクション分析を用いて二重目的語構文を分析した結果、give と award が強い意味のある結びつきのある動詞であると判定されたとしよう (Stefanowitsch and Gries 2003)。しかし、この結びつきは、構文と動詞が互いに牽引し合う関係にある必要はなく、一方がもう一方を引き付けているという場合があるだろう。さらに、その引き付ける強さに関しても、give と award の間で異なっているだろう。直感的には、構文が動詞を引き付ける力 ($p(w|cx)$) は give の方が award に比べて強いと考えられるが、語彙が構文に依存する程度 ($p(cx|w)$) は award のほうが高いと考えられるだろう。この直感を数値化したものが ΔP である。

ΔP の計算には、表 3 の頻度表を、各語に対して用意する。

表 3　ΔP の計算に必要な表と give の頻度表 (Stefanowitsch and Gries 2003)

	w_i (give)	$\neg w_i$ ($\neg$give)
cx_i (SVOO)	a (29,429)	b　(2,980,372)
$\neg cx_i$ ($\neg$SVOO)	c (19,235)	d (94,597,057)

次に、表 3 の値を、(Eq. 1) と (Eq. 2) の各式に当てはめて計算する。

$$\text{(Eq.1)}\ p(w_i|cx_i) = \frac{a}{a+b} - \frac{c}{c+d} \qquad \text{(Eq.2)}\ p(cx_i|w_i) = \frac{a}{a+c} - \frac{b}{b+d}$$

各式を計算すると、$p(give|cx)$ は 0.44、$p(award|cx)$ は 0.0067 である。また、$p(cx|give)$ は 0.39、$p(cx|award)$ は 0.43 となる。ΔP の結果は、絶対値が 1 に近づくほど、他方を牽引する力が強いことを意味する。すなわち、二重目的語構文は、award を引き付ける力に比べて、give を引き付ける度合いの方が強いと言える。そして、各語の構文への依存する程度は、give より award のほうが高いことがわかる。この考えを応用し、本節ではジャンルが好む構文 ($p(cx|genre)$) と、構文がジャンルに依存する度合い ($p(genre|cx)$) を測定する。言い換えると、ジャンルという言語知識と、構文という言語知識との違いを調査することが可能になると考えられ、言語知識の方向性を考察することができると期待できる。

各マイクロ構文とジャンルの ΔP を求めた結果が図 6 である。散布図は、

各向きの ΔP の分布を示し、箱ひげ図は ΔP の Y 軸をジャンルごとに要約したものである。図6のY軸は、中央値を超えたものに限定して表示している (Kambara and Chika 2023)[6]。まず、箱ひげ図を見比べてみると、新聞はY軸において比較的高い値を示している。その中でも、run for president と run for office は外れ値であることがわかる。言い換えると、これらは他のマイクロ構文と比べて新聞に極端に多く現れているため、ジャンルが好むマイクロ構文であると言えるだろう。一方で、フィクションに関しては、全体的にY軸の値が低く、また外れ値も確認されないことから、フィクションが特に好むマイクロ構文は見当たらないと言えるだろう。このことより、構文として特定のジャンルで用いられやすいという情報と、ジャンルが好む構文があることが示唆される。

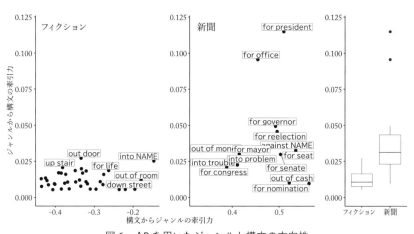

図6　ΔP を用いたジャンルと構文の方向性

5. 理論的示唆と結論

前節では、構文文法の観点から、ジャンルと意味変異の間に関連性があるという分析結果を報告した。具体的には、DCA による解析結果の上位に現れるマイクロ構文を見ると、頻度に基づくプロトタイプ的意味がジャンル間で異なっていることが示唆された。また、事例レベルの分析では、タイプレ

ベルの調査結果と概ね一致していたが、使い切り義に関しては、ジャンル間で補部に現れる名詞の差が見られた。最後に、構文とジャンルの知識の方向性に関して、ΔP を用いて調査を行った。その結果、ほとんどの場合がマイクロ構文からジャンルへの強い牽引力が確認されたが、新聞に関しては、一部のマイクロ構文でその反対方向の結果が得られた。本節では、これらの観察が、構文文法論に対して、どのような含意を持つのかについて論じる。

　まず、意味のプロトタイプとジャンルの関係について考察する。認知言語学において、プロトタイプ的意味を決定する基準の一つとして、頻度を用いることが提案されている (Gries 2006)。これに基づくと、一括化アプローチでは、RUN 構文が表すプロトタイプ的意味は本研究が使用したコーパスにおいては選挙義である(2.3節)。しかし、ジャンルごとの調査を行った結果、新聞においては選挙義が高頻度で現れていたが、フィクションにおいては高速移動を含む物理的移動義が最も頻度が高かった。このことは、構文のプロトタイプ的意味がジャンルごとに異なっているということを示唆している。すなわち、一括化アプローチにおけるプロトタイプ的意味の認定の際、特定のジャンルの影響を受けている可能性があり、意味を扱うにあたって、ジャンルの理想化から脱却する必要があるだろう。

　次に、ΔP を用いた調査に基づき、言語知識の方向性について考察する。図6では、多くの場合、p(genre|cx)の方向において、高い値を示していたが、新聞が特別に好む構文の存在も確認された。すなわち、言語知識には、特定のジャンルを好む構文に関する知識(構文知識⊃ジャンル知識)と、特定の構文を好むジャンルに関する知識(構文知識⊂ジャンル知識)があることが示唆される(おそらく、これらは連続的であろうが)。認知言語学が想定する文脈に関する知識の中にジャンルというものが含まれるとするならば、構文のジャンル差を調査する際、構文の知識なのか、ジャンルの知識なのかを考慮していくことが必要かもしれない。そして、ジャンルに関する知識があるとすれば、ジャンルを知っているということは、特定のジャンルで使用されやすい構文に関する知識も有している可能性も示唆される。

　なお、すべての言語現象がジャンルの影響を受けるとは考えにくい。たとえば、動詞－不変化詞構文の交替現象や、will と be going to の直後に現れる

動詞の特徴においては、話し言葉と書き言葉との間に重要な差は確認されていない (Hilpert 2008b; Stefanowitsch and Gries 2008)。どのような構文がジャンルの影響を受けやすいのか、あるいは受けにくいのかを考察し、人の構文に関する知識とジャンルに関する知識が、どのように関わり合っているのかを考察していく必要があるだろう。

　本研究の結論は、以下のとおりである。表2、図2〜図5に示したように、RUN 構文の意味変異はジャンル間での分布の差を観察することができ、プロトタイプ的意味の認定においては、ジャンル毎に認定する必要がある可能性が示唆された。また、図6では、構文とジャンルの間における知識の方向性に関する示唆も得られた。もちろん、すべての構文がジャンルの影響を受けるとは考えにくいが、意味研究においてジャンルの視点を導入することは、用法基盤モデルにおける構文研究にとって、有益であると言えるだろう。

謝辞

　本研究において、Willem Hollmann 氏、浅井良策氏、植田正暢氏、渋谷良方氏、徳永和博氏、早瀬尚子氏との議論やコメントが有益であった。Katherine Wu 氏と Roger Prior 氏には、2.1節のテストに協力していただいた。また、本稿執筆に当たって、渋谷良方氏からお声がけをいただいた。記して感謝する。なお、本稿の誤りは、当然ながら筆者に帰すものである。

注

1　コーパス言語学では、「（テキスト）ジャンル」と「レジスター」は、一貫した定義が与えられてこなかった (Biber and Conrad 2009, Conrad 2015, Seoane and Biber 2021)。本稿では、書き言葉を中心に扱うことから、「テキストジャンル」あるいは「ジャンル」という用語を使用する。

2　本研究では、データ取得から分析までは、R を使用し (R Core Team 2023)、補部の特定には、CoreNLP を使用した (Manning et al. 2014)。

3　浅井良策氏より、現代英語においても run into trouble が物理的移動を表す場合があるという指摘を受けた (e.g., Stark was the recipient of possession in some space which he embellished by brushing off a couple of tackles, only then to run crossfield into trouble. (BNC))。そこで、run into trouble の事例を無作為に 100 例抽出し、

run into trouble が物理的移動で用いられているかどうかを目視で確認した。無作
為抽出したデータにおいては、該当する例は1例も確認されなかったため、run
into trouble は経験義とみなした。

4　すべての結果を描画したものは以下のリンクを参照されたい：<https://plotly.
com/~TreeMountain/9/>

5　確率分布の一部を用いて平均化した値が、数学的にどのような意味を持つのかに
ついては、先行研究では説明がなされていない。今後の研究を待ちたい。

6　図において、Y の値は X と比較して極端に小さな値をとっているが、これは分母
となる表3の d の値が大きいからである。そのため、図のアスペクト比について
は、X 軸、Y 軸は独立した値として描画している。

参考文献

Biber, Douglas. (1988) *Variation across Speech and Writing*. Cambridge: Cambridge Univer-
sity Press.

Biber, Douglas. (2012) Register as a Predictor of Linguistic Variation. *Corpus Linguistics
and Linguistic Theory* 8(1): pp. 9–37.

Biber, Douglas and Susan Conrad. (2009) *Register, Genre, and Style*. Cambridge: Cambridge
University Press.

Biber, Douglas, Susan Conrad and Randi Reppen. (1998) *Corpus Linguistics: Investigating
Language Structure and Use*. Cambridge: Cambridge University Press.

Biber, Douglas, Stig Johansson, Geoffrey Leech, Susan Conrad and Edward Finegan.
(1999) *Grammar of Spoken and Written English*. New York: Longman.

Bybee, Joan. (2010) *Language, Usage and Cognition*. Oxford: Oxford University Press.

Conrad, Susan. (2015) Register Variation. In Douglas Biber and Randi Reppen. (eds.) *The
Cambridge Handbook of English Corpus Linguistics*, pp. 309–329. Cambridge: Cam-
bridge University Press.

Desagulier, Guillaume. (2022) Changes *in the Midst of* a Construction Network: A Dia-
chronic Construction Grammar Approach to Complex Prepositions Denoting Inter-
nal Location. *Cognitive Linguistics* 33(2): pp. 339–386.

Diessel, Holger. (2022) *The Grammar Network*. Cambridge: Cambridge University Press.

Divjak, Dagmar. (2019) *Frequency in Language*. Cambridge: Cambridge University Press.

Ellis, Nick C. (2006) Language Acquisition as Rational Contingency Learning. *Applied
Linguistics* 27(1): pp. 1–24.

Firth, John R. (1957) A Synopsis of Linguistic Theory. In John Firth. (ed.) *Studies in Lin-*

guistic Analysis, pp. 1–32. Oxford: Blackwell.

Geeraerts, Dirk, Dirk Speelman, Kris Heylen, Mariana Montes, Stefano De Pascale, Karlien Franco, and Michael Lang. (2024) *Lexical Variation and Change: A Distributional Semantic Approach*. Oxford: Oxford University Press.

Gilquin, Gaëtanelle. (2006) The Verb Slot in Causative Constructions. Finding the Best Fit. *Constructions* 1(3): pp. 1–46.

Glynn, Dylan. (2014) The Many Uses of *Run*: Corpus Methods and Socio-Cognitive Semantics. In Dylan Glynn and Justyna A. Robinson. (eds.) *Corpus Methods for Semantics: Quantitative Studies in Polysemy and Synonymy*, pp. 117–144. Amsterdam: John Benjamins.

Goddard, Cliff, Anna, Wierzbicka and Jock, Wong. (2016) "Walking" and "Running" in English and German: The Conceptual Semantics of Verbs of Human Locomotion. *Review of Cognitive Linguistics* 14: pp. 303–336.

Gries, Stefan Th. (2006) Corpus-Based Methods and Cognitive Semantics: The Many Senses of to *Run*. In Stefan Th. Gries and Anatol Stefanowitsch. (eds.), *Corpora in Cognitive Linguistics Corpus-Based Approaches to Syntax and Lexis*, pp. 57–99. Berlin: Mouton de Gruyter.

Gries, Stefan Th. (2019) 15 Years of Collostructions: Some Long Overdue Additions/Corrections (to/of Actually All Sorts of Corpus-Linguistics Measures). *International Journal of Corpus Linguistics* 24(3): pp. 385–412.

Gries, Stefan Th. (2022a) Toward More Careful Corpus Statistics: Uncertainty Estimates for Frequencies, Dispersions, Association Measures, and More. *Research Methods in Applied Linguistics* 1(1): 100002.

Gries, Stefan Th. (2022b) What do (Some of) Our Association Measures Measure (Most)? Association? *Journal of Second Language Studies* 5(1): pp. 1–33.

Gries, Stefan Th. (2023) Overhauling Collostructional Analysis: Towards More Descriptive Simplicity and More Explanatory Adequacy. *Cognitive Semantics* 9(3): pp. 351–386.

Gries, Stefan Th. and Anatol Stefanowitsch. (2004) Extending Collostructional Analysis: A Corpus-Based Perspective on 'Alternations'. *International Journal of Corpus Linguistics* 9(1): pp. 97–129.

Harris, Zellig S. (1954) Distributional Structure. *Word* 10(23): pp. 146–162.

Hayase, Naoko. (2011) The Cognitive Motivation for the Use of Dangling Participles in English. In Klaus-Uwe Panther and Günter Radden. (eds.) *Motivation in Grammar and the Lexicon*, pp. 89–106. Amsterdam: John Benjamins.

Heylen, Kris, Thomas Wielfaert, Dirk Speelman and Dirk Geeraerts. (2015) Monitoring Polysemy: Word Space Models as a Tool for Large-Scale Lexical Semantic Analysis. *Lingua* 157: pp. 153–172.

Hilpert, Martin. (2008a) The English Comparative: Language Structure and Language Use. *English Language and Linguistics* 3(12): pp. 395–417.

Hilpert, Martin. (2008b) *Germanic Future Constructions: A Usage-Based Approach to Language Change.* Amsterdam: John Benjamins.

Hilpert, Martin and David Saavedra C. (2017) Using Token-Based Semantic Vector Spaces for Corpus-Linguistic Analyses: From Practical Applications to Tests of Theoretical Claims. *Corpus Linguistics and Linguistic Theory* 16(2): pp. 1–32.

Hoffmann, Thomas. (2019) *English Comparative Correlatives: Diachronic and Synchronic Variation at the Lexicon-Syntax Interface.* Cambridge: Cambridge University Press.

Hoffmann, Thomas. (2022) *Construction Grammar: The Structure of English.* Cambridge: Cambridge University Press.

Hoffmann, Thomas and Alexander Bergs. (2018) A Construction Grammar Approach to Genre. *CogniTextes* 18.

Hoffmann, Thomas, Jakob Horsch and Thomas Brunner. (2019) The More Data, the Better: A Usage-Based Account of the English Comparative Correlative Construction. *Cognitive Linguistics* 30(1): pp. 1–36.

Huddleston, Rodney. (2002) The Clause: Complements. In Rodney Huddleston and Geoffrey K. Pullum. (eds.) *The Cambridge Grammar of the English Language*, pp. 213–321. Cambridge: Cambridge University Press.

石川慎一郎 (2012)『ベーシックコーパス言語学』ひつじ書房

Kambara, Kazuho and Taishi Chika. (2023) Toward a Corpus-Based Identification of Nominal Relationality and Uniqueness: A Constructionist Approach. *Proceedings of the 37th Pacific Asia Conference on Language, Information and Computation*: pp. 661–669.

木山直毅・渋谷良方 (2023)「トピックモデルによる多義性研究―英語動詞 run を例に」『英語コーパス研究』30: pp. 47–70.

Manning, Christopher D., Mihai Surdeanu, John Bauer, Jenny Finkel, Steven J. Bethard and David McClosky. (2014) The Stanford CoreNLP Natural Language Processing Toolkit. *Proceedings of the 52nd Annual Meeting of the Association for Computational Linguistics: System Demonstrations*: pp. 55–60.

Nikiforidou, Kiki. (2021) Grammatical Variability and the Grammar of Genre: Constructions, Conventionality, and Motivation in 'Stage Directions'. *Journal of Pragmatics* 173: pp. 189–199.

Panther, Klaus-Uwe and Linda Thornburg L. (2009) From Syntactic Coordination to Conceptual Modification: The Case of the *Nice and Adj* Construction. *Constructions and Frames* 1(1): pp. 56–86.

Radford, Andrew. (1988) *Transformational Grammar: A First Course*. Cambridge: Cambridge University Press.

Ruppenhofer, Josef and Laura Michaelis A. (2010) A Constructional Account of Genre-Based Argument Omissions. *Constructions and Frames* 2(2): pp. 159–184.

Seoane, Elena and Douglas Biber. (2021) *Corpus-Based Approaches to Register Variation*. Amsterdam: John Benjamins.

Shibuya, Yoshikata. (2020) Examining the Analytic Shift Hypothesis in the English Comparative Constructions: A Corpus-Based Diachronic Study of Register Variation. *Journal of Cognitive Linguistics* 5: pp. 1–26.

Steen, Gerard. (2011) Genre between the Humanities and the Sciences. In Marcus Callies, Wolfram R. Keller and Astrid Lohöfer. (eds.) *Bi-Directionality in the Cognitive Sciences: Avenues, Challenges, and Limitations*, pp. 21–42. Amsterdam: John Benjamins.

Stefanowitsch, Anatol and Stefan Th. Gries. (2003) Collostructions: Investigating the Interaction of Words and Constructions. *International Journal of Corpus Linguistics* 8 (2): pp. 209–243.

Stefanowitsch, Anatol and Stefan Th. Gries. (2005) Covarying Collexemes. *Corpus Linguistics and Linguistics Theory* 1(1): pp. 1–43.

Stefanowitsch, Anatol and Stefan Th. Gries. (2008) Channel and Constructional Meaning: A Collostructional Case Study. In Gitte Kristiansen and René Dirven. (eds.) *Cognitive Sociolinguistics: Language Variation, Cultural Models, Social Systems*, pp. 129–152. Berlin: Mouton de Gruyter.

Stubbs, Michael. (1996) *Text and Corpus Analysis: Computer-Assisted Studies of Language and Culture*. Massachusetts: Wiley-Blackwell.

Taylor, John R. (1996) On Running and Jogging. *Cognitive Linguistics* 9(1): pp. 21–34.

Traugott, Elizabeth C. (2007) The Concepts of Constructional Mismatch and Type-Shifting from the Perspective of Grammaticalization. *Cognitive Linguistics* 18(4): pp. 523–557.

Theijssen, Daphne, Louis ten Bosch, Lou Boves, Bert Cranen and Hans van Halteren. (2013) Choosing Alternatives: Using Bayesian Networks and Memory-Based

Learning to Study the Dative Alternation. *Corpus Linguistics and Linguistic Theory* 9 (2): pp. 227–262.

Tuggy, David. (1988) Náhuatl Causative/Applicatives in Cognitive Grammar. In Rudzka-Ostyn Brygida. (ed.) *Topics in Cognitive Linguistics*, pp. 587–618. Amsterdam: John Benjamins.

Zehentner, Eva. (2022) Revisiting Gradience in Diachronic Construction Grammar: PPs and the Complement-Adjunct Distinction in the History of English. *Zeitschrift für Anglistik und Amerikanistik* 70(3): pp. 301–335.

Web ページ

BNC Consortium. (2007) The British National Corpus, XML Edition. Oxford: Oxford Text Archive. <http://hdl.handle.net/20.500.12024/2554> 2024.2.29

Davies, Mark. (2008-) The Corpus of Contemporary American English Million Words, 1990-Present. <https://www.english-corpora.org/coca/> 2024.1.23

Merriam-Webster. (n.d.) Run. <https://www.merriam-webster.com/dictionary/run> 2024.1.23

R Core Team. (2023) R: A Language and Environment for Statistical Computing. R Foundation for Statistical Computing, Vienna, Austria. <https://www.R-project.org/> 2024.1.23

better off not か *not better off* か

否定辞 *not* を含む *better off* 構文に関する認知社会言語学的研究

大谷直輝

1. はじめに

　現代の標準的な英語の文法において、否定辞 not は一般的に副詞と分類されるが (Huddleston and Pullum 2002)、他の副詞に比べて比較的出現する位置は固定的である。例えば、主節の動詞が一般動詞である場合は、助動詞 do の後ろに、be 動詞である場合は、be 動詞の後ろに現れる。

（1）a.　I do*n't* know.
　　b.　I'm *not* sure.

否定辞 not と、主節の助動詞や be 動詞の後の位置の結びつきの強さは、（2）(3)からも明らかである。

（2）　We are*n't* here to talk nonsense but to act.　　　（Dixon 2005: 436）

（3）　I do*n't* think she is happy.

(2)は意味的に見ると、not と but が対応しているため、意味的なまとまり

に注目すると、We are here [not to talk nonsense but to act] という語順になるはずであるが、否定辞が be 動詞の直後に現れている。(3) は、文法上は not が主節の動詞の think を否定しているが、「彼女は幸せだとは私は思わない」ではなく、「彼女は幸せではないと私は思う」と解釈されるのが一般的である (*ibid.*: 435-436)。ここでは、not が「幸せである状態」を否定しているにもかかわらず、I think she is not happy のように not が従属節内に現れるのではなく、主節の助動詞の後に現れている[1]。

　一方、not の位置が主節の助動詞の後には現れない現象も見られる。文の中に複数の動詞や助動詞が出現する場合、not の位置によって文が表す意味が異なって解釈される。

(4) a.　　He did*n't* try to hurt her feelings.

　　 b.　　He tried *not* to hurt her feelings

(5) a.　　The honest cricket captain might *not* have won this time (but he always
　　　　　tries to win).

　　 b.　　The crooked cricket captain might have [*not* won] this time (on pur-
　　　　　pose, since the bookmakers paid him to lose).

(Dixon 2005: 433)

(4) の各文では、not が現れる位置が異なる。(4a) は「彼は彼女の感情を傷つけようとはしなかった」という意味に、(4b) は「彼は彼女の感情を傷つけないようにした」という意味になる。同様に、(5a) は「クリケットチームの主将が今回は(努力したが)勝てなかったかもしれない」という意味に、(5b)は「クリケットチームの主将は今回は(故意に)勝たなかったかもしれない」という意味になる。否定辞 not が助動詞に後続する本来の位置で出現する(4a) と (5a) は文全体が否定されているが、(4b) や (5b) では、動詞の前に現れた否定辞 not が、その動詞句が表す事態を否定している。これらの例では、not の出現位置が意味の脱曖昧化(disambiguation)に貢献をしている。

　本稿では、否定辞 not の出現位置に注目しながら、英語の不規則的な構文

である better off 構文が持つ特性を明らかにすることを試みる。better off に否定辞 not が共起する場合、not better off という語順と better off not という語順が見られる。本稿では、大規模コーパスにおいて、better off と共起する not の出現位置に注目することで、better off 構文が持つ言語的な特徴を明らかにすると同時に、better off 構文が持つ特性をより詳しく考察するために、社会的な変種であるジャンルと地域的な変種である方言に注目しながら、better off の振る舞いの均質性についても確認する。

　英語の better off 構文とは (6) のように、be 動詞に後続する better off に非時間的な関係 (atemporal relations) [2] を表す要素が後続し、全体として、「その要素が表す状態の方がましである」ことを表す構文である。

(6)　You'd *be better off* {dead/left alone/going home/without me}.

(6)では、「あなたは {死んだ方が／一人残された方が／家に帰った方が／私といない方が} ましであろう。」という意味になる。標準的な文法という観点から better off の叙述用法に見られる 2 種類の否定形について考えると、(7)のように、be と better off の間に否定辞 not が現れることが予測される。しかしながら、better off の否定形には、(8)のように、better off とその直後に現れる非時間的な関係を表す要素の間に否定辞 not が現れるものも多々見られる。

(7)　I'm *not* better off dead.

(8)　I'm better off *not* knowing the truth.

(7)と(8)はともに better off の後に非時間的な関係を表す要素が続き、全体として「その要素が表す状態の方がましである」という意味を表す点で better off 構文の具体例であるが、両者は not が現れる位置に関して異なる。意味に注目をすると、(7)は「私は死んだ方がましではない」という意味となる一方で、(8)は「私は真実を知らない方がましだ」という意味になる。た

だし、not が他方の位置に現れた場合であっても、それぞれが「私は死なない方がましだ」と「私は真実を知った方がましではない(知りたくない)」という意味になる。そのため、元の文と not の位置を入れ変えた文でも、論理関係が保持されており、全体の文意は類似していると言える[3]。否定辞の位置が文の脱曖昧化に貢献しない場合、一般的に、否定辞 not は、be 動詞と better off の間に現れることが予測されるにもかかわらず、not の位置が標準的な場所には現れない点で、(8)のような形は非標準的と言える。

　本研究では、better off と否定辞 not が共起する例を Corpus of Contemporary American English(以下、COCA)と Corpus of Global Web-Based English(以下、GloWbE)という 2 種類のコーパスから網羅的に収集し、better off の否定がどのように行われるかを考察することで、better off 構文全体がどのような特性を保持しているかを明らかにすることを目的とする。同時に、構文の特性が変種をまたいで均質的であるか、あるいは変種ごとに非均質的な特徴が見られるかを明らかにするために、社会的な変種と地域的な変種の中で better off がどのように振る舞うかを考察する。

2. better off 構文に関する先行研究

　本稿の考察対象である「better off に非時間的な関係を表す要素が後続する用法」については、構文文法の観点から、better off 構文として論じた著者の一連の研究が存在する。それらの研究には、better off 構文が持つ構文的特性(Otani 2019)、better off 構文の歴史的な成り立ち(大谷 2022)、深層学習を用いた better off 構文の歴史的な成り立ちの実証(永田・大谷・高村・川崎 2022; 大谷・永田・高村・川崎 2024)などがある。以下、先行研究を引用しながら、2.1 節で現代英語における better off 構文が持つ構文的特性について、2.2 節では better off の構文的特性がどのように生じたかについてまとめる。

2.1 better off 構文に見られる構文的特性

　構文文法では、伝統的に、構文(construction)は形式と意味の対からなる言語的な単位とされてきた(Fillmore, Kay and O'connor 1988)。また、構文

は、形式と意味の一方あるいは両方に不規則性が見られるため、全体をそのまま記憶する必要がある単位とみなされてきた(e.g. Goldberg 1995)。一方、構文の定義は、コーパスをはじめとした方法論の進化や、理論の精緻化にともない、修正がなされており、Goldberg (2006: 5)では、「何らかの予測不可能性を含む形式と意味からなる単位」という従来の定義に加え、「予測可能なものであっても、十分な頻度でインプットされたまとまりはそれ自体が構文として記憶される」としている。この定義を受け、Hilpert (2014: 14-22)では、構文を認定するための4つの基準が示されている[4]。

表1　構文と認定するための4つの基準

1. 形式面の不規則性を含む
2. 意味面の不規則性を含む
3. 表現独自の制約が見られる
4. コロケーション的な選好性が見られる

1と2の基準はある表現やまとまりが不規則性を含むか否かによる構文の認定方法である。一方、3と4の基準は、表現自体に不規則性が含まれるかどうかではなく、表現の出現位置や頻度に関する偏りに注目をした構文の定義である。

　以下に、Hilpert (2014)の基準に沿って、better off構文が持つ構文的な特性についてみていく。第一の基準は、形式面の不規則性である。形式面に不規則性が見られる場合、構成要素を標準的な規則で組み合わせるだけでは全体の構造を得られないため、全体をまとまり(すなわち、構文)として記憶していると認定できる。

(9) a.　She is better off without me.

　　b.　I'd be better off at home with all those kids!

　　c.　Maybe I'd be better off in jail.

　　d.　He is better off buying it.

　　e.　I'd be better off left alone.

　　f.　I'd be better off dead.

better off 構文では、形式的には、形容詞 better off の叙述用法に前置詞句、現在分詞、過去分詞、to 不定詞、形容詞など、非時間的関係を表す様々な要素（以下、XP 句と呼ぶ）が後続する。この XP 句は従来の品詞論では分類できないカテゴリーを構成するものである。また、この XP 句の文法関係は、形容詞の後に直接現れ、主語の仮想的な状態を表すという独自の特徴を持つため、標準的な文法では分類できないものであるが、主語の仮想的な状態を表すという点で、補語句に近い特性を持っているとみなすこともできる。ただし、どのように捉えたとしても、better off の叙述用法に後続する非時間的な関係を表す XP 句は、標準的な文法では分類できないため、形式的な不規則性が見られる。(10)は better off 構文の形式的な特徴づけである。

(10)　NP [subject] ＋ be ＋ better off ＋ XP（非時間的関係を表す主要部）

　第二の基準は意味的な不規則性である。表現に形式的な不規則性が見られる時点で、その表現には意味的な構成性が成り立たなくなるため、その表現は必然的に非構成的になるとも言えるが、より詳しく見ると、XP 句が主語の仮想的な状態を表すという点は非構成的である。例えば、主語の状態を表す主語補語（subject complement）は標準的な文法で論じられる現象であるが、better off 構文に後続する XP 句は単に主語の状態を表すのではなく、主語の望ましい仮想的な状態を表すものである。「仮想的」という性質は、部分に還元できない非構成的な意味と言える。また「望ましくない」という、仮想的な状態に対する話者の心的態度も部分には還元できないため、非構成的に出現していると言える。

　第三の基準は、表現独自の制約である。不規則性が見られない場合であっても、品詞的な特性から本来現れるはずの場所に現れない場合、その情報は、その表現自体が持つ構文的な制約であると考えられる。語源的に better off は形容詞 well off（裕福な）の比較級であり、他の形容詞と同様に、限定用法（the better off person）と叙述用法（The person is better off）で用いられる（Otani 2019）。一方、better off 構文は通常、叙述用法のみで用いられ、ごく一部の高頻度で用いられるイディオム的な例外以外は、限定用法で用いられ

ることはない (the 'better off dead' man)[5]。

　第四の基準は、コロケーションの選好性である。大谷 (2022) による British National Corpus (BNC) における better off の叙述用法の全 823 例の調査では、補語句を取る better off 構文が 545 例 (I'd be better off {dead, left alone, buying it, without you} など)、補語句を取らない例が 278 例 (He is better off now. / She is financially better off. など) 見られた。補語句有りと補語句無しのグループを比較すると、補語句有りのグループは補語句無しのグループとは対照的に、(i) 助動詞と、(ii) 1/2 人称主語との共起頻度が高く、better off 構文には選好するパターンがあることがわかった。すなわち、better off には 1/2 人称主語や助動詞と共起し、提案や勧誘など、発話行為文で使われる傾向があるというコロケーションや言語使用域に関する選好性が見られた。

(11) a.　You'd be much better off with someone else.

　　b.　You may be better off going to the RSPCA.

　　c.　I am better off without you.

ある表現が、特定の文脈において特定の機能で頻繁に用いられる場合、表現が特定の文脈や機能と結びつくことは一般的に見られる現象である[6]。

2.2　better off 構文の成り立ち

　先に述べたように、better off の語源は「裕福な」という意味を表す形容詞 well off の比較級である。現代英語においても、I'm now better off than before. のように、以前の状態と現在の経済的な状況が比較され、現在の方が裕福な状態を表すという用法は見られる。Corpus of Historical American English を見ると、19 世紀における better off の出現例において、(12) のような字義的な用法での使用がほとんどであり、better off 構文のような、主語の仮想状態を表す XP 句をともなう用法はほとんど観察されなかった[7]。

(12) a.　I was better off once, and then I had plenty of frends. [1848]

　　b.　There! you are no better off than you were before! [1865]

Otani (2019) では、Corpus of Historical American English (COHA) を用いた better off の網羅的な調査を行うことで、1810 年から 2009 年までの better off における使用文脈の調査を行った。概要を示すと、COHA には 2642 例の better off が収録され、その中で、叙述用法は 2527 例であった。この 2527 例における共起要素の変化を示したのが図 1 である。

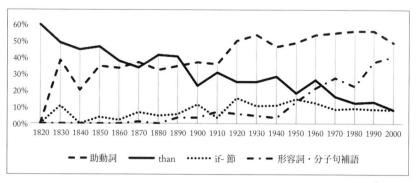

図 1 better off に共起する要素の変化（大谷・永田・高村・川崎(2024)）[8]

調査の結果、better off には以下のような 3 つの顕著な変化が確認された。第 1 に、better off は語源的には、well-off（裕福な）の比較級であるが、than との共起頻度は一貫して減少していた。第 2 に、than とは対照的に、better off と、認識モダリティを表す助動詞（would など）との共起頻度は、1920 年以降に増加した。第 3 に、不規則的な補語句（すなわち XP 句の中でも、形容詞と分詞句のもの）が 1950 年以降、増え始めた。

このような調査結果から、大谷 (2022) では、better off 構文は以下の 4 つの段階を経て出現したとの仮説を考察した。

```
┌─────────────────────────────────────────────────┐
│ 第一段階：字義的な「裕福な」という意味               │
│   ↓  意味の一般化                                  │
│ 第二段階：「より良い」という意味                     │
│   ↓  仮想状況の前景化・比較対象の背景化              │
│ 第三段階：「一定の条件でより良い」                   │
│   ↓  仮想状況を表す要素の補語化(再分析が起こる)       │
│ 第四段階：「～の方がましだ」(better off 構文の誕生)   │
└─────────────────────────────────────────────────┘
```

図 2　better off 構文が定着するまでの 4 段階(大谷 2022)

この仮説では、字義的な better off に意味の一般化が起こり「より良い」という意味を表す中で、仮想的な状況の前景化と比較対象の背景化が起こり、better off に「(仮想的な状況で)より良い」という意味を表す用法が強く定着する中で、better off に再分析が起こり、付加句として機能していた仮想的な状況を表すセッティングが better off との結びつきを深め、better off の補語として再解釈されることで、better off 構文が誕生したと主張している。以下は、各段階の代表的な例である。

(13)　第一段階：He is now better off than me. (字義的な用法)
　　　第二段階：I'm better off at home. (意味の一般化)
　　　第三段階：He'd be better off at the institute. (仮想状況の前景化)
　　　第四段階：I'd be better off dead. (better off 構文の誕生)

図 2 の仮説の妥当性については、永田・大谷・高村・川崎(2022)と、大谷・永田・高村・川崎(2024)で人手による分類と、深層学習によるクラスタリングの比較を用いて検証しているが、人間による直観に基づく分類も、文脈的な類似度に基づく深層学習によるクラスタリングも仮説を支持するものであった。

3. 研究課題

　2.2 の調査は、形容詞 better off が使用される環境が変化してきたことを表

している。これは、better off に単純な構成要素には還元できない、構文としての機能が備わってきたことを意味する。この機能は、2.1 で示したように、better off 構文に見られる独自の特性であり、特に better off に後続する非時間的関係を表す要素（XP 句）を従来の文法の観点から分類することは難しい。一方、better off 構文の歴史的な発展に注目すると、better off 構文には文法化のような他の言語現象と共通した面も見えてくる。そこで、本稿では、以下の 2 つの研究課題を挙げ、better off 構文の特性や分布に関する考察を続ける。

(14) 課題 1：better off 構文は一般的な言語現象としてはどのようなものと類似しているか。（4.2 節）

課題 2：better off 構文は現代英語においてどのような分布状況にあるか。（4.3 節）

2 つの課題を論じるにあたり、本稿では、not better off と better off not の 2 つの形式に注目する。以下に、4.2 節で、COCA を用いて、既存の文法に対して better off 構文がどのように位置づけられるかに関する一般的な考察を行う。次に、4.3 節では、COCA に備わっている社会的な変種であるジャンル情報を用いて、better off 構文と否定辞の位置の文法の分布を考察した後で GloWbE を用いて、地域的な変種である 20 の英語方言を用いて better off 構文と否定辞の位置の分布を考察する。

4. 結果と考察

4.1 データと方法論

本稿では、4.2 節で、better off が否定辞 not とどのように共起するかに関する一般的な傾向を調べるため、Corpus of Contemporary American English (COCA) を用いて検証を行う。COCA は現在、最もよく用いられている大規模コーパスの 1 つであり、約 10 億語のアメリカ英語が収集されている、また、COCA には、各文が現れるジャンルに関する情報が付与されている。

ジャンルは以下の9つである。

表2　COCA に含まれるジャンルの種類

ACAD	BLOG	FIC	MAG	MOV	NEWS	SPOK	TV	WEB

このジャンルに関する情報を用いて、4.3節では、最初に、better off の2種類の否定形のジャンルごとの分布を考察する。次に、better off の2種類の否定形が、各方言においてどのように分布しているかを考察するために、Corpus of Global Web-Based English（GloWbE）を用いる。GloWbE は世界中の34万のウェブサイトから抽出した約19億語からなるコーパスである。GloWbE には世界の20の地域の英語（方言）が収録されている。収集されている方言は以下のとおりである。表のカッコ内は GloWbE で用いられている省略記号である。

表3　GloWbE に収録されている20の地域方言

内円圏[9]	USA (US), Canada (CA), UK (GB), Ireland (IE), Australia (AU), New Zealand (NZ)
外円圏	India (IN), Sri Lanka (LK), Pakistan (PK), Bangladesh (BD), Singapore (SG), Malaysia (MY), Philippines (PH), Hong Kong (HK), South Africa (ZA), Nigeria (NG), Ghana (GH), Kenya (KE), Tanzania (TZ), Jamaica (JM)

いずれの研究でも、コーパスから、better off not と not better off という2つのパターンを含む全例を考察対象とする。

4.2　better off not と not better off の分布

　最初に、COCA を用いて、better off と否定辞の not がどのような共起関係にあるのかを調べた。COCA において、better off が否定辞 not と共起したのは332例であった。その中で、better off not が256例、not better off が76例見られた。表は、2種類の変種と better off 構文の関係をまとめたものである。

表 4　COCA における better off と否定辞 not が現れる位置

	BO 構文	¬ BO 構文	合計
better off not	255	1	256
not better off	15	61	76
合計	270	62	332

　表 4 の BO 構文は better off 構文（すなわち、better off に XP 句が後続する形）を、¬BO 構文は better off 構文ではない（すなわち、better off に主語の仮想的な状態を表す XP が後続しない）用法を表す。表 4 が示すように、better off 構文と better off の叙述的な用法には対照的な振る舞いが見られた。better off 構文では、You'd be better off not knowing the truth. のように、better off not の語順が圧倒的であった。better off not XP と not better off XP の割合は 94% と 6% であり、better off 構文の場合は、not が否定辞の一般的な位置ではなく、better off の後に現れる傾向が見られた。さらに、BO 構文が better off not XP で用いられた 255 例には、頻出するパターンがあることがわかった。例を挙げると、82 例が better off not knowing のパターンであり、さらに、その中で、44 例が knowing で文が終わっていた。また、この 44 例のうち、You are better off not knowing や You'd be better off not knowing のように、主語が 2 人称であるものは 25 件あった。これらの頻出するパターンは、主語が 2 人称であることからも示唆されるように、「知らない方がましだよ」という「助言」や「警告」のような発話機能を持ったものであった。

　次に、better off が構文でない（つまり、better off に補語句が後続しない）場合を見ると、62 例中 61 例が not better off の形であった。

(15) a.　Believe me, he is not better off.

　　 b.　Things are not better off than they were four years ago, ...

　　 c.　We were not better off than we were in 2009 when ...

これらの例では、better off で文が終わる (15a) のようなものも見られたが、最も多いのは、(15b) や (15c) のように、better off 後に than が続くものであ

り、「以前の状態に比べて今の方が裕福ではない」状態を示すような用法で
あった。

4.3　ジャンルと地域方言から見た better off の否定形
　次に、COCA にある 9 種類のレジスターに分けて、better off と否定辞
not の共起関係を調べたところ、以下のような結果を得られた。

表 5　better off not のジャンル別集計

better off not	ACAD	BLOG	FIC	MAG	MOV	NEWS	SPOK	TV	WEB	合計
BO 構文	4	53	44	23	18	15	26	31	41	255
¬BO 構文	0	0	0	0	0	0	1	0	0	1
合計	4	53	44	23	18	15	27	31	41	256

表 6　not better off のジャンル別集計

not better off	ACAD	BLOG	FIC	MAG	MOV	NEWS	SPOK	TV	WEB	合計
BO 構文	1	3	0	0	1	0	5	4	1	15
¬BO 構文	2	17	1	2	0	3	15	2	19	61
合計	3	20	1	2	1	3	20	6	20	76

表 5 と表 6 から以下のことがわかる。第一に、better off 構文で無い用法（す
なわち、表の ¬BO 構文）に対して、better off 構文が、すべてのジャンルで
出現回数が多いこと。第二に、FIC、MAG、MOV、NEWS、TV では、ほ
とんどが better off 構文として用いられていること。第三に、他のジャンル
とは異なり ACAD では、better off 自体の出現頻度が極めて低いこと。第四
に、基本的に、better off 構文の場合は、better off not XP の形で表れるのに
対して、SPOK と TV では、not better off XP の形もある程度見られること。
　表 4 が示すように、better off 構文の否定形は、better off <u>not</u> XP の形が圧
倒的に多い。ただし、ジャンルごとに、異なる傾向も見られ、SPOK と TV
は、他のジャンルに比べて、（16）のような <u>not</u> better off XP の例が多く見ら
れた[10]。

102　Part 1　コーパス分析からのアプローチ

(16) a.　He's not better off having captured Saddam Hussein.

　　b.　A woman is better off married to a provider, but a man is not better off being a provider.

(16a)は、「彼はサダム・フセインを捕まえたことで得をしたわけではない」という意味に、(16b)では「女性は扶養者と結婚をした方がましだが、男性は扶養者となってもましとは言えない」という意味になる。これらの例は、意味的には、He's better off not having captured Saddam Hussein. や A woman is better off married to a provider, but a man is better off not being a provider. と類似した意味になり、not の位置によって文が表す論理の構造に違いは生じない。(3)の I think he is not nice と I don't think he is nice. の比較で論じたように、英語には、not の位置によって論理的な意味の違いが出ない場合、not は主節に繰り上げられる傾向がある点を考慮すると、(16)のような語順は、英語のこの一般的な傾向に動機づけられている可能性が考えられる。

　以上のように、better off が構文化をしていない場合は、否定辞 not は、He is not better off のように、be 動詞後という典型的な位置で現れるのに対して、better off の否定辞では、構文化している場合、better off not XP の形で用いられる頻度が非常に高いことが確認された。さらに、9 種類のジャンル別に集計をした結果、better off 自体の使用頻度や、not の位置に関して、ジャンルによって異なる非均質的な特徴が見られた。

　次に、20 の英語の方言が収集されている GloWbE を用いて、better off の否定辞をともなう用法に対する網羅的な調査を行った。GloWbE で not better off と better off not を検索したところ、表のように、534 例が見つかった。

表 7　GloWbE における better off と否定辞 not が現れる位置

	BO 構文	¬ BO 構文	合計
better off not	395	10	405
not better off	18	111	129
合計	413	121	534

better off 構文における not の出現位置に関しては、COCA における調査と同様に、better off 構文は better off not XP の形で、better off 構文ではない better off の用法は not better off と相関関係があることが観察された。GloWbE はウェブベースで収集されたコーパスであるため、現代のインターネットでも、同様の傾向が強く見られると言える。

　表5の結果を、20 の英語の方言に注目して分類した結果以下のような傾向が観察された。第一に、アメリカ英語とイギリス英語は GloWbE の総語彙数の 40% 程度を占めるが、better off の否定辞をともなう用法は 60% がこの2つの方言で現れていた。第二に、各方言をブログとそれ以外のウェブの文章に分類すると、ブログ以外のウェブ文章において、better off の否定辞をともなう用法がより多く現れた。第三に、20 の方言を英語の内円圏 (inner circle) と外円圏 (outer circle) に分けて集計した結果、GloWbE における両グループの総語彙数の割合が、内円圏 66%、外円圏 34% であるにもかかわらず、better off 構文の否定形は、内円圏で出現頻度が高いことがわかった（内円圏 80%（331 例）、外円圏 20%（82 例））。

表8　内円圏／外円圏別の better off と否定辞 not が現れる位置

better off not	内円圏	外円圏	合計
BO 構文	317	78	395
¬BO 構文	6	4	10
合計	323	82	405

表9　内円圏／外円圏別の better off と否定辞 not が現れる位置

not better off	内円圏	外円圏	合計
BO 構文	14	4	18
¬BO 構文	94	17	111
合計	108	21	129

ただし、本調査はおおざっぱなものであり、各方言において、否定辞をともなう better off が均質的に使用されているかどうかについては、さらに検討

が必要である。

4.4　調査のまとめ

　本稿による COCA と GloWbE の調査の結果、better off 構文の否定辞を
ともなう用法では、特定のジャンルや方言でよく用いられる傾向がある可能
性が示された。同時に、ジャンルや方言別に集計をした結果として、ジャン
ルや方言を超えた共通点も多く、変異体と呼べるようなものは見つかったと
は言えない。

　一方で、レジスターを考慮しない、COCA と GloWbE の調査においては、
better off 構文が better off not XP の形で使われる傾向があるのに対して、
better off が補語句を取らない場合は、not better off の形が好まれることが明
らかになった。ここで、重要なのは、better off 構文の場合、not が英語の標
準的な文法である not better off の形ではなく、better off not XP の形で現れ
る点である。なぜ、標準的な位置に現れないかという点については、be bet-
ter off XP が構文として、全体としてのまとまりが強くなり、内部構造が希
薄化しているため、構文の内部に現れにくいという側面も考えられる。同時
に、be better off が少なくとも意味の面で、助動詞化していることの影響も
考えられる。すなわち、統語的には、be better off XP の XP には非時間的な
関係を表す要素(すなわち、動詞以外の関係を表す、形容詞や分詞)が現れる
ことがわかっているが、意味の面から見ると XP が表す事態の方が「ましだ」
と言っていることから、be better off が助動詞の根源的用法[11]と機能的に近
くなっているとみなせる。つまり、better off 構文では、全体のまとまりが
強くなっているうえに、be better off 全体が助動詞的な機能を担っているこ
とから、助動詞的な be better off と、動詞と同様に関係を表す XP の間に not
が現れやすくなるという仮説が考えられる。

5．まとめと今後の課題

　本稿では、better off 構文の否定形における 2 つの形式である not better off
と better off not を考察対象とすることで、better off の叙述用法の場合、否

定辞 not が英語の標準的な文法において好まれる be 動詞の後に現れる傾向があるのに対して、better off 構文の場合は better off <u>not</u> XP で使われる傾向があることを示した。

今後の課題として、better off <u>not</u> XP のような非標準的な語順が、なぜ、better off 構文では一般的であるかという問題が挙げられる。この問題に対しては、be better off の助動詞的特性の観点から考察が可能となるように思われる。同時に、構文の研究は、従来、変種や変異等を排除した研究が主流であったが、複数形で記される「世界英語(World Englishes)」という概念が広範に定着し、均質的な英語や、理想的な母語話者という概念の妥当性が疑われるようになった現代において、変種や変異に注目をした構文研究の重要性は増すと考えられる。

注

1 ただし、not が主節に現れた文と従属節に現れた文を比較すると、意味は「幸せだと思わない」と「幸せでないと思う」となることから論理的には大差がなく、両文は意味的に類似していると言える。

2 非時間的な関係とは、認知文法において提案されている文法カテゴリーであり、関係を表すが動詞とは異なり時制を担わない要素(前置詞句、現在分詞、過去分詞、to 不定詞句、形容詞など)をまとめたものである。伝統的な品詞論ではカテゴリーとして認識されていないが、認知文法においては重要な地位を占める(Langacker 2008)。

3 (3)の I don't think she is happy と、I think she is not happy. も同様に、not が従属節にある場合でも、主節に繰り上がる場合でも「彼女が幸せではないと思う」という類似した事態を表す。

4 構文を認定するための 4 つの基準については、大谷 (2019: 44–52) でも解説が行われている。

5 日本語の連体詞は better off 構文とは逆に、限定用法のみ可能な形容詞である。例えば、連体詞「大きな」は形容詞「大きい」とは異なる。

(i) {大きな／大きい} 家　　　　　(限定用法)

(ii) 家が {*大きな／大きい}　　　　(叙述用法)

6 例えば、How has your day been? と Of what quality has your day been? はともに、字義的には一日どうであったかを聞く表現であるが、前者の場合、その表現後に短い会話を行うことが一般的であるため、How has your day been? は談話を開始するという機能と結びついて記憶されている (Hilpert 2014: 13)。

7 19 世紀に出現した better off の 513 例の中で、XP 句の主要部に形容詞が現れるものが 3 例 (e.g. she would be a good deal better off dead than alive [1896]、など)、現在分詞と過去分詞が現れる例は 0 例であった。

8 図 1 は Otani (2019) で行った調査結果に基づいて作成しているが、Otani (2019) の図は英語で作成されているため、本稿では、日本語で作成された大谷・永田・高村・川崎 (2024) の図を採用した。

9 内円圏と外円圏は Kachru (1992) の inner circle と outer circle を和訳したものである。

10 better off not XP に対する not better off XP の割合は、SPOK で 16%、TV で 11% であった。全ジャンルの平均における better off not XP (255 例) に対する not better off XP (15 例) の割合は 6% である。

11 根源的用法は「義務」「許可」「可能」など「そうあるべき」世界に関わるため、「ましな」世界を表す *better off* も根源的用法と関連すると言える。

参考文献

Dixon, Robert M. W. (2005) *A Semantic Approach to English Grammar*. Oxford: Oxford University Press.

Fillmore, Charles J, Paul Kay and Mary C. O'Connor. (1988) Regularity and Idiomaticity in Grammatical Constructions: The Case of *Let Alone*, *Language* 64 (3): pp. 501–538.

Goldberg, Adele. (1995) *Constructions: A Construction Grammar Approach to Argument Structure*. Chicago: University of Chicago Press.

Goldberg, Adele. (2006) *Constructions at Work: The Nature of Generalizations in Language*. Oxford: Oxford University Press.

Hilpert, Martin. (2014) *Construction Grammar and Its Application to English*. Edinburgh: Edinburgh University Press.

Huddleston, Rodney and Geoffrey K. Pullum. (2002) *The Cambridge Grammar of the English Language*. Cambridge: Cambridge University Press.

Kachru, Braj B. (1992) *The Other Tongue: English across Cultures*. Illinois: University of Illinois Press.

Langacker, W. Ronald. (1987) *Foundations of Cognitive Grammar 1: Theoretical Prerequisites.* Stanford: Stanford University Press.

Langacker, W. Ronald. (2008) *Cognitive Grammar: A Basic Introduction.* Oxford: Oxford University Press.

永田亮・大谷直輝・高村大也・川崎義史 (2022)「言語処理的アプローチによる *better off* 構文の定着過程の説明」言語処理学会第 28 回年次大会

大谷直輝(2019)『ベーシック英語構文文法』ひつじ書房

Otani, Naoki. (2019) A Constructional Analysis of the 'Better Off Construction' in English, Talk given at *the 15th International Cognitive Linguistics Conference.*

Otani, Naoki. (2021) The Rise of Modal Meaning: The Case of *Better Off,* Talk given at *the 11th International Conference on Construction Grammar.*

大谷直輝 (2022)「*better off* 構文の定着過程に関する認知言語学的考察」言語処理学会第 28 回年次大会

大谷直輝・永田亮・高村大也・川崎義史 (2024)「深層学習を用いた構文文法の実証的な研究の可能性を探る—*better off* 構文を例にして—」『言語研究』166: pp. 59–86.

Traugott, Elizabeth C. and Graeme Trousdale. (2013) *Constructionalization and Constructional Change.* Oxford: Oxford University Press.

Corpus

Corpus of Contemporary American English (COCA)
(https://www.english-corpora.org/coca/)

Corpus of Historical American English (COHA)
(https://www.english-corpora.org/coha/)

Corpus of Global Web-Based English (GloWbE)
(https://www.english-corpora.org/glowbe/)

Part 2

新規表現・逸脱表現からのアプローチ

補文標識 *like* と *that* の競合における
多層的動機付け*

言語変化における革新と伝播の観点から

中村文紀

1. はじめに

　本稿では、(1) に見られるような類似の構文群を扱う。(1) と (2) の違い
は、前者の補文標識が *like* であるのに対し、後者は *that* である点である。

(1) a.　It **seems like** they are running away. （*BBC*, 2014）
　　 b.　It **looks like** nothing happened. （*The New York Times*, 2012）

(2) a.　It **seems that** many people agree. （*Independent*, 2014）
　　 b.　To me, it **looks that** you do not sleep at all well. （COCA, FIC, 1994）

これらの構文は、どれも「〜に見える」「〜のようだ」という主観的意味を
表し、動詞と補文標識の組み合わせによる 1 つの範列を形成している。
　先行研究では、この範列は *seem* と *look* の類似性に基づく類推によって生
じたと考えられている（谷口 2005、井上 2018）。しかし、興味深いことにど
れもが同じように容認され、使用される訳ではない。例えば、*it looks like* か
らの類推に基づく *it seems like* が発達しているのに対し、*it seems that* ら類推

されたであろう *it looks that* は容認性が低く、使用頻度も低い。この不均衡な発達について説明を行っている研究はまだなく、十分な記述と説明がなされているとは言いがたい。本稿は、このような問題意識に基づき、*like* の促進と *that* の抑制について話者のコミュニケーション上の動機付けの観点から考察していく。扱うリサーチクエスチョンは以下の通りであり、これらを探求することでこの言語現象より理解を深めていくことを目的とする。

(3) a. *it V that* と *it V like* は、どのような範列を形成し、各構文はどのように使用されているのか？（記述）

b. 範列における各構文は、どのようなメカニズムと環境のもとに生まれたのか？（革新の問題）

c. *it looks that* は、*it looks like* に比べてなぜ容認性が低く、使用頻度が低いのか？（伝播・普及の問題）

これらのリサーチクエスチョンに関する本稿の回答は、以下のように要約できる。(3a)に関しては、現代英語においてはこれらの構文群は範列を形成しているが、*it looks that* の組み合わせだけが低頻度であるとコーパス調査から明らかにした。(3b)に関しては、話者の言い間違いや逸脱的用法によって生み出されていると主張する。(3c)に関しては、*that* の代わりに *like* をする動機は婉曲的に表現したいなど多くあるが、逆に *like* の代わりに *that* を使う動機は相対的に少ないからであると主張する。

このような調査結果から見えてくる話者像は、間違いを犯さず、皆同じ知識を持っているとされる理想的な話者とは異なる。知識はうろ覚えで、言い間違え、あえて逸脱し、しかもそれを使うかどうかで話者同士で容認性が異なる、そんな現実的な話者集団が表現を生み出し、言語を変化させていることを示唆している。

本稿の構成は、以下の通りである。第2節では、先行研究を通して、研究対象の現代英語での状況を概観した上で、現在残された問題を紹介する。第3節では、表現の創発には革新と伝播という2つの過程が存在し、それぞれに別個に動機付けられていることを述べる。第4節では構文の革新と範列の

形成のメカニズムと条件を考察する。第 5 節では、範列を形成する各構文の
伝播を促進・抑制する動機付けを考察する。第 6 節は、結論と今後の展望を
述べる。

2. 新しい範列と変異形

2.1 it {look/sound/seem/appear} {like/that} 構文群

まず、本論文が扱う研究対象について特徴付ける。ここでは、形式主語 *it*
と補文標識 *that* および *like* によって定式化される *it V like* と *it V that* を考察
対象とし、類似性と競合を焦点に当てる。*like* を補文標識として取るのは、
推量動詞（e.g. *seem*, *appear*）や知覚動詞（e.g. *look*, *sound*）に多い（López-Couso
and Méndez-Naya 2012）。それぞれの動詞についての具体的な例文は以下の
通りである。

（4）a.　No, you have it. - You ever had it? Yeah. It seems like you're lying.

(Movie, 2015, *Uncle John*)

b.　Now, it appears like you're going to have a vote in the Senate that is go-
ing to stop his use of national emergency powers for the building of the
wall. 　　　　　　　　　　　　　　　　　(COCA, 2019, SPOK)

c.　So, you kept this from me? It's not what it looks like. It looks like you
lied to me. 　　　　　　　　　　　　　　(Movie, 2011, *The Green*)

d.　Tell me what? Are you hiding something from me? It sounds like you're
hiding something from me. 　　　　　　(Movie, 2015, *Campus Code*)

先行研究（López-Couso and Méndez-Naya 2012）では、これらの構文に生起
する *like* は *that* に置き換えることもできることが示されているほか[1]、*like* は
as if と同じ分布をしているものと想定されている。

（5）a.　... and as time passed it seemed as if the strange little man had never
been there 　　　　　　　　　　　　　　　　　(Brown PL23)

114   Part 2   新規表現・逸脱表現からのアプローチ

b. and as time passed it seemed that the strange little man had never been there.

同じ動詞が補語標識 *that* をとる例文の例は以下に挙げる。

(6)a. It **seems** that he too has made an effort.　　　　　　(COCA, 2012, FIC)

b. It **appears** that they survived.　　　　　　(COCA, 2006, SPOK)

c. It **looks** to me that Nathan Bedford Forrest was a military genius.

(COCA, 2011, SPOK)

d. It **sounds** to me that it was a profit margin problem.

(COCA, 2017, NEWS)

これらの動詞は、動詞の表す知覚・推論モダリティから得られた証拠をもとにした話者の主観的な判断(「〜のようだ」)を表す構文範列を表 1 のように形成していると考えられる。

表 1　動詞と補部構造に基づく範列

	it V like	it V that
seem, appear	it seems like	it seems that
look, sound	it looks like	it looks like

表 1 のように範列ができることを、井上(2018)は画一化と呼ぶ。画一化すると、類似の動詞が構文パターンを共有する。また、画一化することで *it V like* と *it V that* はお互いにある種の変異として存在する。

2.2　問題意識—*like* と *that* の拡張における不均衡
2.2.1　容認性と実例の違い

補文標識としての *like* と *that* が類推基盤で範列を形成したことは、先行研究でも触れられているが、*it V like* は拡張しているのに対して、*it V that* は知覚動詞に拡張しづらいと発達の不均衡には言及された研究はない。

また、先行研究においても、*it looks that* の扱いは異なっている。谷口（2005: 215）は、次の例を挙げて知覚動詞が *that* をとらないとしている。

（ 7 ）a.　It seems that John is happy.

　　　b.　*It looks that John is happy.

同様に、Gisborne（2010: 276）も *it looks that* という構文は、不自然であるとしている。次の例(8)は(9)の引用内の(59)である。

（ 8 ）a.　It seems that Peter has gone home.

　　　b.　!It looks that Peter has gone home.

　　　　　（感嘆符(!)は不自然であることを示す）

（ 9 ）　The examples in (59) show that LIKE/C cannot be replaced by THAT as the complement of a sound-class verb. This fact may be idiosyncratic, simply indicating that sound-class verbs select LIKE, but it may be indicative of a substantial difference between LIKE/C and THAT even as the sole argument of a raising verb.

　　　　（引用中の LIKE/C は補語 Complementizer をとる like を表す）

この両者に共通するのは、いずれも作例による容認性判断であることである。したがって、*it* 知覚動詞 *that* は母語話者にとって容認性が低い表現であることが示唆されている。

　その一方、コーパスを用いた記述的研究においては、知覚動詞 *look/sound* が *that* をとる例が報告されている（井上 2002、八木 2006、井上 2018）。以下は、井上（2018: 85）で紹介された八木（2006: 207）からの例である。

（10）a.　…, but it looks now that we're turning the corner.　　　（LKL, Jul., 2000）

　　　b.　The IB meeting in March considers all proposals discussed at the interim meeting, but it looks very much that this is the road we will tread.

116　Part 2　新規表現・逸脱表現からのアプローチ

(ibid.; WB)

c.　Or not so big, maybe, for it looks to me that even covered in shelves of wool and parka hood and blanket though he is, my father is smaller, even diminished beneath.　　　　　　　　　　　　　　　(ibid.; WB)

これらの先行研究の結果をまとめると、知覚動詞と *that* の組み合わせは、内省判断において容認性が低いが、実際には使用されていると考えることができる。これは、言語変化が水面下で進行していることを示唆するものである。しかし、コーパスを使った先行研究でも、この組み合わせが可能であることは示されているが、範列の観点からどのように位置づけられるのかについては説明されていない。

2.2.2　COCA を使った実態調査

　使用実態を明らかにするために、*Corpus of Contemporary American English*（COCA、アクセス日は 2024 年 1 月 24 日）を使って調査を行った。検索文字列と調査結果は以下の通りである。(11) のように補文形式の後を主格代名詞に指定し、可能な限り当該構文だけ検索できるようにした。

(11)　IT LOOK|SEEM that|like I|he|she|we|they

(12) a.　It looks that I do not know how to phrase this question formally.

(COCA, WEB, 2012)

b.　Shit, um, actually it looks like I forgot my wallet at home, Officer.

(COCA, MOV, 2017)

c.　But it seems like we are discussing the wrong issue.

(COCA, BLOG, 2012)

d.　Denise, it seems that you do not realize some people need to go to work.

(COCA, BLOG, 2012)

表2　COCAにおける各構文の検索結果（粗頻度）

	it V that PRON	it V like PRON
look	4	5,558
seem	1,264	2,601

表2からわかるように、*like* と *that* には頻度の大きな差がある。it LOOK that の頻度が非常に低いことがわかる。これは、*like* が他の動詞に拡張しているのに対して、*that* は拡張されにくいことを示唆している。次の問いは、なぜ *like* と *that* には拡張に差があるのかを説明することである。本稿では、この問いに対して、新規補文標識である *like* が *that* にはない話者コミュニケーション上の欲求に合致していることが拡張の動機付けになっていることを主張する。

3.　言語変化における革新と伝播

　it looks like と *it looks that* は補文標識の観点から見る変異形であり、これは言語変化の一例である。通時言語学において、それまでにない表現が生み出される言語変化（創発）には、革新（innovation）と伝播（propagation）の2つの過程が想定されている（Croft 2000, Traugott and Trousdale 2013）。

　革新とは、個人が従来とは異なる新しい形式を生み出すことを指す。例えば、*irregardless* は、*irrespective* と *regardless* が発話時に混じってしまうことで生じた語であるが、これは両者が意味的に類似していることがその引き金になる。革新のメカニズムとして有力なのは、句のブレンディングと類推であり、これは大まかにいえば、2つ以上の表現の混同が、動機付けられた非慣習的な組み合わせから始まっているということである。本稿に沿って説明すると、*looks that* は *seem* と *look* の意味的・形式的な類似性から混ざってしまったことで生じたと考えられる。

　伝播は、革新によって生まれた表現が言語社会の中で再生産されるのか否かという問題に関わる。革新された非慣習的な表現のほとんどは、単なるエラーと見なされ伝播されない（黒田・寺崎 2010、前田 2011）。しかし新規表

現の中には、話者が再生産すると都合の良い要因を持つものがあり、それが繰り返し使われることで定着する。

したがって、言語変化の研究において重要になるのは、この革新と伝播を分けた上で定着した・しない表現に関する動機付けを考察することである。革新においては、各話者の中である言語表現が新規に発明されることが可能になるようなメカニズム（e.g. 類推、再分析）と環境条件を考察する。その一方で、伝播の段階においては、実際のコミュニケーションの場から、文脈から話者がそれを再生産したいような文脈や場面が存在する（あるいはしない）ことを示すことが重要である（cf. Keller 1994）。

さらに、本稿で扱うような類似表現における頻度差を説明する場合、(i) 表現間の競合要因と (ii) 個人と話者集団における正負のフィードバックがあるということを考慮する必要がある。一旦ある表現が別の表現よりもなんらかの理由で選好されて観察される頻度に大きな差が開くと、雪だるま効果のような機能的動機付けとは別のメカニズムが働くようになる。それは、個人と集団における相互フィードバックによる先鋭化である。まず、個々の話し手は、表現競合する類似表現の一方に関して、偶然による期待値を下回る頻度でしか経験しない場合、その表現についての容認性が下がり、使用しなくなる。つまり、その表現は「言語集団では使用しない、あるいは使用してはならない」表現として定着される。これを、Stefanowitsch (2008) は負の定着（negative entrenchment）と呼ぶ。そうして、話者集団のうちある程度の人数の話者においてこの負の定着が一旦生じると、その集団内全体における当該表現の使用頻度も下がることになる。その結果、各個人がその表現を見聞きする頻度もさらに下がるため負の定着が更に促進されることになる。

これらのことを考えると、*it looks like* と *it looks that* の関係を解き明かすには以下のことに着目する必要がある。

(13) a.　*it looks like* と *it looks that* がどのように革新によって生み出されたのか。（革新による範列と競合の成立）

　　 b.　*it looks like* あるいは *it looks that* のどちらかがより動機付けられているか。（動機の探求）

補文標識 *like* と *that* の競合における多層的動機付け　119

　まず、it looks like と it looks that が話者の中である種の範列における変異であると認識できるかどうかその成立を明らかにする必要がある。これについては、次節では類似性に基づく混同が起こったことを主張する。伝統的な言い方をすれば類推による拡張用法である。次に、動機の探求であるが、これは補文標識の範列におけるフォーマル性や婉曲性において、より婉曲的に表現したい動機はあるが、客観的やフォーマルにしたいという動機はあまりないという不均衡に求められることを明らかにする。一旦そこに差ができれば、あとは個人と集団におけるフィードバックループによって大きく差ができるのである。

4. 革新のメカニズム

4.1 *it looks that* の創発―類推と動機付けられたエラー

　この節では、新しいパターンである it looks that という組み合わせが生み出されたメカニズムとして、句のブレンディング (phrasal blending) (Taylor 2012: 第 12 章) と類推 (analogy) (八木 2006、井上 2018) を考える。句のブレンディングとは、個人のこころの中で言語産出時に起こる現象であり、類似した表現が同時に活性化することで分析性・構成性に関係なく混ざってしまう現象である。例えば以下の例が典型的である。

(14) a.　watch/look out for + keep an eye on ⇒ keeping an eye out

(Taylor 2012: 272)

　　 b.　time after time + again and again ⇒ time and time again　　(ibid: 273)

次に、類推とは、ここでは同じような意味の場合同じような文法的振る舞いをするだろうと推論する一種のバイアスである。ここでは、look と seem の「～のようである」という話者の主観性を表す意味を媒介として、片方の動詞の構文パターンがもう一方の動詞にも使えるよう拡張することである。

(15) a.　it looks/sounds like + it seems that ⇒ it looks/sounds that

b. it seems that + it looks like ⇒ it seems/appears like

このような類推が起こってしまう一つの要因として考えられるのが、黒田・寺崎 (2010) および黒田 (2021) で提案されたうろ覚えに基づく類推とバイアスに動機付けられたエラーである。彼らは、言語産出はうろ覚えの記憶を利用した類推に基づいており、文法規則に基づく理想的な産出はヒトの言語使用実態に即していないと論じている。実際、会話データを見てみると、標準的な文法・語法から逸脱した誤りをよく犯していることが観察される。誤りの多くは、一回限りのものとして処理されるが、その中にはちょうど欲しかった表現として認識される場合があり、この場合は動機付けられたエラー由来の新規表現として定着するに至る。この新規表現が埋めた表現のスロットは、生態学になぞらえて生態学的ニッチ (ecological niche) (Taylor 2012) と呼ばれ、言語変化自体は突然変異と淘汰の過程と並行的だと考えられる。

4.2 *it looks that* の革新を支えた条件

いくら意味的に似ているからといって、それだけで類推が必ず起こる訳ではない。*it looks that* が具体的な事例として生じるためには、できるだけブレンディングや類推による拡張が起きやすい条件が整っていなければならない。ここでは、その条件を (i) 意味的共通性、(ii) 形式的共通性、(iii) 介在要素の存在、(iv) 会話レジスターの特性という4つに求める。意味的・形式的類似性は、類推が起こる構文同士の類似性に関する基準である。基本的に共有している情報が多いほど、類推は起こりやすいと考えられる。介在要素の存在と会話レジスターの特性は、類推が起こる具体的な環境や文脈に関することであり、起こったエラーの生存に関わる。

第1に意味的共通性である。*it looks like* に生じる *look* は視覚の意味がかなり薄れており、その一方で主観的な *seem* と共通する様な「〜のようである」という認識モダリティの意味が前景化している。第2に、*look* と *seem* の構文パターンの多くが既に共有されていることが挙げられる。現状4つの構文パターンはすでに共有されている。

(16) a. 形容詞 (e.g. John looks happy, John seems happy)

b. to 不定詞 (e.g. John looks to be a fool, John seems to be a fool)

c. as if/as though 節 (e.g. John looks as if he knows everything, John seems as if he knows everything)

d. like 節 (e.g. John looks like he knows everything, John seems like he knows everything)

この意味的・統語的類似性によって *look* と *seem* の取り違え、あるいは *look* を *seem* の構文パターンで拡張的に使用する言語内要因が整ったと考えられる。一般的な方向性として、類似性は共有する情報が多ければ大きいほど、両者の画一化(相互均質化)が進むと考えられる。

　第 3 に、同一の構造であっても、相対的に容認されやすい実例の存在が革新には重要である。Nakamura (2019) は、COCA における調査において *look/sound* と *that* が隣接するよりも、介在する要素がある場合により多く生起していることを報告している。

(17) a. It looked to me that it wasn't possible for us to get together.

(COCA, SPOK, PBS: PBS Newshour, 2016)

b. I haven't had a chance to read the fine print, but it sounds to me that we're essentially back where we were yesterday.

(COCA, SPOK, CNN_King, 1999)

(18) a. The hit looked bad but honestly watching it live I thought that Cutler was going to make a run and it looked definitely that he was passed the line of scrimmage, the defense should've definitely be given the benefit of the doubt in this case. (COCA, 2012, WEB)

b. Actually, it looks here that, Nathan, you've been to visit your father recently. Is that true? (COCA, 2008, TV)

これは *it looks that* の場合に *look* と *that* の組み合わせが密に知覚される (i.e.

122 Part 2 新規表現・逸脱表現からのアプローチ

look like) ので容認性が低くなるのに対して、*it looks to me that* の場合には、介在要素によって *look* と *that* の組み合わせが認識されにくいためではないかと思われる。

最後に、革新を促進する要因として即時応答性とインフォーマル性が挙げられる。即時応答性は、新しい形式の誘発に関わる。自由会話のような即時応答を求められる場面では、処理に負担がかかり非慣習的な組み合わせによる誤りを誘発する[2]。さらにそのような場面では、会話が進んでしまうことで一度発話した内容を修正できないため生き残る可能性が高い。それに対して、産出に時間を取れる場合、一度産出した内容も推敲・校正し、新規表現もより慣習的な表現に修正することができる。インフォーマル性は、革新的な表現を残すかどうかにおける許容度に影響する。非慣習的な表現はスピーチや出版物などフォーマルな場合には保守性が働き修正されるが、自由会話や SNS では許容され、その面白さから積極的に伝播することもある。

5. 伝播における it looks like/that の動機付け

5.1 補文標識 *like* と *that* の住み分け

次に伝播における動機付けを探る。伝播においては、コミュニケーション上話し手にとって利益をもたらすことがその構文を選好する動機となる。ここでは、補文標識 *like* と *that* の住み分けをもとに、その住み分けの機能の内 *like* を選好する場面があることを示す。まず住み分けについてであるが、*that* と *like* が範列を形成したことで、事実性とフォーマルさの点で住み分けが変化している。図示すれば以下のようになる。なお、以下表にある∅は、音形を持った補語標識がないことを示す。

表 3 「*It V* 補文」における補文標識の住み分け

like 登場前	*like* 登場後
that/ ∅ ・中立的、デフォルト、事実性は動詞が担う	*that* ・事実・断定 ・フォーマル（∅ はインフォーマル） ・無標、意味的に漂白化されている
as if（*though*） ・仮想性	*as if*（*though*） ・仮想性・婉曲性 ・フォーマル
	like ・不確実性・婉曲性 ・インフォーマル

like が導入される前は、*that* が動詞にとってのデフォルトの補文標識であり、そこに *as if* と *as though* が仮想性を表すという対比があった。しかし、*like* が *as if/as though* との類推から生じると、*that* が事実性とフォーマルさを表し、*like* が主観による不確実さ・インフォーマルさを担当するという住み分けになった。これは、井上（2018）が *it looks as if/as though/like* は「視覚的事実推量」、*it looks that* は「視覚的事実婉曲断定」であると論じているのと並行的である。視覚的事実推量とは「視覚的事実として捉えることはできるが、その事実の断定を避けている」(p.93) ことと定義されている。これは *like* が、「似ているが、そのものではないかもしれない」という真偽に対する不確実性を含意していることに由来するだろう。それに対して、視覚的事実婉曲断定とは、「視覚的判断という機能が影響を及ぼし、*that* 以下の内容が実際に生じる内容であり、それを視覚的に捉えることができることを婉曲的に断定する表現である」(p.93) である。これは、*that* が事実性を表すため、話者が断定をもってその真偽に責任を持つことであると言える。

　このように *like* が生じたことによって、補文標識が意味する範囲も変化しており、これが実際の言語使用における動機付けと関連していると考えられる。もし動機付けがあれば伝播が促進され、逆に動機付けられていない場合には、他の競合している構文によって使用が抑制される。

5.2 *like* を選好―明示的な婉曲・主観的追加表現としての *like*

　it looks like に含まれる *like* は類似の意味から発達し、そこから話者の主観を表す意味を獲得した。例は以下に示す。

(19) a.　It looks like they were right.　　　　　　　　　　（Movie Corpus, 1998）

　　 b.　It looks that they were right.

　　 c.　They were right.

it looks like の方が *it looks that* よりも動詞と補文標識の両方が主観的意味を表しているので、より明示的に主観性が表されている。このような表現を用いる動機として、誤解のないようより明確に断定を避けたいという欲求があると考えられる。このような語用論的な動機付けは他の表現でも見られ、主観的な意味を持つ表現は組み合わせて用いられる。例えば、英語では、様々な主観的な表現（e.g. *maybe*、*I'm not sure*、*but*、*might*）が同時に用いられることがある。日本語でも、過剰敬語のように敬語を積み重ねてしまう現象が観測されるため、この明示的に説明したいという欲求は普遍的なものであると考えられる。

　この明示的な表現を追加するという動機付けは、すでに確立した *it seems that* と対応する新規類似表現 *it seems like* の場合にも適用できる。

(20) a.　It seems (that) John is in trouble.

　　 b.　It seems like John is in trouble.

上記の例文を比べた場合、(20a)のように事実性があり、省略可能なほど意味的に漂白化した *that* よりも、(20b)のように *like* を用いた例の方がより主観的な意味を表しているため、より断言を避けたい動機によって *it seems like* が増加しているのだと予測される。このような *that* に比べて *like* がより頻度を増すであろうという予測は、コーパス調査結果とも整合的である。*Corpus of Historical American English*（*COHA*）における *it seems like|that* ＋主格代名詞の調査をした結果、図1のように *it seems like* は1980年代から急速に伸びてい

る一方、 *it seems that* は減少しており、その頻度が逆転している。

　また、*it seems that* 単体でも婉曲性を持つのに、なぜあえて *like* を追加する必要があるのかという問いについては、言語使用による摩耗とその補填・再強調が仮説として考えられる。これは、表現が持つ形式や意味は、使用によって摩耗するため、別の表現で補う必要があるというものである。例えば、椎名（2021）は、敬意逓減によって二重敬語「させていただく」が使われるとしている。また、仏語指示詞の「*hoc > ecce hoc > ce > celà > ça*」という摩耗・追加の循環の例もある（Shariatmadari 2019）。英語では、冗長性を持つ表現（e.g. *true fact*、*unexpected surprise*）が強調のために使用される。同じように、使用によって主観的意味が *seem* により明示的に強調するための *like* が付与されたものと考えられる。

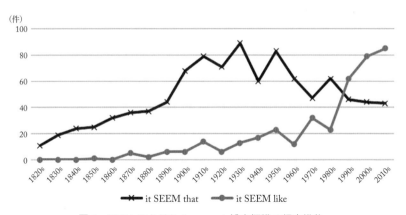

図1　COHA における it seems ＋補文標識の頻度推移

　つまり、*that* から *like* に拡張する場合には「より主観性を高めて断言を避けたい」という動機付けにより拡張的に用いられるのに対し、*like* から *that* にして事実性を高めたいという動機付けが薄いことが発達の不均衡性に影響していることが示唆される。

5.3　*like* を選好―間主観的・対人関係における配慮表現

　it looks like は、主観的な意味から派生して、間主観的な、対人関係におけ

126　Part 2　新規表現・逸脱表現からのアプローチ

る配慮表現としての使用がある。主観的意味が補文内容の真偽に関する評価
であるのに対し、対人関係の意味は、聞き手と自分の関係について明示する
ものである。例えば、相手をがっかりさせるような言いにくいことがある場
合に、断言を避けることで、明示的な相手への配慮を示すことである。例え
ば以下の例を見てみる。

(21) a.　Oh, sorry Colb, it looks like you are too late.　　（Movie Corpus, 2014）

　　 b.　Oh, sorry Colb, it looks that you are too late.

　　 c.　Oh, sorry Colb, you are too late.

(21a–c)はどれも Colb に対して「遅すぎた」ことを告げるものである。この
発言に関して、相手が遅れたかどうかについて、話者は実際に遅れているこ
とを知っているので、その真偽性に不確実性があるわけではない。遅れた事
実を伝えることは、相手の立場を悪くする可能性があるので、相手（との良
好な関係）のために断言の力を弱めたいという心理的な動機付けが生まれ
る。そして、このような動機は、発言をあえて不確実で主観的なもののよう
に装うことで達成される。このことは例文を比べると明らかとなる。(21c)
は非常に直接的な言い方であり、この 3 つの例文の中では相手を傷つける可
能性が一番高い。(21b) の *that* を使った文は、*that* による事実性があるため
話者の判断であると考えられる可能性が高い。(21a) は、視覚的証拠に基づ
き、かつ *like* から不確実性が含意されるため、直接性がもっとも低い。

　類似の例は他にも見ることができる。以下の例では、自分の出立と別れを
切り出す時に使われている。

(22)　Hello, [Bobo]. Hey, we got the drugs outta all of the horns. Good. Uh-oh.
　　　Well, [Devon], it looks like it's time to say good-bye. – Take him to the
　　　boat. – You got it, boss. – You're gonna ki... – Shut up. See ya, [Devon].
　　　Give my regards to Elvis.　　　　　　　　　　　　　　（Movie, 1993）

一般的に別れを切り出すことは非常に言い出しづらい発言である。特に離れ

がたいような場合にはなおさらである。この場合に *it looks like* は、2つの理由で動機付けられた表現である。第1に、この場合の *look* は、ある種の視覚的証拠を提示し、仕方のない理由（e.g. 時間）を暗示するため、聞き手にとって受け入れやすくなる。第2に、*like* によって不確実性が前景化されているため、内容の真偽について最終判断として相手の考える余地を残している。上記の例の場合、「もう良い時間（で帰らなければならない）」かどうかについて、少なくとも言語表現上は聞き手の判断が最大化するという話し手の配慮がなされている。

　まとめると、対人的意味でも *like* と *that* を対比した場合には、*that* を *like* にする動機が話し手にはあるが、逆に *like* を *that* にする動機は薄いと考えられる。

5.4　*looks that* を選好―フォーマルな場面における発話

　言語表現の選択は意味機能だけではなく、レジスターにおける適切さも関与している。*like* は、米語のインフォーマルな表現（Huddleston and Pullum 2002）でありフォーマルなレジスターでは不適切な言語選択になる可能性がある。それに対して、*that* はフォーマルな表現でも用いることができる。つまり、英語全体としては *it looks like* の形が優勢であっても、レジスターによっては *it looks that* の使用があり得ると予測される。

　このような *it looks that* が好まれる場面の1つに報道番組が挙げられる。報道番組で発言する場合、話し手はある程度の客観性とフォーマルさを求められるため、*like* が不適切となり、事実性とフォーマルさを持つ *that* を使いたいという動機が生まれる。COCA で調査すると、*it look that* はニュースなどのメディアからのデータの多い SPOK レジスターで生起し、他のレジスターでは見当たらない。これは *look that* の意味とレジスターが合致した結果であることが示唆される。

表 4　COCA における it looks (to me) that のレジスター別生起頻度

Query	BLOG	WEB	TV/M	**SPOK**	FIC	MAG	NEWS
IT LOOKS THAT	0	0	0	40	0	0	0
IT LOOK THAT	0	0	0	9	0	0	0
IT LOOKED THAT	0	0	0	7	0	0	0
IT LOOKING THAT	0	0	0	1	0	0	0
IT LOOKS TO ME THAT	0	0	0	7	0	0	0
IT LOOKED TO ME THAT	0	0	0	2	0	0	0
total	0	0	0	66	0	0	0

(23) a.　It looks that things are slowly deteriorating in Iraq. It looks that as we get more and more into this, that yes, there will be some loss of control.

(CNN, 2003, SPOK: CNN_Iraq)

b.　But right now, it looks to me that America is just being bamboozled in these negotiations. 　(COCA, 2015, SPOK: Sunday Morning Futures)

c.　We have not endorsed the Green New Deal and it's because it sounds to me that it's still something that's evolving says Kim Glas executive director of the Blue Green Alliance a partnership of labor and environmental groups. 　(COCA, 2019, SPOK: CNN Wire)

上記の例は、いずれも時事話題でかつフォーマルな場面で使用されており、*like* のインフォーマルで曖昧な物言いと比べると、フォーマルで事実性の高い *that* を使いたいという動機があると考えられる。つまり、英語の使用全体としては *like* が伸びていくが、それだけでは粒度が粗く、個別レジスターの性質と表現の性質をより細かく見ていく必要性があることが示唆される。

6.　結論

本稿では、*it looks like* と *it looks that* が新しい範列を形成しているのにもかかわらず、*it looks that* の容認性と使用頻度が低いままなのはなぜなのかとい

う問いについて論じた。*it looks that* は認知的な側面からは革新は十分に起こりやすいため実例も存在しているが、*it looks like* 構文の方がより動機付けられているため阻止されて伝播しにくいことを明らかにした。また、大局的な変化とは別に、個別のレジスターにて *it looks that* が認可されていることから、使用は全体の頻度だけではなく局所的な言語使用に影響されることも指摘した。

　本研究の意義は 3 つある。第 1 に、先行研究における該当構文の記述をより精緻化させたことである。当該表現の容認性と実例の有無だけでなく、量的なデータを示し定着度を示した。第 2 に、言語の変化と創発におけるメカニズムを革新と伝播に分けた上で、それぞれの動機付けを考察した。最後に、言語のありようは実際の言語使用の反映であり、認知と社会の両方の要因が関与することを論じた。

　今後の展望としては、本研究は it V 補文という現象を扱ったが、扱った範囲は限定的であるので、さらなる包括的な研究が望まれる。本稿では、最も頻度が高い *look* と *seem* が中心となっており、同様の構文を取る *appear* や *sound* については触れていない。また、補文標識 ∅ については紹介したにすぎない。この構文群の変化の全容を把握し、言語変化一般についてより深い理解を得るためには、より多くのデータを用いた実証研究が望まれる。

注

* 　本稿は、社会言語科学会第 47 回研究大会 (2023 年 3 月 16 日、東京国際大学) において、吉川正人氏 (群馬大学)、堀内ふみ野氏 (日本女子大学)、土屋智行氏 (九州大学)、Ash L. Spreadbury 氏 (信州大学) と筆者で行ったワークショップ「認知と社会のダイナミズム―創発・伝播・規範から読み解く言語現象の諸相―」内での発表「補文標識 like の拡張とその多層的動機付け」の内容を加筆修正したものである。残された誤りや見落としは、もちろん筆者の責任である。

1 　これは、補文標識の容認性は動詞に依存しており、*look* など知覚動詞の場合には置き換えられないことも多い。本稿で扱う *it looks like* は *it looks that* に置き換えることが難しい場合が多い。また *it appears that* は *it appears like* よりもずっと標準的で使用頻度が高い。

2 逸脱した表現には意図的に行われたものあり、例えば詩的表現はこの部類に属す。逸脱表現の分類については黒田（2011）に詳しい。

参考文献

Croft, William. (2000) *Explaining Language Change: An Evolutionary Approach.* London: Longman.

Gisborne, Nikolas. (2010) *The Event Structure of Perception Verbs.* Oxford: Oxford University Press.

Huddleston, Rodney and Pullum, Geoffrey K. (2002) *The Cambridge Grammar of the English Language.* Cambridge: Cambridge University Press.

井上亜依（2018）『英語定型表現研究の体系化を目指して―形態論・意味論・音響音声学の視点から』研究社

井上徹（2002）「seem as if 構文の有標性について」『英語語法文法研究』9: pp.63–79.

Keller, Rudi. (1994) *On Language Change: The Invisible Hand in Language.* London: Routledge.

黒田航（2011）「言語表現の容認度とは何か？また何であるべきか？―言語学者であるはずなのに、容認度判断が何であるかに自信をもって答えられない（大半の）人びとへの手引き」http://clsl.hi.h.kyoto-u.ac.jp/~kkuroda/papers/on-acceptability.pdf

黒田航（2021）「ヒトの言語の特性の一部は体系的エラーに由来する」http://www.hi.h.kyoto-u.ac.jp/~kkuroda/papers/error-driven-systematicity-solo.pdf

黒田航・寺崎知之（2010）「言語の「自然態」を捉える言語理論の必要性」『言語処理学会第16回年次大会発表論文集』拡張増補版 Available online at http://www.hi.h.kyoto-u.ac.jp/~kkuroda/papers/kuroda-terasaki-nlp16-paper-rev.pdf

López-Couso, María José and Belén Méndez-Naya. (2012) On the Use of As If, As Though, and Like in Present-Day English Complementation Structures. *Journal of English* 40 (2): pp.172–195.

前田満（2011）「話者の行動から見た英語格活用の廃用」『人間文化』26: pp.240–217.

Nakamura, Fuminori. (2019) *The Development of the Copulative Perception Verb Construction in English: a corpus-based approach* [Doctoral Dissertation, Keio University].

Shariatmadari, David. (2019) Don't Believe a Word: The Surprising Truth About Language. London: Weidenfeld & Nicolson.

椎名美智（2021）『「させていただく」の語用論―人はなぜ使いたくなるのか』ひつじ書房

Stefanowitsch, Anatol. (2008) Negative Entrenchment: A Usage-Based Approach to Negative Evidence. *Cognitive Linguistics* 19(3): pp. 513–531.

谷口一美（2005）『事態概念の記号化に関する認知言語学的研究』ひつじ書房

Taylor, John R. (2012) *The Mental Corpus: How language is represented in the mind.* Oxford: Oxford University Press.

Traugott, Elizabeth C. and Graeme Trousdale. (2013) *Constructionalization and Constructional Changes.* Oxford: Oxford University Press.

八木克正（2006）『英和辞典の研究―英語認識の改善のために』開拓社

コーパス

COCA: Davies, Mark. (2008-) *The Corpus of Contemporary American English（COCA）.* Available online at https://www.english-corpora.org/coca/

COHA: Davies, Mark. (2010) *The Corpus of Historical American English（COHA）.* Available online at https://www.english-corpora.org/coha/

Movie: Davies, Mark. (2019) *The Movie Corpus.* Available online at https://www.english-corpora.org/movies/

認知と社会の両面から見る
インターネット表現の機能と変化

Ash L. Spreadbury

1. はじめに

　言語は常に変わりゆくものであるが、インターネットはその動的な性質を
かつてないほど可視化してくれている。インターネット上では新しい表現が
頻繁に現れ、短期間のうちにインターネット・ユーザの間で広まりながら変
化していく。インターネットが日常のやり取りに使用されるようになったこ
とで、言語学者が言語的イノベーションを調べるためのデータの宝庫を手に
入れたと言っても過言ではない。

　インターネット上での言語の動的な側面を記述する上で考慮するべき点の
1つは、言語的イノベーションが広まり、定着し、変化していく過程におい
て、実際の言語経験を重視する使用基盤モデル（Bybee 2006, Goldberg 2006）
で想定されている認知的なメカニズム（頻度効果、経験を通しての一般化な
ど）が働いているということである。こうした認知的な説明は確かに有効で
あるが、そこに社会的な説明を加える——インターネット社会の特殊な文化
が与えている影響を考慮する——ことによってインターネットにおける表現
の伝播・変化を包括的に記述できる[1]。

　英語圏のインターネット社会の特殊な文化については、すでに様々なこと
が指摘されている。例えば、インターネット・ユーザは言語的な慣習を守る

134　Part 2　新規表現・逸脱表現からのアプローチ

ことを強く要求されると同時に、おもしろさ、目新しさも強く要求される（Nissenbaum and Shifman 2017）。ユーザたちは共同体の慣習から大幅に外れることなく「定型性」と「新規性」という矛盾する要求のバランスをうまく取りながら、言語表現の定型的な形式を徐々に更新していく必要があるといえる。こうした文化は当然、どのような表現が受け入れられ、どのように変化していくかに影響を及ぼす。

　また、言語表現は必ず何らかの「意味」や「機能」といえるものを伴うが、インターネット上の言語の意味も認知と社会の両方から考察する必要がある。本稿で考察する言語表現には、特殊な捉え方を通して臨場感を与え注意を惹くといった心理的な効果が見られると同時に、インターネット・ユーザに互いの共通の知識や価値観を意識させ、連帯感を作り出すといった社会的な機能も見られる。「インターネット・ユーザはなぜ、どのような効果を狙ってこの表現を使っているのか」という問いに答える際に――つまり表現の機能を記述する際に――認知と社会の両方から考察を進める必要があるといえる。このように、本稿は言語を社会や相互行為から切り離すような理想化を避け、実際の社会的文脈の中で他者に働きかけ、働きかけられる言語使用者の姿を捉えることを目的とする。

　本稿は、動画配信サイト YouTube のコメント欄において見られるパターンを対象とし、その機能と変化を認知と社会の両面から考察する。2 節ではこのパターンを紹介し、心理的な効果と社会的な効果を中心にその機能を記述する。3 節ではこのパターンの形式面を考察し、具体的な用法（下位スキーマ）を 3 つ記述する。4 節では先行研究を通して英語圏のインターネット社会の文化について紹介した後、この特殊な文化が言語表現の伝播・変化に与える影響について考察する。5 節は結語にあてる。

2．YouTube のコメント欄に見られる仮想相互行為

　動画配信サイト YouTube では、各動画の下にコメント欄が表示され、視聴者が動画を見た感想などを書き込んだり、他の視聴者のコメントを読んだりすることができる。近年、英語圏の YouTube 動画のコメント欄では脚本

であるかのような形式でやり取りを作り上げて投稿する現象が頻繁に見受けられる (Spreadbury 2022a)[2]。こうしたコメントの投稿者は実際になされたやり取りを引用しているのではなく、動画に対する自身の感想や態度を示すために想像上のやり取りを作り上げているのである。(1)はそのような例である。(本稿の例文に付いている和訳はすべて筆者による。)

（1）　Josh: "I was playing the game as intended."
　　　Game developers: "Bet."
　　　ジョシュ「想定されているプレイの仕方をしていただけなんですが。」
　　　ゲーム開発者「はいはい。」

　　　　　　　　　　　（https://www.youtube.com/watch?v=vhcM5GGaLYw）

　(1)は実際に YouTube の動画に投稿されたコメントである。コメントは複数の行から構成されていて、まるで「脚本」や「インタビュー記事」かのように、コロンと引用符を使うことで人物名とその人物の発話が区別されている。2 行目の発話は 1 行目の発話に反応しているものとして解釈される。つまり、このパターンのコメントは二者間のやり取りを引用しているように見える。(1)の場合、YouTube 動画の作成者である Josh と、動画内で Josh がプレイしているゲームの開発者とのやり取りに見える。
　しかし、ここで注意するべきことがある。(1)で描写されている二者間のやり取りは実際に行われたやり取りの引用ではなく、コメントの投稿者が修辞的効果を狙って作り上げたものだということである。このように作り上げられたやり取りは「仮想相互行為（fictive interaction）」と呼ばれ、次のように定義される。

　　As an entirely mental or conceptual phenomenon, fictive interaction is neither factual, as it is not genuine, nor fictitious, as it is not construed within an imaginary realm like that of a fairy tale, a movie, or a virtual reality video game. Rather, the communicative channel thus set us up is *fictive* […], that is, halfway between the real and the unreal.

136　Part 2　新規表現・逸脱表現からのアプローチ

　　仮想相互行為は完全に心的な現象、頭の中で起こる現象であり、本物で
　　はないため「事実」ではなく、一方でおとぎ話や映画、バーチャルリア
　　リティのテレビゲームのような架空の世界で捉えられるものでもないの
　　で「架空」のものでもない。こうして作り上げられたコミュニケーショ
　　ンのあり方は「仮想」のもの(中略)、すなわち現実と非現実の中間にあ
　　るものである。　　　　　　　　　　　　(Pascual 2014: 9、和訳は筆者による)

　(1)の二者間のやり取りは現実世界で実際に行われたもの (factual)でも、
何らかの架空の物語の世界で起こったもの (ficticious)でもない。現実世界で
あれ物語の世界であれ、(1)のコメントは「実際に起こった」やり取りを引
用しているわけではない。(1)で描写されているやり取りは投稿者が修辞的
効果を狙い、作り上げた「仮想相互行為」である[3]。
　コメントが投稿された YouTube 動画の内容を見てみると、Josh はわざと
変なプレイの仕方をしているせいでゲームをクラッシュさせてしまい、表示
されたバグ報告欄に「I was playing as intended」(想定されているプレイの仕
方をしていた)と嘘の内容を入力して送信している。(1)のコメントの投稿者
はこれが面白おかしく感じられ、Josh の嘘の報告に開発者が反応するやり取
りを投稿することでその感想を伝えていると解釈できる。
　では、なぜこのような間接的な伝え方を用いるのだろうか。感想を伝えた
いのであれば、(1)の投稿者も「Josh が嘘のバグ報告をしていた場面はおも
しろかったね」や「Josh の嘘のバグ報告への開発者の反応を考えたらおもし
ろいね」などとストレートに表現してもいいはずだ。わざわざ実際には起こ
らなかった仮想のやり取りを作り上げる理由は何だろうか。
　仮想相互行為の心理的な効果については先行研究で様々に考察されてい
る。まず、仮想相互行為を解釈する側(読み手、聞き手)が必ずそれを相互行
為として一度は想像していることに注目したい。Pascual (2014)は次のよう
に分析している。

[T]he use of direct speech serves to (re) create a staged imaginative verbal

performance in the current interaction as though it were occurring before the

認知と社会の両面から見るインターネット表現の機能と変化　137

addressee's eyes. By so doing, the speaker can make a story more vivid [and] construct a sense of immediacy [...].
　直接話法を用いることで、イマ・ココのやりとりに従事しながら、想像が生み出した言語的パフォーマンスをまるで相手の目の前で起こっていることのように(再)上演する、ということが可能になる。そうすることにより、話し手は話をより鮮明にし、臨場感を作り出すことができる(後略)　　　　　　　　　　　　　(Pascual 2014: 69–70、和訳は筆者による)

　解釈する側は提示された仮想相互行為を想像するので、話が鮮明さ、臨場感を帯びるようになるという。さらに、相互行為を想像させることの効果について、Pascual は以下のように分析している。

[D]irect speech presents what is talked about as concrete subjective (re) enactment, rather than abstract objective description. This allows the audience to live the situation and appreciate for themselves that which the narrator attempts to express.
　直接話法を用いることで「抽象的で客観的な説明」ではなく「具体的で主観的な(再)実演」として話を提示することができる。そのため、聞き手は状況を自ら体験することで、語り手が伝えようとしていることを身をもって感じることが可能になる。

　　　　　　　　　　　　　　　　　(Pascual 2014: 55、和訳は筆者による)

　つまり、仮想相互行為の言語的パフォーマンスは話し手の伝えたいことをストレートに述べていないため、解釈する側は提示されたシーンを想像し疑似体験することを通じて話し手の伝えようとしている内容を自ら積極的に導き出さなければならないのである。結論をそのまま与えずに相手自身に導き出させるこうした伝え方は、相手の注意を惹き、相手を巻き込む効果を持ち(Pascual 2014: 70)、より説得力を伴うものである(Tannen 2007: 136)。
　上記の分析は本稿で扱う YouTube コメントにおける仮想相互行為にも当てはまるだろう。解釈する側は一度読み、やり取りとして想像した上で、そ

の仮想のやり取りを投稿することで投稿者が伝えたかった内容を解釈しなければならない。Josh の嘘の報告に対して開発者が直接反応しているやり取りを想像して、（1）の投稿者の感想（嘘のバグ報告を受け取った開発者側の反応を考えたら面白おかしい）を自分で導き出すのである。その感想をストレートに言われるよりもこのようなプロセスを経て解釈する方がおもしろく、納得しやすく、注意を惹かれるものである。

　このような心理的な効果に加え、YouTube のコメント欄で頻繁に見られる仮想相互行為の投稿には、共通の基盤を再認識させ、コミュニティーに所属している感覚を芽生えさせるという社会的な効果もある。この社会的な効果は、仮想相互行為の投稿が高度に間テクスト的であり、それを正しく解釈するためにそれを超えた知識が必要であることに起因する[4]。まず、例として（2）を見てみよう。これは 2023 年に開催された自転車のプロロードレース「ブエルタ・ア・エスパーニャ」に関する YouTube 動画に投稿されたコメントである。2023 年のブエルタ・ア・エスパーニャでは、主催者側の失敗とも言える事件が相次いでいた。このことを面白おかしく指摘するために、コメントの投稿者は「私」（投稿者自身）の発話に対してレース主催者が反応するという形の仮想相互行為を作っている。

（2）　Me: Vuelta organizers cannot do worse than they already doing
　　　Vuelta organizers: hold my bicycle!
　　　私「ブエルタの主催者はこれ以上に最低な仕事はできないだろう」
　　　ブエルタ主催者「やってみようか！」
　　　　　　　　　　　　（https://www.youtube.com/watch?v=QEe9RP4Meh）[5]

　「これ以上に最低な仕事はできないだろう」という発話に対して主催者が「（もっと最低な仕事を）やってみようか！」と挑戦する姿勢を見せる仮想のやり取りになっており、投稿者はこのような形式を取ることで相次いでいた事件に対する主催者側の責任を指摘しているのだと解釈できる。このような解釈にはもちろん、2023 年のブエルタ・ア・エスパーニャに関する知識が必要である。

（3）はさらに高度に間テクスト的な例である。1行目は（3）がコメントとして投稿されたYouTube動画の中の実際の発言をパラフレーズしている。対して、2行目に現れるTom Scottはコメントが投稿された動画には出演していない、別の有名なユーチューバーである。つまり、コメント投稿者は動画内の実際の発話にTom Scottが反応するという仮想相互行為を作っているのである。

（3）　"Since most of us can ride a bicycle"
　　　　Tom Scott: *nervous sweating*
　　　「ほとんどの人が自転車に乗れるので」
　　　　トム・スコット（冷や汗）　　　　　　　　　　（Spreadbury 2022a: 30)[6]

このコメントのどこがおもしろいかといえば、実は、Tom Scottは大人になってから初めて自転車の乗り方を学ぶという趣旨の動画を1日前に投稿していたのである。コメント（3）の投稿者は、コメントを投稿した動画内では出演者が「ほとんどの人が自転車に乗れる」と発言していることと、別の有名なユーチューバーTom Scottが最近まで自転車に乗ることができなかったこととの対比をおもしろく感じ、そのおもしろさを指摘するために、動画内の発話に反応してTom Scottが冷や汗を出すという仮想相互行為を作り上げて投稿したわけである。（3）のコメントのユーモアを理解するためには、コメントが投稿された動画の内容はもちろん、別のユーチューバーによる別の動画の内容に関する知識も必要であり、このユーモアは高度に間テクスト的であるといえる。

間テクスト性がユーモアに利用されるのは決して珍しいことではない（Norrick 1989, Tsakona 2018, 2020）。このようなユーモアを理解するために、解釈する側は言及されている他のテクストに気づき正しく特定しないといけないが、この過程は発信者と解釈者の共通の知識を際立たせ、同じ共同体に所属している認識を促す。明示されていない他のテクストに関する理解が必要な点で、こうした間テクスト的ユーモアは一種の「内輪ネタ」（in-joke）とも言えるが、内輪ネタに連帯感を作り出す効果があることは昔から

指摘されている（Norrick 1989, Tsakona 2018, 2020）。

　内輪ネタには、言及されている他のテクストを正しく特定しユーモアを理解できる「イングループ」と、間テクスト的な言及を正しく理解できずユーモアを理解できない「アウトグループ」とを作ってしまう側面もある。イングループとアウトグループの境界線をはっきりさせ、イングループに所属する優越感を楽しむ、いわば「エリート主義（elitist）」（Adami 2012: 137）的な快楽が、時に内輪ネタの目的になりうる。

　しかし、YouTube のコメント欄に見られる仮想相互行為現象には、エリート主義的な側面はあまり感じられない。なぜなら、YouTube のコメントは必ず特定の動画に対して投稿されるものであり、コメントで言及される他のテクストのほとんどはその動画の内容自体、または動画内容に密接に関わっているものだからである。その動画を視聴した人なら理解ができるものがほとんどだといってよいだろう。ならば、イングループとアウトグループをはっきり分けて優越感を楽しむことよりも、共通の基盤を確認することで得られる連帯感を楽しむ側面が強いと考えるのが自然である（Spreadbury 2022a）。

　もちろん、YouTube コメントの投稿者と読者がその後継続的な関係を築くことは極めて稀だろう。間テクスト的ユーモアで生まれた連帯感がその後の相互行為に活かされるとは考え難い。しかし、間テクスト的ユーモアに富んだコメント欄は、視聴者たちに互いに共有している知識や価値観に気づかせ、「環境的コミュニティー所属感（ambient affiliation）」（Tsakona 2020: 182; Zappavigna 2011: 788–789）を醸し出す心地良いものである。このように、本稿で扱っている仮想相互行為のパターンは、空間的・時間的な隔たりゆえに直接話し合う機会が少ないユーザたちの間に連帯感、コミュニティー所属意識を生み出すことに貢献している。

3. 仮想相互行為パターンの下位スキーマ

　ここまで、仮想相互行為パターンの心理的・社会的効果を見てきた。次にこのパターンの形式面に焦点を当て、より具体的な使い方のパターン（下位スキーマ）を３つ確認していく。どれも高頻度のパターンで、英語圏の You-

Tube のコメントにある程度触れている人であれば慣習的な言語知識に含まれるものと考えられる。

3.1　動画関連の人やものの間の仮想相互行為

　最もよく観察されるパターンは動画関連の人やもの（ただし「もの」のケースについては後述）の間の仮想相互行為である。これまで見てきた（1）と（3）はそのような例である。以下にもう 1 つの例を示しておく。

　（4）はアメリカのドラマ Stranger Things の第 4 シーズンの予告編動画に対して投稿されたコメントである。動画内では主人公 Eleven は「We will have the best spring break ever」（人生最高の春休みになる）という楽観的なセリフを述べている。続いてこの楽観的なセリフと相反する暴力的な場面、不気味なシーンが次々に表示される（Spreadbury 2022a）。この対比を面白おかしく感じた視聴者たちは（4a）–（4c）のようなコメントを投稿した。楽観的な主人公に対してシリーズに関連する様々な事物（（4a）では制作会社、（4b）ではものながら擬人化され人扱いを受けている「物語」、（4c）ではシリーズの悪役）が反応する仮想相互行為になっている。どれも動画内容、またはシリーズに関する知識に頼っているところに注目されたい。

（4）a.　Eleven: *Tries to be happy for once*
　　　　Netflix: "We don't do that here"
　　　　イレブン（今度こそ幸せになろうとする）
　　　　ネットフリックス「ここではそんなの許しませんよ」

　　 b.　"This is going to be the best spring break ever"
　　　　Plot: Hmmm
　　　　「最高の春休みになりそうだ！」
　　　　物語「うーん、そうかな？」

　　 c.　"we will have the best spring break"
　　　　Demogorgon: *laughs in russian*
　　　　「最高の春休みになるぞ！」
　　　　デモゴルゴン（ロシア語で笑う）　　　　　　（Spreadbury 2022a: 31）

142　Part 2　新規表現・逸脱表現からのアプローチ

　Spreadbury（2022a）では、無作為に抽出した YouTube コメント 2500 件の中に、二者間の仮想相互行為パターンが 118 件含まれていた。このうち最も多く見られたのが、（4）などのように動画内容と関連性のある人やものの間の二者間の仮想相互行為を描写するパターンであった（118 件中 73 件；61.9%）。

3.2　「私」が登場する仮想相互行為

　Spreadbury（2022a）のデータで 2 番目に多かった下位スキーマでは、動画内の発話に反応する形で「私」（me）が登場する（118 件中 18 件；15.3%）。動画内の間違った内容や失言を「私」が指摘している点においてこのパターンの例に機能面の共通点が見られる。例として（5）を見てみよう。1 行目は実際の動画内のユーチューバーの発言であり、この発言に反応する形で「私」が現れ、その発言の間違いを指摘する仮想相互行為が作られている。

（5）　Matpat: Arthur is the only character with an "a" in their name...
　　　Me: what about Andy?
　　　マットパット「名前に「a」が入る登場人物は Arthur だけだ…」
　　　私「Andy もいるんだけど？」　　　　　　　　（Spreadbury 2022a: 33）

　（6）も同様に分析できる例である。（6）がコメントとして投稿された動画はイギリスとアメリカの学校の体育の授業をユーモラスに比較する内容のものである。動画内では、雨が降ったときにアメリカの学校の体育の先生が授業を中止し、生徒にミルクとクッキーを食べさせる様子が描写されている。（おそらくアメリカ育ちである）コメント（6）の投稿者は 1 行目で動画内の実際の発言をパラフレーズし、2 行目で自ら（私）これに反応する仮想相互行為を作り上げている。このようなコメントを投稿した目的はやはり、動画内容が間違っていることをユーモラスに指摘することだと解釈できる。

（6）　Him: "Let's go in for milk and cookies"
　　　Me: "I wish"

彼「ミルクとクッキーがあるから中に入ろうね」

私「本当だったらいいけどな」　　　　　　　　　（Spreadbury 2022a: 33）

3.3　［X／Also X］パターン

　Spreadbury（2022a）のデータで 3 番目に多かった下位スキーマは、［X／Also X］である（118 件中 11 件；9.3%）。このパターンでは、コメントの投稿者が動画内の出演者の 2 つの言動を並べることで、その 2 つの言動の矛盾や不調和が浮き彫りにされる。例として（7）を見てみよう。コメント（7）では投稿者は 1 行目で動画内の出演者の発言を取り上げ、2 行目で出演者のその後の行動を記している。実際の動画ではこれらの発言と行動は立て続けに行われたものではないが、（7）では出演者が発言の直後に行動を取る仮想のシーンが作り上げられている。現実世界（実際の動画）では行われなかった仮想のシーンを作り上げることで投稿者が目的としているのは、やはりパンの素材に関する発言とそのパンを食べる行為の矛盾をおもしろく感じた感想を伝えることである。

（ 7 ）　Him: subway breads are made of yoga mats

　　　　Also him: ［casually］ eats it after telling that

　　　　彼「サブウェイのパンはヨガマットからできている」

　　　　また彼（そう言った後にふつうにそれを食べる）

　　　　　　　　　　　　　　　　　　　　　　　（Spreadbury 2022a: 34）

　似た例として（8）を挙げることができる。動画では敵から逃げているミスター・ビーストは敵に見つかった際に、自ら居場所を敵に教えたにもかかわらず、過剰に嫌がる反応をしている。動画に対して投稿されたコメント（8）はこの言動の矛盾の面白おかしさを指摘するために投稿したものと解釈できる。

（ 8 ）　Mr. Beast: Tells them exactly where he is

　　　　Also Mr. Beast: "Oh God, not like this!!"

ミスター・ビースト(自分の居場所を精確に教える)

またミスター・ビースト「うわあ！　なんでこうなるんだ！！」

(Spreadbury 2022a: 35)

4. 言語表現の伝播・変化とインターネット社会のあり方

　3節では仮想相互行為パターンの YouTube コメントに注目し、話者の言語知識に含まれるであろう高頻度の下位スキーマを見てきた。本節では、話者が置かれている社会的環境を中心に、このようなパターンが広まり、変化した要因について考察する。まず、言語的な慣習にまつわる英語圏のインターネット社会の文化を、以下 (9a)–(9c) の 3 つの特徴に沿って説明していく。次に、そうした特徴がインターネット特有の言語表現の伝播と変化に与える影響について考察する[7]。

(9) a.　英語圏のインターネット・ユーザは、インターネット特有の言語的な慣習に従うことで、自分がコミュニティーに属していること、関連する知識と経験を豊富に有していることを示そうとする。

　b.　英語圏のインターネット特有の表現は高度に定型的であり、定型パターンから外れた使用は厳しく批判される。

　c.　英語圏のインターネット・ユーザは表現に新規性を求め、ありきたりな使用は厳しく批判される。

　まず (9a) について見ていこう。掲示板などに見られるインターネット上のカジュアルなコミュニケーションにおいてインターネット特有、あるいはそのウェブサイト特有の表現が存在し、ユーザたちは慣習的な使い方に従ってそうした表現を用いることでコミュニティーの文化や歴史に関する自らの知識を示し、コミュニティーの経験豊かな成員としての評価を得ることができる (Bernstein et al. 2011, Miltner 2014, Nissenbaum and Shifman 2017, Shifman 2014)。

　ここでいう「コミュニティー」は様々な規模のものを指す。時には特定の

ウェブサイトなどの狭いコミュニティーであり（Miltner 2014, Nissenbaum and Shifman 2017, Peeters et al. 2021, Shifman 2014）、時にはどのウェブサイトなのかを問わず「上級のインターネット・ユーザ」のように広く捉えられるものである（McCulloch 2019, Shifman 2014）。つまり、英語圏のインターネット社会では、言語的慣習に従うことは少なくともインターネットに精通した人間としてのアイデンティティを示すことに貢献し、時には特定のウェブサイトなど、より狭い範囲のコミュニティーにおける経験豊かな成員としてのステータスを演出することにつながるのである。

　次に、(9b)で述べたように英語圏のインターネット特有の表現は定型性が目立つ。すでに固定化しているパターンをベースにし、変えることが許されている部分を変えて発信するという「既存のパターンの再利用」が頻繁に見受けられる（Milner 2013, Nissenbaum and Shifman 2017）。

　例として Dancygier and Vandelanotte (2017) が挙げている特定の画像と上下のテクストを組み合わせたマルチモーダル的な表現法である「イメージ・マクロ (image macro)」を見てみよう。このタイプの表現では発信者は特定の画像の上下にテクストを挿入するわけだが、画像ごとに求められている内容が異なり、テクストの定型性も異なってくる。

　例えば、『ロード・オブ・ザ・リング』のボロミアの画像が使われるパターンでは、上のテクストは「One does not simply」（ただ単に○○するだけではいけない［成功しない］）と決まった形になる。ユーザは下のテクストに任意の動詞句を入れてメッセージを完結させる。図1に見られるようにユーザたちはこのパターンを用いて真面目な主張からステレオタイプに依存する俗なユーモアまで様々な例を生み出している（Dancygier and Vandelanotte 2017: 575–576）。

図 1　One does not simply の例
（Dancygier and Vandelanotte 2017: 574, 576 より）

　他に、英語圏のインターネットでは特定の人物の画像が使われるイメージ・マクロが多く、その人物ごとに性格や話すテーマが決まっている（McCulloch 2019, Shifman 2014, Vandelanotte 2021）。例えば、図 2 に出てくる人物はインターネットでは「Scumbag Steve」（ならず者スティーブ）として知られている。このパターンを用いる場合、上下のテクストはユーザが自由に書き込むことが意図されているが、この人物の性格の設定（scumbag、ならず者）に沿った内容にしなければならないという決まりがある（Dancygier and Vandelanotte 2017, McCulloch 2019, Shifman 2014）。

図 2　Scumbag Steve の例
（Dancygier and Vandelanotte 2017: 580, 582 より）

　こうした言語的な慣習が形成され、強制される過程において、ユーザ間の

フィードバックが重要な役割を果たしているといえる。英語圏のインターネット社会において言語的な慣習に違反する者は他のユーザから辛辣な批判を浴びる。例えば、新入りのユーザを指す蔑称で呼ばれ、コミュニティーの慣習がわかるまで投稿を控えるよう促されることが頻繁に観察される (Bernstein et al. 2011, Nissenbaum and Shifman 2017, Trammell 2014)[8]。インターネット上の言語的慣習が時に極めて複雑なものであり、それでいて明示もされておらず、それゆえ共同体の中で長い間過ごしてこそ習得できるものであるため、(9a)で述べたようにアイデンティティや、グループの一員としてのステータスを示す目的で利用できるという側面もある。

ただ、(9c)で述べたように、ユーザたちの言語使用に求められているのはただ単に慣習に従うことだけではない。おもしろく新規な投稿を行うことも要求される。言語的な慣習を破る投稿が辛辣な批判に晒されるのと同様に、慣習に従うだけで目新しさがない、ありきたりな投稿もまた辛辣な批判の的となる (Nissenbaum and Shifman 2017)。ユーザたちは言語的な慣習の範囲内で新規性を生むことを要求されているのである。

また、(9b)と(9c)からわかるのは、インターネット特有の表現の「正しい」使い方は明確な形で上から与えられているわけではなく、ユーザたちの実際の相互行為(どのように使われるか、どのような反応を受けるか)の中で暗黙の了解として決まっていくものだということである (Nissenbaum and Shifman 2017)。

「定型性」と「新規性」のバランスをうまく取らなければならないという圧力がインターネット社会における言語的イノベーションの伝播と変化に制約と淘汰圧を与えると考えるのは自然である。例えば、2–3節で分析した仮想相互行為のパターンは「定型性」と「新規性」の要求に比較的容易に応えることができるもので、その意味ではユーザたちにとって「無難」なものだといえる。ユーザたちは自身の感想や態度を仮想相互行為の形式で伝えるだけで、コミュニティーの成員としての、さらには上級のユーザとしてのステータスを示すことができる。仮想相互行為のパターンは形式的な慣習に従いやすく自由に新規な内容が作りやすいため、インターネット・ユーザにとって好都合のパターンだといえる。

3節で取り上げた様々なバリエーションも「定型性」と「新規性」のバランスで説明できる。ユーザたちは既存の慣習から大きく外れない範囲の中で新規な要素を取り入れなければならない。そこで、例えば自分自身を仮想相互行為に投入したり（3.2節）、あるいはある人物がその人物自身に反応する仮想相互行為（3.3節）を作ったりすることで、仮想相互行為の典型的なパターン（3.1節）を徐々に更新させていったと考えられる。既存のパターンを大まかには守りながらも新規な要素を取り入れていくこうした現象には、「定型性」と「新規性」の矛盾する要求に応えようとするユーザたちの姿が垣間見られる。

こうした分析は Spreadbury (2022b) で取り上げられている［〈命令文〉they said.〈評価〉they said］構文にも適用できる。まず、この構文について簡単に説明しておこう。この構文はブログや掲示板の投稿などのインターネット上のカジュアルなコミュニケーションに幅広く観察される。表面的には「彼ら」(they) の2つの発話を述べているだけの「発話報告」かのように見える。しかし、慣習的に伝わる意味としては、書き手は〈命令文〉スロットで表される行為に対して〈評価〉スロットで表される評価が当てはまらないことを主張していることになる。典型的な使い方は、書き手が勧められてその行為を行ってみた結果、その評価が間違っているように感じられたので、この構文を使って不満をもらす、というものである (Spreadbury 2022b)。(10) は一例である。比較的字義通りの和訳を付けたが「ちぇ！「楽しいよ」って言われてやったのに、楽しくなんかなかったじゃん！」などの意訳が可能だろう。

(10)　Go on the cable car they said, it will be fun they said. Yeah right. Never. Again. I could have died.
　　　「ロープウェイに乗れ」と奴らは言った。「楽しいよ」と奴らは言った。嘘つけ。二度と乗らないぞ。死ぬところだった。

(Spreadbury 2022b: 138)

この構文が使われ始めた当初は、(10) に見られる［〈命令文〉they said. It

will be fun they said] という形式が一般的であったが、後に (11) のように fun 以外の形容詞、そして (12) のように形容詞単体で表せない評価も用いられるように徐々に変化していった (Spreadbury 2022b)。

(11) "Make a snail brain/nerve-cluster for your snails," they said. "It'll be easy", they said.
「カタツムリのための脳・神経クラスターを作れ」と奴らは言った。「簡単だよ」と奴らは言った。

(吉川・中村・Spreadbury・堀内・土屋 2023: 251)

(12) "Go on the fucking trip, they said. It would be a good stress reliever, they said..." Baihu muttered bitterly.
「「旅に行け」って奴らは言った。「ストレス解消になるから」って奴らは言った…」とバイフーは不機嫌につぶやいた。

(Spreadbury 2022b: 147)

Spreadbury (2022b) は「一般化」などヒトの一般的な認知能力と実際の言語経験を重視する使用基盤モデルの観点から、このパターンが慣習化され、言語使用者の言語知識に定着する過程を考察した。インターネット・ユーザは実際の言語経験においてこのパターンに触れる中で、複数の言語経験の共通項を抽出し、より一般的なスキーマを習得する。構文の慣習的な「皮肉」の意味合いはそうした一般化の結果である。この構文に最初に触れる言語使用者は慣習的な意味を知らず、明示的に表現されていない「皮肉」の意味合いは含意として計算するほかないだろう。しかし、その後また（何度も）この構文に触れる中で、そうした「皮肉」の意味合いが共通していることに（少なくとも無意識のレベルでは）気づき、言語使用者の言語知識の中で「皮肉」の意味合いが構文の慣習的な意味の中に含まれるようになっていくと考えられる。

しかし、英語圏のインターネット文化の特徴を考慮すれば、上記の「認知的な」分析に「社会的な」分析を加えることができる。この構文はどうして

インターネット・ユーザに幅広く受け入れられたのか。そして、なぜ(10)−(12)のような漸進的な拡張が見られたのか。これには、「定型性」と「新規性」の両方を重視する英語圏のインターネット文化が背景にあると考えられる。まず、(10)に見られる初期の頃のパターンはインターネット・ユーザにとって応用しやすい定型的なパターンだったはずである。単に〈命令文〉のスロットを自由に埋めることで流行りのインターネット特有の表現を使いこなせていることになるからである。慣習的な形式を間違えて他のユーザに厳しく批判される可能性が少なく、流行りがわかる上級のインターネット・ユーザとしての自らのアイデンティティを簡単に演じることができたわけである。

　しかし、このようなお手軽な用法に早々に飽きてしまい、新規性を求めるのもインターネット文化の特徴である。新規性のないありきたりな使い方もまた厳しい批判にさらされるのである。(10)−(12)の形式的な拡張はこうした「定型性」と「新規性」の葛藤を考慮すれば説明がつく。ユーザたちが(例えば fun と決まっていたところを他の形容詞に変えることで)決まっていた形式を概ね守りながら新規な要素を取り入れていく中で、慣習的とされている範囲それ自体が拡張していったと見ることができる。「定型性」の範囲内で「新規性」を求めるユーザたちの行動が構文変化の要因となったわけである。そして、そのユーザたちのそうした行動の背景には、「定型性」を守りながら「新規性」を求め、違反者を厳しく批判する英語圏のインターネット文化がある。共同体の構造と価値観が構文の伝播と変化に影響を及ぼしていたのである。

5.　結語

　本稿は YouTube のコメント欄で頻繁に用いられる仮想相互行為のパターンに注目し、その機能と広がり、そして変化について考察した。実際には起こっていないやり取りを想像させる点において、仮想相互行為は根本的に心理的・想像的な現象である。こうした特殊な想像的パフォーマンスには頭を使わせたり臨場感を与えたりする効果があり、このパターンが使われる理由

の1つになっている。

　また、YouTube のコメント欄における仮想相互行為のパターンには、読み手も理解できるであろう間テクスト的な言及を通して共通の基盤を固めるという社会的な側面もあり、空間的にも時間的にも隔たりのあるユーザたちの間でコミュニティー所属意識を作り出すのに貢献している。心理的な効果と社会的な効果の両方に言及しないことには、このパターンが使われる理由を包括的に説明できないのである。

　仮想相互行為パターンの伝播と変化（なぜユーザ間で広まり、様々なバリエーションが生まれたか）についても、認知と社会の両面から考察した。もちろん、使用基盤の認知的なメカニズムはここでも働いている。ユーザたちは実際に仮想相互行為のパターンを経験する中で、一般化を行い高頻度のパターンに気づくことで、3節で確認したような具体的な用法を言語知識に定着させていく。

　なぜ（インターネット上の新規表現のうち定着せずに廃れてしまうものが数多く存在する中で）このパターンが幅広く受け入れられたのか。この問題ついては英語圏のインターネット社会の特殊な文化を考慮することで説明を試みた。インターネット社会は言語的にかなり保守的な側面がある。インターネット・ユーザとしてのアイデンティティが言語的な慣習の遵守と強固に結びついており、慣習を守らないユーザは辛辣な批判を浴びる。同時に、表現のイノベーションを要求する側面もあり、ありきたりで創造性に欠けた投稿も同様に辛辣な批判の対象となる。このようにインターネット・ユーザは許される範囲の中で新規性を生み出し「定型性」と「新規性」のバランスを取ることが求められているのである。

　本稿では、英語圏のインターネット社会のこうした文化的な特徴を考慮して、仮想相互行為のパターンが流行ったのは偶然ではなく、ユーザたちにとって好都合のパターンだからだと主張した。このパターンの形式的な慣習は守りやすく、様々な感想や態度を伝えることができる。慣習を守りながら新規でおもしろい内容を表現し、自らの上級インターネット・ユーザとしてのステータスを示すことができる。リスクが低くリワードが高いこのパターンがインターネットで幅広く使用されるようになったのは不思議なことではな

い。

　また、3 節で見た様々な下位スキーマについても、「定型性」と「新規性」のバランスを取らなければならない英語圏のインターネット文化を考慮に入れることで説明できることを主張した。決まったパターン（脚本であるかのような形式の二者間の仮想相互行為）から大きく外れることなく新規性を吹き込む必要があるからこそ、投稿者自身（私）が登場する仮想相互行為のパターン（3.2 節）や同じ人物が 2 回現れる仮想相互行為のパターン（3.3 節）が出来上がったと考えるのは自然である。このように表現の機能と広がり、変化について分析する際に、認知と社会の両面から見ないことには説明できない側面があり、包括的な説明のためにはこうした視野の広い考察が必要である。

謝辞

本稿の内容に貴重なコメントを下さり、日本語をチェックしてくださった平沢慎也氏に感謝申し上げる。また、本研究に取り組む中で多くの助言と示唆を下さった中村文紀氏、細谷諒太氏に感謝の意を表する。

注

1　使用基盤のアプローチにおいて言語経験を広く捉え、社会的・文脈的な側面を考慮に入れることが必要であることは、Langacker がかねてから主張していることである（1987: 62–63; 2001）。

2　本稿では YouTube のコメント欄での使用に限って分析するが、類似したパターンは Twitter（現 X）でも報告されている（Vandelanotte 2020, 2021）。また、筆者の経験では巨大掲示板 Reddit でも観察している。英語圏のインターネットで幅広く受け入れられている表現パターンのようである。

3　現実にはそのようなことが起こっていないにもかかわらず、起こっているかのように捉えて表現している点において仮想相互行為は「仮想移動（fictive motion）」や「仮想変化（fictive change）」（Langacker 2008: 528–530）など他の「仮想」現象と共通する。

4　我々は目の前にあるテクストを他のテクストとの関連の中で捉え、その意味を解釈する。古典的な研究としては Bakhtin（1986）、Kristeva（1986）を参照されたい。

間テクスト性の概念を用いて政治的ユーモアを分析している Tsakona (2018) の研究も興味深く、本稿との親和性が高い。

5 英語圏のインターネットでは何かに挑戦する際に「hold my beer」(私のビールを持ってくれ)というスラングが見受けられる。(2) の「hold my bicycle!」はこれをもじったものであるため、和訳は「やってみようか！」とした。

6 (3) の Tom Scott の内容が引用符ではなくアスタリスクで囲まれているのは、セリフではなく動作であることを示すためである。動作をセリフから区別する際に英語圏のインターネットでよく見受けられる手法だ。つまり、(3) で描写されている仮想相互行為の中では Tom Scott は「冷や汗」と言っているのではなく、冷や汗を出しているわけである。

7 英語圏のインターネット社会を観察した文献を中心に考察を進めているため、ここでは慎重に「英語圏」と断った。しかし、同様の傾向が他の言語圏にも見られる可能性が高く、「英語圏に限ったことである」と主張したいわけではない。

8 投稿を控えるように促す際に頻繁に用いられる表現は「lurk moar」(Bernstein et al. 2011, Nissenbaum and Shifman 2017) であり、日本語のインターネット・スラングの「半年 ROM れ」に相当するものであるといえる。

参考文献

Adami, Elisabetta. (2012) The Rhetoric of the Implicit and the Politics of Representation in the Age of Copy-and-paste. *Learning, Media and Technology* 37(2): pp.131–144.

Bakhtin, Mikhail M. (1986) Toward a Methodology for the Human Sciences. In Caryl Emerson and Michael Holquist. (eds.) *Speech Genres and Other Late Essays*, pp.159–172. Austin: University of Texas Press.

Bernstein, Michael S., Andrés Monroy-Hernández, Drew Harry, Paul André, Katrina Panovich, and Greg Vargas. (2011) 4chan and /b/: An analysis of anonymity and ephemerality in a large online community. *Proceedings of the International AAAI Conference on Web and Social Media* 5(1): pp.50–57.

Bybee, Joan. (2006) From Usage to Grammar: The mind's response to repetition. *Language* 82(4): pp.711–733.

Dancygier, Barbara and Lieven Vandelanotte. (2017) Internet Memes as Multimodal Constructions. *Cognitive Linguistics* 28(3): pp.565–598.

Goldberg, Adele E. (2006) *Constructions at Work: The nature of generalizations in language.* Oxford: Oxford University Press.

Kristeva, Julia. (1986) Word, Dialog and Novel. In Toril Moi. (ed.) *The Kristeva Reader*, pp.34–61. New York: Columbia University Press.

Langacker, Ronald W.（1987）*Foundations of Cognitive Grammar*（Vol. 1）: *Theoretical pre-requisites*. Stanford: Stanford University Press.

Langacker, Ronald W.（2001）Discourse in Cognitive Grammar. *Cognitive Linguistics* 12（2）: pp.143–188.

Langacker, Ronald W.（2008）*Cognitive Grammar: A basic introduction*. New York: Oxford University Press.

McCulloch, Gretchen.（2019）*Because Internet: Understanding how language is changing*. London: Harvill Secker.

Milner, Ryan M.（2013）Media Lingua Franca: Fixity, novelty, and vernacular creativity in internet memes. *AoIR Selected Papers of Internet Research* 3.

Miltner, Kate M.（2014）"There's no place for lulz on LOLCats": The role of genre, gender, and group identity in the interpretation and enjoyment of an Internet meme. *First Monday* 19（8）.

Nissenbaum, Asaf and Limor Shifman.（2017）Internet Memes as Contested Cultural Capital: The case of 4chan's /b/ board. *New Media & Society* 19（4）: pp.483–501.

Norrick, Neal R.（1989）Intertextuality in Humor. *Humor* 2（2）: pp.117–139.

Pascual, Esther.（2014）*Fictive Interaction: The conversation frame in thought, language and discourse*. Amsterdam: John Benjamins.

Peeters, Stijn, Marc Tuters, Tom Willaert, and Daniël de Zeeuw.（2021）On the Vernacular Language Games of an Antagonistic Online Subculture. *Frontiers in Big Data* 4（718368）.

Shifman, Limor.（2014）*Memes in Digital Culture*. Cambridge: MIT Press.

Spreadbury, Ash L.（2022a）Fictive Interaction in Humorous YouTube Comments. *The Gei-bun-Kenkyu: Journal of Arts and Letters* 122: pp.27–40.

Spreadbury, Ash L.（2022b）*X they said Y they said* as a Sarcastic Multi-sentential Construc-tion. In Masa-aki Yamanashi.（ed.）*Studies in Cognitive Linguistics No. 16*, pp.137–166. Tokyo: Hituzi Syobo.

Tannen, Deborah.（2007）*Talking Voices: Repetition, dialogue, and imagery in conversational discourse*（second edition）. Cambridge: Cambridge University Press.

Trammell, Matthew.（2014）User Investment and Behavior Policing on 4chan. *First Mon-day* 19（2）.

Tsakona, Villy.（2018）Intertextuality and/in Political Jokes. *Lingua* 203: pp.1–15.

Tsakona, Villy.（2020）Tracing the Trajectories of Contemporary Online Joking. *Media Lin-*

guistics 7(2): pp.169–183.

Vandelanotte, Lieven. (2020)(Non-)quoting and Subjectivity in Online Discourse. *E-rea* 17(2).

Vandelanotte, Lieven. (2021) Creative Constructs, Constructions, and Frames in Internet Discourse. *Constructions and Frames* 13(1): pp.160–191.

吉川正人・中村文紀・Ash Spreadbury・堀内ふみ野・土屋智行(2023)「認知と社会のダイナミズム―創発・伝播・規範から読み解く言語現象の諸相―」『社会言語科学会第 47 回大会発表論文集』pp.247–256. 社会言語科学会

Zappavigna, Michele. (2011) Ambient Affiliation: A Linguistic Perspective on Twitter. *New Media & Society* 13(5): pp.788–806.

「打ちことば」の連体修飾構造に見る
モード依存の構文化*

堀内ふみ野・土屋智行・中山俊秀

1. はじめに

　本稿では、インターネット上の「打ちことば」(田中 2014)に見られる非標準的な句読法(Houghton, Upadhyay, and Klin 2018)を手がかりに、伝統的な書き言葉の規範から逸脱した表現が創発し、伝播する動機づけを探る。「打ちことば」は、メール・ブログ・SNS(Social Networking Service)のようなインターネットを介したコミュニケーションにおいて、キーボードなどを「打つ」ことによって視覚化されたことば(田中 2014: 37)と定義され、現代の言語使用の中で非常に大きな割合を占めている。本稿で分析対象とするのは、日本語の「打ちことば」に見られる、(1)のような [X、な N(名詞)] の連体修飾構造である。本稿における出典表記のない例文は、Sketch Engine (Kilgarriff et al. 2004)の Japanese Web Corpus 2011(以降、jaTenTen11)から収集した、インターネット上の実例である。

(1)a.　カニは食べられるけど、剥いてまで食べたくないのでカニ缶で<u>十分</u>、<u>なタイプ</u>です。

　　b.　ただ、効果は<u>てきめん</u>、<u>な気</u>がしました。

　　c.　人気戦国武将ゲームやドラマも大きく動き出し、まだまだ人気はと

どまることを知りません！何より、好きな人はブームであろうがなかろうがずっと好き、なジャンル。

　読点は通常、統語的な切れ目や息継ぎに対応した位置に挿入されたりするとされるが（斎賀 1959）、(1) の下線部の読点は形態的にひとまとまりであるはずの「十分な」「てきめんな」「好きな」の間に挿入されているように見える点で逸脱的であり、非標準的な句読法の事例と考えられる。

　本稿では、こうした非標準的な句読法を手がかりに、伝統的な書き言葉の規範から逸脱した表現が創発し、伝播する動機づけを探っていく。逸脱表現は、一見すると個人の使用上のエラーや偶発的に生じたその場限りの形式のようでもあり、体系性のない雑多なものと思えるかもしれない。理想の話者を想定し、言語知識や文法構造におけるバリエーション（個人差やジャンル差）を捨象し、文法を静的で内的に整合がとれた規則体系と捉えるような「理想化された言語」を前提とした言語観に基づくならば、例外的・周辺的事象に見える逸脱表現は、そもそも文法研究の考察対象にはなりづらいものだろう。しかし、実際の言語使用に目を向けると、伝統的な書きことばの規範からは逸脱していながらも、一定の形式的・機能的特徴を持ち、安定的なパターンで用いられる構造が多く観察される。そうした逸脱的なパターンが、なぜ、どのように生じたのか分析することは、文法構造がコミュニケーションの文脈の影響を受けながら創発し、使用の中で形を変えながら伝播していくプロセスを解明することにつながり、それは、使用基盤(usage-based)の文法研究の深化に貢献しうるだろう。本稿では、「打ちことば」における逸脱表現の分析を通して、「理想化された言語」の前提からは見えてこない、言語使用の中で揺らぎながら形作られていく動的体系としての文法システムの実態を捉えることを目指す。

　以降の構成は次のとおりである。まず、2 節で分析の背景を述べ、本稿で扱うデータと調査方法を示す。3 節では調査結果を示し、「打ちことば」に見られる連体修飾構造 [X、な N] の特性を分析する。4 節では、[X、な N] の形成と伝播の背景を考察し、5 節でまとめと今後の展望を述べる。

2. 分析の背景と扱うデータ

2.1 「打ちことば」に着目した文法研究の有効性

　日本語の「打ちことば」については、日本語学の分野で多数の研究の蓄積がある。例えば、携帯メールやLINEにおける絵文字やスタンプといった視覚的要素の機能に関する研究（三宅 2005; 加納他 2017 等；岡本・服部 2017）、「エセ方言」や「ヴァーチャル方言」での自己装い性の研究（三宅 2018; 田中 2018 等）、X（旧 Twitter）に基づく新語や言語変化の研究（岡田 2013; 菊地 2021 等）などが行われ、発展してきた。一方で、落合（2021）が指摘するように、従来は絵文字やスタンプなど「打ちことば」に固有の特殊な表記や表現に注目が集まる傾向があり、話しことばや書きことばにも見られる普遍的な文法要素の研究は相対的に少ない。分析の観点としても、語用論的機能や社会的・対人的配慮の観点からの研究は進んでいる一方、文法研究において「打ちことば」はいまだ主要な観察・分析対象とはなっていないように思われる。

　しかしながら、使用基盤の文法研究を進める上で、「打ちことば」は非常に有用なデータを提供してくれる可能性をもつ。使用基盤のアプローチでは、言語使用の中で、コミュニケーションの文脈に依拠して文法構造（構文的なパターン）が組織化されると考える（Bybee 2006、2010 等）。「打ちことば」は、現代の言語使用の中で大きな割合を占めるモードであり、また、規範的な書きことばに比べて創造的・逸脱的な言語使用が起こりやすく、変化に富む。さらに、話しことばに比べると文字になっているため可視性や保存性が高く、創造的・逸脱的表現が多くの人の目に触れ、伝播しやすいと考えられる（Yus 2011; McCulloch 2019 等）。こうした特性から、「打ちことば」においては言語変化の実態と動機づけを文脈の情報とともにリアルタイムで観察することが可能であり、「打ちことば」は使用基盤の文法研究にも適したモードと言えるだろう。本稿では、「打ちことば」を文法的な側面から観察し、具体的な使用文脈やコミュニケーション上の要因がいかにして新たな文法構造の組織化に寄与しているかを探る。

2.2 文法研究と読点

まず、今回の分析で特に注目する要素である、読点の文法研究上の位置付けを整理しておきたい。文法研究において句読法は、文法構造システムの作りに関係するものではなく、書き手の文体に依拠する周辺的な要素と捉えられる傾向にあり、用法の記述も一部の文法書や学習指導書に限られてきた（柴﨑 2019: 144）。日本語の読点は一般に息継ぎの位置や統語的な切れ目に挿入されるとされているが、打ち方に客観的な基準はなく、書き手ごとの個人差も大きいとされている（斎賀 1959: 258–259;『新版日本語教育事典』2005: 379）。こうした背景もあってか、語彙的要素でも文法的要素でもない読点は、文法システムの本来的な構成要素としては捉えられず、文法研究において踏み込んだ考察の対象にならない傾向にあった。

しかし、ソーシャル・メディアでの読点の使用を観察してみると、話しことばにおける息継ぎとも形態統語的な切れ目とも単純には対応しないような読点が見られる。その一例として、Horiuchi and Nakayama（2023）が分析した、［X、だけどね］の事例が挙げられる[1]。

（2）a.　わんだほーさん可愛いしイケメンだと思うん、だけどね。

（Horiuchi and Nakayama 2023: 154）

　　　b.　自分で言うには、ちょっと言いづらいん、だけどね。　　　（ibid.）

下線部の読点は、通常の息継ぎ位置とも形態統語的な切れ目とも対応しない位置に挿入されている点で逸脱的だが、ソーシャル・メディアでは一定の頻度で観察される形式となっており、「、だけどね」が、読点も含む形で、ためらいや言い淀みを表す文末のモダリティ表現として使われている。こうした、規範とは異なる読点の使用が「打ちことば」の中では一定のパターンとして観察され、かつ、読点をも含む形での構文化が起きている。このように、読点は「打ちことば」内で独自に形成されつつある構文の構成要素（意味の違いに寄与する形式の一部）となっている可能性があり、文法感覚の変化や構文化の動機づけを探る手がかりになると考えられる。

2.3 データと調査方法

本稿では、読点を含めて構文化した事例の1つとして、(1)のような［X、な N］の連体修飾構造の特徴を分析する。インターネットの実例を扱うため、jaTenTen11 から収集した「、な N」の事例(全 18,424 例)[2]を対象に、［X、な N］のプロトタイプ(高頻度で生じるパターン)の特徴を(i)X の構造、(ii) N の種類、(iii)後続要素という 3 つの観点から記述する。その際、より規範的な連体修飾構造である、読点が入らない［X な N］の事例も jaTenTen11 から 10,000,000 例抽出し、そのプロトタイプとも比較する。

3. ［X、な N］の構造的特徴

3.1 X の構造(読点直前の要素)

まず、［X、な N］の X にどのような文法的構造が生起しやすいかを探るため、Sketch Engine で「、な N」直前に生起する要素の品詞を調査した。高頻度であった品詞を表1に示す。「d. 割合」は、分析対象データ 18,424 例の中で、当該の品詞が「、な N」直前に生起していた割合である。

表1 ［X、な N］の読点直前の要素

a. 順位	b. 品詞	c. 頻度	d. 割合
1	終助詞	2,207	12.0%
2	普通名詞	2,155	11.7%
3	助動詞	1,851	10.0%
4	接続助詞	1,381	7.5%
5	係助詞	1,121	6.1%

この表のとおり、読点直前には終助詞が生起する頻度が最も高かった(2,207 例、12.0%)。(3)がその具体例である。読点直前には「ぞー」「なぁ」「よ」といった終助詞が生起し、X 全体の構造は、終助詞で終わる発話的な構造となっている(終助詞と「、な N」の部分に下線を付した)。

162　Part 2　新規表現・逸脱表現からのアプローチ

（3）a.　さー、今年は教養委員だから、バザーで焼きソバ焼く<u>ぞー、な感じ</u>
です

　　　b.　ファンとしては、何だか勿体ないな<u>ぁ、な感じ</u>がする。

　　　c.　そもそもエルレって何<u>よ、なレベル</u>なのでパクリとかコピーとか正
直どうでもいい＾＾

ここで見られる構造は、直接会話修飾節（メイナード 2008）と呼ばれるもの
である。直接会話修飾節は、発話の構造を持つ表現をそのまま引用し、連体
修飾の修飾部に置くことで、臨場感を伝える効果があるとされている。これ
に基づくと、[X、な N] の典型例は、X が発話を引用したような構造を取り、
話者の感覚を瑞々しく伝える事例であると言えるだろう[3]。

　次に、表 1 で 2 番目に高頻度だった、[X、な N] の読点直前に普通名詞
が生起する事例を見てみたい（2,155 例、11.7%）。具体例を観察すると、（4a）
のように X が単一の名詞である事例はわずか 38 例で[4]、（4b）のように、X
は複数の語が連結した比較的長い構造になる傾向が見られた。

（4）a.　ツーリング、な雰囲気だ。

　　　b.　ゴスペル歌ったら右に出る者ナシ、な強者。

(4b) では、読点直前の名詞である「ナシ」が「ゴスペル歌ったら右に出る者
ナシ」の述語として機能しており、[X、な N] の X 全体は「ナシ」で終わ
る体言止め発話のような構造となっている。

　以上をまとめると、読点を含む [X、な N] の X には、動詞や形容詞など
の述語を伴った形式（直接会話修飾節）であれ、体言止めの形式であれ、何ら
かの発話引用的な表現が生起する傾向があるといえる。一方、読点を含まな
い [X な N] では、「な」の直前が形容動詞語幹になる事例が最も多かった
（e.g. <u>大切</u>な物、<u>素敵</u>な人）。つまり、[X な N] の規範的構造では「X な」
の部分が形容動詞としてのまとまりを成し、「な」は連体活用語尾として生
起している。これに対し、[X、な N] の X は典型的には発話引用の表現で、
「な」とは形態統語的には直接接続しえない。そうした、構造的に不連続な

Xと「な」との間に読点が挿入されていることが見て取れる。

3.2　Nの種類

　次に、[X、な N]の主要部 N に生起しやすい名詞の種類を調査した結果を示す。表 2 は、高頻度の名詞上位 5 語を並べたものである[5]。

表 2　[X、な N]（読点あり）に生起する N の種類

a.　順位	b.　単語	c.　頻度	d.　割合
1	感じ	1,943	10.5%
2	訳	1,155	6.3%
3	事	364	2.0%
4	気	359	1.9%
5	人	344	1.9%

[X、な N]の N に最も高頻度で生起するのは「感じ」（1,943 例）、次が「訳」（1,155 例）であった。「感じ」だけで全体の 10.5% という大きな割合を占め、この構造は話者の感覚を表すモダリティ表現として使われやすいことが窺える[6]。前述の(3a, b)や以下の(5)がその事例である。

（5）　かっこいい彼氏できて、葵ちゃん良かったね、な感じ。

一方、読点なしの[X な N]の N の分布も調査したところ、「感じ」が生起する割合はわずか 2.0% にとどまっていた。表 3 のとおり、[X な N]の N は、話者の主観的な感覚を表す名詞ではなく、より客観的な意味をもつ「物」「事」の頻度が高かった（2 語で 8.6%）。

164　Part 2　新規表現・逸脱表現からのアプローチ

表 3　［X な N］（読点なし）に生起する N の種類

a.　順位	b.　単語	c.　頻度	d.　割合
1	物	443,166	4.4%
2	事	418,106	4.2%
3	感じ	195,301	2.0%
4	気	173,896	1.7%
5	人	167,537	1.7%

読点なしの構造との対比からも、［X、な N］には、客観的な事物の描写というより、話者の感覚を表す表現として使われる傾向が見られる。

3.3　後続要素

次に、［X、な N］全体がどのような位置や構造的環境の中で生起するのか観察するため、［X、な N］の後続要素を調査した。直後に生起する要素としては、表 4 のとおり、「で」「が」「です」「。」「の」が高頻度であった。

表 4　［X、な N］（読点あり）の後続要素（1 要素）

a.　順位	b.　後続要素	c.　頻度	d.　割合
1	で	1,599	8.7%
2	が	1,533	8.3%
3	です	1,320	7.2%
4	。	1,221	6.6%
5	の	1,056	5.7%

比較として、読点なしの［X な N］の後続要素の調査結果を表 5 に示す。

「打ちことば」の連体修飾構造に見るモード依存の構文化　165

表5　［X な N］（読点なし）の後続要素（1 要素）

a.　順位	b.　後続要素	c.　頻度	d.　割合
1	を	1,330,737	13.3%
2	が	1,076,277	10.8%
3	で	804,900	8.0%
4	に	797,173	8.0%
5	の	718,737	7.2%

表5のとおり、読点なしの［X な N］の直後に高頻度で生起するのは、「を」「が」等の格助詞であった。特に「を」の割合が大きく、全体の13.3%を占める（e.g.「素敵な人を見た」）。これに対して、読点ありの［X、な N］の直後には、表4のとおり、格助詞「を」よりもコピュラ「です」や文末記号「。」が生起しやすい。2位に格助詞「が」があるものの、用例を見ると大部分が「X、な{感じ／気}がする」といった定型表現内での使用であった。

　さらに範囲を広げ、後続する2要素を調査した結果が表6である。

表6　［X、な N］（読点あり）の後続要素（2 要素）

a.　順位	b.　後続要素	c.　頻度	d.　割合
1	です。	626	3.4%
2	でした	373	2.0%
3	だった	303	1.6%
4	なの	242	1.3%
5	ですが	237	1.3%

特に上位3つの「です。」「でした」「だった」が全体に占める割合が大きく（計7.0%）、［X、な N{です。／でした／だった}］という構成要素の連結が一般化しつつあることが見てとれる。4位、5位の2つの表現「なの」「ですが」も含めると、全体の9.6%を占めていた。

　後続要素の調査結果から、［X な N］に比べ、［X、な N］の N は格助詞を伴って主語や目的語として生起する割合が低い、つまり項としては機能し

166　Part 2　新規表現・逸脱表現からのアプローチ

づらい一方で、「です」「でした」のようなコピュラ、あるいは句点を伴い、文末表現の一部として（または「{感じ / 気} がする」等の定型表現で）生起しやすい。補足的に、表 2 で高頻度だった名詞を対象として [X、な {感じ / 訳 / 事 / 気 / 人}] の右 10 字以内に文末要素が生起する事例数を調査したところ、4,335 例中 2,977 例（68.7%）が該当した[7]。一方、読点なしの [X な {感じ / 訳 / 事 / 気 / 人}] を 4,400 例抽出して同様の調査をしたところ、該当したのは 2,214 例（50.3%）で、読点ありの構文のほうが文末近くに生起しやすいという偏りが見られた（カイ二乗検定結果：$\chi^2=304.37$、df=1、$p<.01$）。3.2 節の結果と併せて考えると、[X、な N] の読点以降は、命題内容の伝達に寄与するというより、文末のモダリティ表現として機能する傾向があると言えるだろう。（6）を見てみよう。

（6）　訴訟される可能性は無きにしもあらず、な気がします。

この例では、[X、な N] の X にあたる「訴訟される可能性は無きにしもあらず」だけで命題内容は伝わるが、「、な気がします」の部分が話者の心的態度を表すヘッジ表現となり、断定を回避する役割を担う。この機能は、[X、な N] の N に話者の感覚を表す名詞が生起しやすいこととも相関があると思われる。構造的に見ると、[X、な N] の統語的な主要部は N だが、実際の [X、な N] の使用において「、な N」以降は文末モダリティ表現として機能しており、修飾部 X のほうがむしろ、新情報を伝える意味的な主要部になっている。これは、読点なしの [X な N] の N は格助詞を伴って項として機能しやすいことと対照的であり、[X、な N] の興味深い特徴である。

3.4　調査結果のまとめ

　[X、な N] のプロトタイプを [X な N] との比較からまとめる。

「打ちことば」の連体修飾構造に見るモード依存の構文化　167

表7　［X、な N］と［X な N］のプロトタイプの違い

	［X、な N］	［X な N］
事例	「バザーで焼きソバ焼くぞー、な感じです。」	「大切な物を失ってしまう」
Xの構造	発話構造を持った表現	形容動詞語幹
Nの種類	「感じ」	「物」、「事」
後続要素	コピュラ、文末表現	格助詞

　［X、な N］は、Xの構造、Nの種類、後続要素いずれの面でも［X な N］には見られない特徴を持つ。このことから、［X な N］とは異なる独自の機能を持つ構文として用いられていると言えるだろう。この対比の中で、［X、な N］の読点はランダムに生起しているのではなく、この2つの構文を分ける重要な役割を負っている。3.1節で触れたように、［X な N］では「X な」の部分が「大切な」「素敵な」といった形容動詞としてのまとまりを成す一方、［X、な N］ではXが構造的には「な N」に直接つながらない表現になりやすく、その構造的な不連続性が読点の使用を誘引している可能性がある。さらに、「な」の機能という観点から見ると、［X な N］では活用語尾として形容動詞を後続の名詞に関連づけていた「な」が、［X、な N］では、「みたいな」「っていう」などと類似した例示・引用の標識として、先行する発話表現を名詞に関連づける役割を担っている。このように、読点の有無は「な」の機能拡張とも関わっていることが見て取れ、形容動詞活用語尾の「な」との違いを明確に示すため読点が使われているとも考えられる。読点挿入の要因を一義的に決めることはできないが、読点が、2つの構造パターンを区別する重要な形式要素として機能していることは明らかである。文法研究において周辺的扱いであった読点も、「打ちことば」においては、構文の主要な構成要素、つまりは独自の意味・機能と結びついた形式の一部となっていることがわかる。

4. ［X、な N］構文の形成と伝播の背景

　3 節の調査結果を踏まえ、本節では、読点を含んで構文化した［X、な N］の構造が言語使用の中から立ち現れ、一定の頻度で用いられるようになった背景を、使用基盤のアプローチから考察したい。

4.1　既存の構造パターンに基づく拡張

　構文形成の背景としてまず考えられるのは、関連構文に基づく拡張である。言語使用の積み重ねに新たな言語パターン創発の原点を求めようとする使用基盤アプローチに沿って考察してみると、日々の言語使用経験の中に、［X、な N］のような新構造が形成され、頻繁に使われるに至った基盤があるのではないかと思われる。その基盤の 1 つと考えられるのが、3.4 節でも触れた［＜発話表現＞{みたいな / 的な / って / っていう}N］などの形式的・機能的に類似した構文の存在である。例えば以下のように、発話的表現を例示・引用の標識を挟んで名詞句の修飾部に置く表現は多く観察される。

（7）a.　知らないよ、みたいな反応だった。

　　　b.　よかったねー的なこと言われたのは覚えてる。

　　　c.　悪かったなっていう感じ。

高頻度で生じる既存の構造パターンが支えとして働き、何らかの類似性を持った新しい構文が形成されていく事例は、言語使用の中で多く観察される（Bybee 2010; Nakayama and Horiuchi 2021）。［X、な N］においても、より一般的で、形式的・機能的に類似した構文に後押しされることで、名詞の修飾部に発話表現が生起する構造パターンが許容されやすくなり、［X、な N］が構文として成立しえたのではないか。つまり、（7）のような類似表現の使用経験が積み重なることで、次第に発話表現を修飾部に置く違和感が緩和され、それが［＜発話表現＞、な N］という構造を許容する素地として働き、［X、な N］の構文化につながったのではないかと考えられる。

　ここで改めて（1）の事例を振り返りたい。以下は（1）の再掲であり、［X、

な N］の構造と解釈できる箇所に下線を引いている。

（8）a. <u>カニは食べられるけど、剥いてまで食べたくないのでカニ缶で十分、なタイプ</u>です。（=1a）

　　 b. ただ、<u>効果はてきめん、な気</u>がしました。（=1b）

　　 c. 何より、<u>好きな人はブームであろうがなかろうがずっと好き、なジャンル</u>。（=1c（一部抜粋））

　これらは、読点の直前・直後だけに注目すると「十分な」「てきめんな」等の形容動詞語幹と活用語尾「な」の間に読点が入っており、上に示した［＜発話表現＞、な N］とは一見異なるものであるように見える。しかしながら、注意深く見てみると、これらは単に形容動詞語幹と活用語尾の間に読点が挿入されたというより、「〜剥いてまで食べたくないのでカニ缶で十分（だ）」「効果はてきめん（だ）」のように、「十分（だ）」「てきめん（だ）」等が述部となる発話表現と「な」との間に読点が挿入された事例と捉えられそうである。例えば(8c)の「好きな人はブームであろうがなかろうがずっと好き、なジャンル」は、読点なしの「好きな人はブームであろうがなかろうがずっと好きなジャンル」に比べ、「好きな人はブームであろうがなかろうがずっと好き」の部分が発話表現としてのまとまりを持ち、体言止めの表現にも似た瑞々しさを帯びているように感じられる。こうしたことから、(8)のような事例も、［＜形容動詞語幹で終わる発話＞、な N］という、［＜発話表現＞、な N］の下位構文の事例として理解すべきであることが窺える。［X、な N］のプロトタイプ的事例である［＜終助詞で終わる発話＞、な N］や［＜体言止め発話＞、な N］に支えられて成立していると思われる［＜発話表現＞、な N］の構文スキーマが、(8)のような用法の背景に存在していると考えられるだろう。

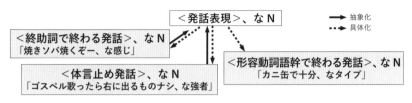

図1 ［＜発話表現＞、なN］の構文スキーマとプロトタイプからの拡張

　これを受け手の視点から見ると、「カニ缶で十分、なタイプ」の［十分＋な］は、［形容動詞語幹「十分」＋活用語尾「な」］として解釈できそうに思われるところではあるが、読点の存在によって［＜発話表現＞、なN］という構文スキーマが想起され、Xに相当する部分が、形容動詞語幹のみならずその先行部も含んだ発話表現として解釈しやすくなる。このように、「十分、な」「てきめん、な」という部分のみに着目すると逸脱的に見える読点も、［＜発話表現＞、なN］というスキーマを仮定すると、この用法が生じる背景や、この表現形式をとる解釈上の効果が自然なものとして捉えられるだろう。

4.2　コミュニケーション環境の特性に基づく伝播

　さらに、［X、なN］構文が特に「打ちことば」の環境で広まった背景を、「打ちことば」におけるコミュニケーションの特性から考えてみたい。3.1節のとおり、［X、なN］のXには終助詞で終わる発話表現が生起しやすいことから、この構文は、発話の引用的再現によって臨場感を創出する効果をもつと考えられる。ソーシャル・メディアをはじめとした「打ちことば」のコミュニケーションでは、単に客観的な情報を伝達するだけではなく、個人的でリアルな感覚を含めて情報を伝えることで共感を誘ったり、発信者個人が支持を得たり、インパクトがある表現で投稿を印象付けたりする効果が期待されやすい。「打ちことば」では声や表情による感情伝達ができない代わりにテキストで臨場感を出す工夫がされやすく（Yus 2011）、［X、なN］もそうした効果を演出しやすい構文の1つであると考えられる。

　一方で、発話の引用的再現は(9b)のように引用標識「っていう」を用いたり、(9c)のように鉤括弧を用いたりする方法でも可能である。

（9）a.　ファンとしては、何だか勿体ないなぁ、な感じがする。（=3b）

　　　b.　ファンとしては、何だか勿体ないなぁっていう感じがする。

　　　c.　ファンとしては、「何だか勿体ないなぁ」って感じがする。

しかし、この中で(9a)は、視覚的にも操作的にも最も簡潔である。(9b)だと文字数が多く、また、「何だか勿体ないなぁ」の後に区切りがないためこの部分だけが一見して目に入ることがなく、インパクトが弱い。一方で、より一般的な(9c)が存在するにもかかわらず(9a)が用いられるのは、スマートフォンでの操作性も影響していると思われる。(9c)のように鉤括弧を用いると「何だか勿体ないなぁ」の部分は際立って見えるものの、スマートフォンでは鉤括弧よりも読点のほうが少ないタップ数で入力できるため、操作性の観点から読点のほうが使いやすい。

　さらに、読点とは異なり、鉤括弧は引用の終了位置だけでなく開始位置にも挿入する必要がある。このため、文の構造をあらかじめ考えて開始位置に打つ、または文を打ち終わってから開始位置に戻って挿入することになるが、これは、「打ちことば」を打つときの認知の流れを考えると使い勝手が悪い面がある。「打ちことば」は話すように打つ文体と言われるように(田中2014)、考えながら打ち進め、校正したり打ち直したりすることなくスピード重視で発信することもあるだろう。そうした時間の線上に流れていってしまう打ちことばにあっては、引用の終了位置にだけ打ってすぐ次に進むことができる読点のほうが鉤括弧よりも使いやすいと考えられる。(8)では便宜的に［X、な N］の X（発話の引用的な表現）と見なせる箇所に下線を引いたが、X の開始位置は実際には曖昧であり、発信者自身も、開始位置を決めてから文を打っているとは限らない。［X、な N］の X は、必ずしも最初から発話引用的な連体修飾部として計画され、産出されるわけでもないだろう。「、な N」と続けることで遡及的にそうした性質を帯びただけであり、実際には、X を打ったあとで文を終結させるストラテジーとして「、な N」を加え、結果的に［X、な N］の構造が作られる場合もあると考えられる。［X、な N］の「、な N」以降が、「、な感じ。」「、な気がする。」といった文末モダリティ表現になりやすいことも、［X、な N］が、N の状態・性質を描

写するために形成された連体修飾構造であるというよりも、その場で考えながら文を打ち進める環境で、文を終結させるため「、なN」を加えたことで生じたというシナリオを示唆していると思われる。これは、話しことばが時間軸に沿って線状的に産出される特性をもつために、文法構造も逐次的に構築されていく面があることと通じるだろう（Auer 2009）。このように、［X、なN］は、ソーシャル・メディアをはじめとした「打ちことば」のコミュニケーションの目的、デバイスや認知の制約との親和性の高さが伝播の一因になったのではないかと考えられる。

4.3　構文化のモード依存性

4.2 節と関連して興味深いのは、［X、なN］の構文化にモード依存性が見られることである。［X、なN］構文は、学術論文や新聞記事など、論理的・客観的な情報伝達や論述がなされる言語使用のモードでは使われにくい。そうしたモードでは、「X、な感じです」といった話者のスタンスを表す文末表現はそもそも生起しづらく、また、硬い書き言葉では文法に対する規範意識が働きやすいため、逸脱的な構造が起こりづらいと考えられる。では、こうした阻害要因がなければどの言語使用環境でも同じような構文の発達が見られるのだろうか。例えば、上記のような阻害要因がないと思われる日常会話では、［X、なN］の構文、すなわち、「なN」の前に発話の引用が生起し、ポーズが入る発話が観察されてもよさそうである。ところが、日本語日常会話コーパス（小磯他 2023）で「な感じ」（1,417 例）を観察しても、「な」の直前に発話の引用が生起するのは「ありがとうございますな感じで」という 1例で、終助詞で終わる表現が生起する事例は見られなかった。会話では、発話を引用する形式に名詞が続く場合も、「勿体ないなぁ、な感じ」ではなく、「勿体ないなぁ {みたいな / って / ってゆう} 感じ」のように例示・引用の標識で発話的表現と後続の名詞が繋がれていた。

　このように、［X、なN］構文は、「打ちことば」や、エッセイ等のカジュアルな書き言葉のモードで用いられる一方で、日常会話では使いにくい。モードによって語彙や文体が異なることはよく知られているが、本稿の観察から、使われる文法構造もモードによって異なることがわかる。私たちの言語

経験はコミュニケーションの文脈に応じて大きく異なっており、文法的な構造のパターンやそれに関する知識は、特定のモードにおける言語経験の中で、文脈に依存して形成されるものだと考えられるだろう。文法知識と文脈とが不可分であるという議論は、「多重文法（multiple grammar）」（Iwasaki 2015）の考え方とも親和性が高い。このモデルでは、文法をジャンル固有のリソースを多く含む体系と捉え、話者の頭の中には「話しことば文法」「書きことば文法」のようなジャンル文法が多重的に存在しているという立場を取る。話者は各自の言語経験を通して異なるジャンル文法を発達させていると考えられており、「打ちことば文法」に関する知識も、具体的なコミュニケーション文脈の中でモード依存的に組織され、そのモードに置かれたときに活用される知識であると考えられる[8]。これは、認知プロセスの大部分が環境を活用して起こるという「埋め込まれた認知（embedded cognition）」の仮説（Rupert 2004）とも通じる（吉川 2021 も参照）。［X、な N］構文に限らず、逸脱的構造を含む表現は、見たことがあるか使用の文脈から離れたところで尋ねると「見たことがない」と回答されることが少なくないが、その構文を紹介してしばらくすると、同じ人から「実例を見つけた」と報告されることがある（係助詞ハで始まる発話（Nakayama and Horiuchi 2021）でも同様の現象が起こっていた）。構文に関する知識は使用環境に埋め込まれて記憶されており、文脈依存的に発現するものだからこそ、実際には目にしていても文脈から切り離された内省では想起されづらい場合があるのではないか。コミュニケーションの文脈は、構文の形成のみならず、構文知識へのアクセスにも影響を与えていると思われる。

5. まとめと今後の展望

　本稿では、「打ちことば」における非標準的な読点に着目し、［X、な N］という連体修飾構造がモードに依存して発達する背景を考察した。この構文パターンの形成と伝播は、カテゴリー化、スキーマ化、既存表現からの類推といった認知的要因と、コミュニケーションやデバイスの操作性に依拠した社会的・物理操作的要因の双方に動機づけられている。逸脱表現は「理想化

された言語」を前提としたモデルでは例外として捨象されてしまうが、実は、そこにも言語システムを構成する構造的パターンがあり、より重要なことには、そのパターンは言語使用を支える文法知識の一端をなす。話者は、コミュニケーションの文脈の中で多様なパターンを記憶し、それらを相互に関連付け、文脈依存的に拡張的・創発的な構造を産出していく。そうした日々の言語使用の営みの中で構造パターンが形成・伝播されていく背景を探ることは、実際の使用の中で揺らぎながら定着していく文法システムの動的性質を明らかにすることに貢献するだろう。

　最後に、より新しいデータとして、X（旧 Twitter）と Instagram から採取した［X、な N］の関連事例を取り上げ、「打ちことば」の実例の観察が今後の文法研究にどう貢献しうるかを考えてみたい[9]。まず、「打ちことば」における構文化の大きな特徴は、多様な記号的・視覚的な要素（句読点、絵文字、レイアウト等）が構成要素に含まれる点である。本稿では主に読点を取り上げたが、「な N」の前にはさまざまな要素が挿入されうる。

(10) a.　それ、どこに着てくの？

　　　　な服で集ってホテルランチとかしたい👻

　　　　（おちゃづけ（@ochaaaa_429）. Tweet. <https://twitter.com/ochaaaa_
　　　　　　429/status/1576235586955812866> 2022.10.2）

　　 b.　本当は文章を書くお仕事につきたいので、産休育休中に心を整えて
　　　　ちょっとずつ準備できたらな〜とも思ってます、がんばろう。な
　　　　13 日の金曜日。今週もお疲れさまでした

　　　　（Nako（@ nako_iny）. Tweet. <https://twitter.com/nako_iny/status/
　　　　　　1613911848960790528> 2023.1.13）

(10a) は「な N」の前が疑問文で、「それ、どこに着てくのな服」のように記号なしに繋げると文法的な違和感が強く読みづらい。しかし、「？」と改行で区切りを作ることで、疑問文の構造を「な N」の前に置く違和感が緩和されているように思われる。(10b) は、「な」の前が句点で区切られている事例である。「本当は文章を〜がんばろう。」は複雑でひとまとまりには捉

えにくい表現だが、「な 13 日の金曜日」と続くことで全体が遡及的に連体修飾部として解釈できる構造が作られている[10]。ソーシャル・メディアでは、読点のみならず、改行や句点、スペース等も規範的な書きことばとは異なる用法で創造的に使用されており、それらの記号的・視覚的要素が媒介となることで、文法的に連結しないはずの要素の連結やまとまりが許容されやすくなっているのではないか。その使用の繰り返しが文法感覚にも変化をもたらし、構文の形成や用法拡張を促す可能性がある。

　また別の拡張事例と考えられるのが、近年観察される、読点が入らない ［＜発話表現＞な N］の事例である。(11a)では最終行に「参ったねな感じ」という表現が観察され、(11b)ではアパレルの販売員が自社のカーディガンの写真とともに「お待たせしましたなカーデ」という文を用いている。

(11) a.　近くの本屋さんで売られてた東野圭吾作品を大方読み切ってしまって ()、村上春樹作品を読み始めたんだけど、てきぱきと鮮明に話が進み一晩で読み切ってしまう東野圭吾作品に比べて、まあなんとぼんやり或いは曖昧な感じで話がなかなか進まず、やれやれ、参ったねな感じの村上春樹作品よ ...

　　　(nana（@7_nana_chan）. Tweet. <https://twitter.com/7_nana_chan/status/1617868238586785792> 2023.1.24)

　b.　お待たせしましたなカーデ 🥹

　　　(Y（yumina_naka）. Instagram. <https://www.instagram.com/p/CetButSB5l_/?img_index=> 2022.6.12)

読点が入らない ［＜発話表現＞な N］の事例数の変化については今後より詳細な調査が必要だが、使用基盤のアプローチに基づいて考察すると、まず読点のような記号的・視覚的要素を間に挟むことで発話的な表現を「な N」の前に置くという逸脱的な構造が許容されやすくなり、次第にその使用パターンに慣れていくことで、記号的・視覚的要素を挟まずとも発話的表現を「な N」の前に置く用法が増加していったというシナリオが考えられるだろう。このように、記号的・視覚的要素は語用論的・談話的な機能を担うだけ

でなく文法変化にも深く関わり、これらの要素を分析に取り込むことは、文法研究のスコープを拡張する可能性をもつ。

　また、本稿で見たように、「打ちことば」の文法変化は、コミュニケーションの目的や、デバイスの操作性、アプリケーションの機能（e.g. 投稿の文字数制限）と連動して生じていると考えられる。このため、「打ちことば」に基づく文法研究の推進は、言語使用環境の特性と、そこで起こる文法変化との関連を精緻に捉えることに寄与する。例えば、「な」を用いた連体修飾構造では、(12)のように、規範的には「の」を用いるところに「な」が用いられている用例も多く観察される。

(12)　サスペンダーな服がやけに似合うストローくんは、ストローだけに藁の家にお住まいです

　　　　（森のあゆみ（@morinoayumi）. Tweet. <https://twitter.com/morinoayumi/
　　　　status/1522546233146966016> 2022.5.6）

サスペンダーは名詞であるため規範的には「サスペンダーの服」と表現されるはずだが、「の」を「な」にすることで「サスペンダー」の部分が形容動詞語幹のように解釈されやすくなり、「そういう性質を帯びた」という意味合い（e.g. サスペンダーが付いているような、レトロでフォーマルな雰囲気の服）が生じており、文字数を増やすことなく簡潔さを保ちながらも、伝達内容に広がりを持たせた表現となっている。また、(13)は、Xに投稿されていた、オムライスの写真の上に添えられていた文章である。

(13)　昔東京で理想のオムライス屋さんを探して辿り着いた私これが食べたかったんですオムライス🐦

　　　　　（ささくれ（@ _sasaku）. Tweet. <https://twitter.com/_sasaku/status/
　　　　　1624560593129865216> 2023.2.12）

修飾部の開始位置が曖昧だが、名詞「オムライス」の前に置かれた複雑表現全体が長い修飾部とも取れる構造になっており、これは日常会話では用いら

れにくい連体修飾構造だと思われる。「打ちことば」は、話すように打つという側面をもちながらも、視覚化されていて読み返しが可能であり、会話に比べると文章構築にも時間をかけられる。そうしたモードだからこそ、ユーモアを含む長い連体修飾構造が創出され、受け手もそれを解釈できると思われる。このように、連体修飾構造ひとつとっても、モード依存の構文化が［X、な N］以外にも様々な形で起こっており、それらを分析することは、言語使用のモードの特性と文法との関係性の解明にもつながる。

このように、「打ちことば」の逸脱的な文法パターンの分析は、コミュニケーションの文脈を重視する使用基盤の文法研究を推進する上でますます重要になる可能性があり、今後さらなる発展が見込まれるだろう。

注

*　本稿の内容の一部は社会言語科学会第 47 回ワークショップ（吉川他 2023）での発表に基づく。吉川正人氏、中村文紀氏、Ash Spreadbury 氏との議論から多くの示唆を得た。本研究は JSPS 科研費 JP17KT0061、JP23K12173 の助成を受けている。JP17KT0061 に関わる研究会で、遠藤智子氏、大野剛氏、柴﨑礼士郎氏、鈴木亮子氏、高梨博子氏、横森大輔氏から多くの有益なコメントを頂いた。ここに謝意を表したい。

1　引用元ではローマ字表記だが、元のツイートに従い日本語表記にした。

2　Sketch Engine での調査はすべて Concordance の CQL 検索で行っている。ここでは［word="、"]［word="な"]［tag="N.*"］と検索した。

3　英語にも direct speech compound (e.g. 'I-never-have-any-homework' kids) と呼ばれる名詞修飾部に発話構造が生起する表現があり (Pascual 2014; 細谷 2022)、形式的にも機能的にも直接会話修飾節と関連が深い。

4　［word="。"]［tag="N\.c\.g"]［word="、"]［word=" な "]［tag="N.*"］と検索した。

5　「な」の後続名詞はレマ形で検索した。人名「なほ」が［な (活用語尾)＋ほ (名詞)］と誤解析された事例は今回の検索結果から除外した。

6　［X、な N］の N に具体性の高い内容名詞が生起する場合は、構文の機能が異なる可能性がある。名詞に応じた機能の相違は稿を改めて論じたい。

7　文末「</s><s>」、文末記号「Supsym.p」「Supsym.g」、括弧「Supsym.bc」、「ます /Aux」、終助詞「P.fin」のタグおよび空白を、文末要素として扱った。

8 東京都内の大学生に［X、な N］についてインフォーマルに尋ねたところ、「頻繁に使う」「使わないが見かける」「見たことがない」「フェミニンな印象だ」「男女差は感じられない」等、回答に個人差があった。［X、な N］は「打ちことば」の中でも特定の媒体やコミュニティの中で特に頻繁に生起している可能性があり、構文知識の個人差も、それが各自の異なった言語経験に依拠して形成されることの反映であるかもしれない。

9 5 節で引用した投稿の最終閲覧日はすべて 2024 年 3 月 11 日である。

10 （10b）は、考えながら打ち進め、後から「な N」を付け足すことで先行部分を連体修飾部として埋め込んでいる構成が見えやすい事例である。

参考文献

Auer, Peter. (2009) On-line Syntax: Thoughts on the Temporality of Spoken Language. *Language Sciences* 31 (1): pp. 1–13.

Bybee, Joan L. (2006) From Usage to Grammar: The Mind's Response to Repetition. *Language* 82 (4): pp. 711–733.

Bybee, Joan L. (2010) *Language, Usage and Cognition*. Cambridge: Cambridge University Press.

Horiuchi, Fumino and Toshihide Nakayama. (2023) Commas as a Constructional Resource: The Use of a Comma in a Formulaic Expression in Japanese Social Media Texts. *Journal of Japanese Linguistics* 39 (1): pp. 145–163.

細谷諒太（2022）「「あるある的表現」としての英語の句複合語」『東京大学言語学論集』44: pp. 39–59. 東京大学大学院人文社会系研究科・文学部言語学研究室

Houghton, Kenneth J., Sri Siddhi N. Upadhyay and Celia M. Klin. (2018) Punctuation in Text Messages may Convey Abruptness. Period. *Computers in Human Behavior* 80: pp. 112–121.

Iwasaki, Shoichi. (2015) A Multiple-grammar Model of Speakers' Linguistic Knowledge. *Cognitive Linguistics* 26 (2): pp. 161–210.

加納なおみ・佐々木泰子・楊虹・船戸はるな（2017）「「打ち言葉」における句点の役割―日本人大学生の LINE メッセージを巡る一考察」『お茶の水女子大学人文科学研究』13: pp. 27–40. お茶の水女子大学

菊地礼（2021）「新規副詞「ワンチャン」の成立と拡大―2009 年の Twitter 用例を対象として」『日本語用論学会大会発表論文集』16: pp. 195–198. 日本語用論学会

Kilgarriff, Adam, Pavel Rychlý, Pavel Smrz and David Tugwell. (2004) Itri-04-08 The Sketch Engine. In Geoffrey Williams and Sandra Vessier (eds.) *Proceedings of Eural-*

ex 2004: pp. 105–116.

小磯花絵・天谷晴香・居關友里子・臼田泰如・柏野和佳子・川端良子・田中弥生・伝康晴・西川賢哉・渡邊友香 (2023)「『日本語日常会話コーパス』設計と特徴」『国立国語研究所論集』24: pp.153–168. 国立国語研究所

McCulloch, Gretchen. (2019) *Because Internet: Understanding How Language is Changing*. London: Random House.

メイナード泉子 K. (2008)『マルチジャンル談話論―間ジャンル性と意味の創造』くろしお出版

三宅和子 (2005)「携帯メールの話しことばと書きことば―電子メディア時代のヴィジュアルコミュニケーション」三宅和子・岡本能里子・佐藤彰編『メディアとことば』2: pp. 234–261. ひつじ書房

三宅和子 (2018)「SNS における方言使用の実態―エセ方言はいつ、誰に使うのか」『文学論藻』92: pp.1–21. 東洋大学文学部国文学研究室

Nakayama, Toshihide and Fumino Horiuchi. (2021) Demystifying the Development of a Structurally Marginal Pattern: A Case Study of the *Wa*-initiated Responsive Construction in Japanese Conversation. *Journal of Pragmatics* 172: pp. 215–224.

日本語教育学会編 (2005)『新版日本語教育事典』大修館書店

落合哉人 (2021)『「打ちことば」の基盤的研究』筑波大学大学院博士論文

岡田祥平 (2013)「Twitter を利用した新語・流行語研究の可能性―アイドルグループ「Sexy Zone」の略語を例に」『新潟大学教育学部研究紀要 人文・社会科学編』6 (1): pp. 49–74. 新潟大学教育学部

岡本能里子・服部圭子 (2017)「LINE のビジュアルコミュニケーション―スタンプ機能に注目した相互行為分析を中心に」柳町智治・岡田みさを編『インタラクションと学習』pp. 129–148. ひつじ書房

Pascual, Esther. (2014) *Fictive Interaction: The Conversation Frame in Thought, Language, and Discourse*. Amsterdam: John Benjamins.

Rupert, Robert D. (2004) Challenges to the Hypothesis of Extended Cognition. *The Journal of Philosophy* 101 (8): pp. 389–428.

斎賀秀夫 (1959)「句読法」明治書院編『続日本文法講座 2』pp. 254–275. 明治書院

柴﨑礼士郎 (2019)「句読法の歴史的変化に見る動的語用論の可能性―イギリス英語の full stop を中心に」田中廣明・秦かおり・吉田悦子・山口征孝編『動的語用論の構築へ向けて 1』pp. 144–165. 開拓社

田中ゆかり (2014)「ヴァーチャル方言の 3 用法―「打ちことば」を例として」石黒圭・橋本行洋編『話し言葉と書き言葉の接点』pp. 37–55. ひつじ書房

田中ゆかり（2018）「「方言コスプレ」と「ヴァーチャル方言」—用語・概念・課題」『方言の研究』4: pp. 71–98. 日本方言研究会

吉川正人（2021）「認知言語学の社会的転回に向けて—「拡張された認知」が切り開く認知言語学の新たな可能性」篠原和子・宇野良子編『実験認知言語学の深化』pp. 213–238. ひつじ書房

吉川正人・中村文紀・Ash Spreadbury・堀内ふみ野・土屋智行（2023）「認知と社会のダイナミズム—創発・伝播・規範から読み解く言語現象の諸相」『社会言語科学会第 47 回大会発表論文集』pp. 247–256. 社会言語科学会

Yus, Francisco. (2011) *Cyberpragmatics: Internet-mediated Communication in Context.* Amsterdam: John Benjamins.

Part 3

談話・相互行為からのアプローチ

補文節を好む言語・避ける言語

言語類型論から話し言葉を見てわかること

木本幸憲

1. はじめに

　言語類型論は、機能主義的アプローチや、本論文集のメインテーマである認知言語学から大きな影響を受けて発展してきた。L. Talmy の移動事象の研究や意味地図モデルを初めとした類型論的研究は、概念領域を特定してそれが各言語でどのようにコード化されるかを究明する中で、個別言語の特殊性と通言語的普遍性を繋ぐアプローチとして注目されてきた。また、構文文法のアプローチは、ラディカル構文文法（Croft 2001）として結実し、従来の類型論的研究の基礎を脱構築した。品詞、文法関係などの統語的単位は普遍的に定義できず、個々の言語における構文を基礎にした派生的な存在物でしかないことを示した。

　そして現在、使用基盤モデルと相互行為言語学（Selting and Couper-Kuhlen 2001）は、言語類型論に新たな潮流をもたらしている[1]。言語類型論はその性質上、参照文法などの記述に頼らざるを得ない。しかしその言語記述の多くは、作例（elicitation）に基づいているため、自然な言語使用を反映していない場合もある。特に作例においては、媒介語の影響や、書き言葉の影響を受けやすく、実際の相互行為における言語使用での表現方法とどの程度一致しているかは疑わしい。そのような問題点を克服すべく、コーパス基

盤類型論（corpus-based typology）、語用論的類型論（pragmatic typology）と呼ばれるアプローチによって、自然な言語使用を類型論的に調査する研究が興隆しつつある（Floyd, Rossi and Enfield 2020, Haig, Schnell and Saifart 2022 ほか）。そこでは、実際の相互行為における言語使用を調査者が収録し、そのデータを比較して、ある概念領域における言語的現れや相互行為における言語的ストラテジーを明らかにしようとする点を特徴としている[2]。

　本研究は、このような言語使用を類型論的に調査するアプローチに基づいて補文節（compelmentation）の通言語的現れを明らかにしようとする試みである。このようなアプローチを理解するために、例えば、「我が村に日本人が来た」という状況について述べることを考えてみよう。我々はその状況が存在することをそのまま述べることもできる。しかしそのことを他者が信じ込んでいると述べたり、他者の発話として述べたり、自分が直接見た情報であったり、そのような状況を聞いて嬉しいと感じたり、と実に多様な方法で状況をフレーミング（枠付け）することができる。そのような言語的行為を**命題のフレーミング**（propositional framing）と呼ぼう。そして英語であれば、以下のように補文節で表現することが一般的であろう。

（1）a.　*He firmly believes that* a Japanese man came to our community.

　　　b.　*He told me that* a Japanese man came to our community.

　　　c.　*I saw* a Japanese man come to our community.

　　　d.　*I am glad that* a Japanese man came to our community.

　一方で通言語的には、補文節が見られない言語があることも知られている。例えば、ピダハン語（ブラジル）では、補文節の代わりに派生名詞などが用いられる（Everett 2005）。ジルバル語（オーストラリア）では、補文節の代わりに、関係節、動詞連続、目的節を用いる（Dixon 2006）。実際、英語においても補文節で表す内容は他の構文でも表現可能である。例えば、「彼が村を訪れた」という命題を発話内容としてフレーミングするにも、多様なストラテジーが用いられる。

（2）a. ***She reported*** *that he visited the community.*（補文節）

    b. ***She reported*** *his visit to the community.*（名詞句）

    c. *"He has come!"*, ***she said this.***（並置）

    d. ***According to her***, *he visited the community.*（副詞句）

　従来の類型論的な研究においては、ある言語が補文節を持つか持たないか、文法的に許されるか許されないか、という観点が主であった。そのような観点で見た場合、純粋に補文節を用いることができないと報告されている言語はピダハン語やオーストラリア原住民語などいくつかの言語や地域に限られる。しかし、上で述べたとおり、文法の聞き取り調査で補文節が許容されたかどうか、という問題と、普段の日常会話でそれがどれほど用いられているかという問題は同じではない。例えば媒介語の構造に影響されて不自然にも補文節を産出した可能性もある。また書き言葉では用いるが、日常会話のやりとりでは使用が抑えられるかもしれない。

　本稿では、コーパス基盤類型論の観点から、2つの傾向があることを示す。まず、自然談話をみると、命題をフレーミングする際に、補文節を避ける言語が少なからず見られる。その代わり、通言語的には、副詞節、節の並置、助動詞、屈折、副詞、など多くの構文がそれを補うように観察される。次に、意味領域によってどの構文が使われやすいかについての類型論的傾向が観察される。特に推測など話者の蓋然性の判断を表す場合には副詞や助動詞などが多用される。

　本研究では Kimoto et al.（to appear）で行った類型論的調査と、個別言語（フィリピンのアルタ語）の詳細な分析を行い、上の2点を示す。また、形式と意味の間に見られる類像性、そして社会的相互行為における話し言葉における制約が、上記の類型論的な傾向を動機付けていることを議論する。

2. SCOPIC データによるコーパス基盤類型論

2.1　調査方法

　著者らは、Kimoto et al.（to appear）にて補文節が自然談話でどの程度使用

されるのかを知るために、自然談話のコーパス SCOPIC を用いて類型論的研究を行った[3]。ここでは、各調査者が、以下の言語について、16 枚の絵を見せて、それを描写するタスク、そしてそれを並び替えて 1 つのストーリーを作るタスクを行ってもらった。

　調査対象の言語は、英語、日本語のほか、シベ語(中国)、ジンポー語(ミャンマー)、イロカノ語、アルタ語(以上フィリピン)、標準マレー語(マレーシア)、口語ジャカルタインドネシア語、バリ語(以上インドネシア)、マトゥカル・パナウ語、クワル語(以上パプアニューギニア)、ダラボン語(オーストラリア)、ドイツ語(ドイツ)、グイ語(ボツワナ)である[4]。我々はこれを映像と音声で収録し、文字起こしを行った。

　次に、補文節が用いられやすい意味領域(Noonan 1985)を談話から抽出し、どの構文で表現されるのかをアノテーションした。今回アノテーションの対象とした意味領域は、表 1 に示されている。〈発話〉を示す意味カテゴリーのほか、特定の人物の内的信念を表す〈思考〉、認識的モダリティ(ここでは単に〈蓋然性〉と呼ぶ)、命題内容が偽であることを含意する〈見せかけ、ふり〉、何か実際に起こったことに対する情動を示す〈感情的反応〉、ある主体が知識を有していたり、知識を得たことを示す〈知識〉、まだ起こっていない事態に対して否定的な志向性を示す〈懸念・恐れ〉、まだ起こっていない事態に対して肯定的な志向性を示す〈願望〉、進行中の事態または状態を知覚していることを示す〈直接知覚〉の意味領域である。本稿では意味領域を〈〉で記す。

　これらすべての意味領域に関する構文の分布は Kimoto et al. (to appear)で述べられているが、本稿では特にすべての言語で比較的多く出現した〈発話〉、〈思考〉、〈蓋然性〉の意味に焦点を当てて見ていく。ただし、アルタ語の事例分析(3 節)では、表 1 のすべての意味領域を扱う。

表 1　本稿で扱う意味領域

意味領域	例	Kimoto et al.	2 節	3 節 (アルタ語)
〈発話〉	*I told them that* she came.	✓	✓	✓
〈思考〉	*I believed that* she came.	✓	✓	✓
〈蓋然性〉	*I guess* she is in the house.	✓	✓	✓
〈見せかけ・ふり〉	*I made believe that* I loved him.	✓		✓
〈感情的反応〉	*I regretted that* she didn't come.	✓		✓
〈知識〉	*I recognized that* she came.	✓		✓
〈懸念・恐れ〉	*I am afraid that* she would come.	✓		✓
〈願望〉	*I hope that* she will come.	✓		✓
〈直接知覚〉	*I saw* her coming.	✓		✓

2.2　補文節の使用

　各言語が、〈発話〉、〈思考〉、〈蓋然性〉の意味領域でどのような構文で表されていたかを調査した結果が表 2 に示されている。ここでは、縦軸に構文の種類が示されている。

　表に示されている通り、補文節は、ドイツ語、英語、バリ語、イロカノ語、マレー語、クワル語、シベ語などで多く観察された。特にドイツ語や英語では、〈発話〉を表すために、それぞれ 78%、74% の事例で補文節が用いられている。さらに徹底的な補文節の使用はクワル語(パプアニューギニア)において見られる。この言語では、談話データ中の〈発話〉〈思考〉中の 98%、100% で補文節が使用されている。

　一方で、どの意味領域においても補文節が好まれない言語も多いことがわかる。特にマトゥカル・パナウ語、アルタ語、ダラボン語などのように、どの意味領域でも補文節の使用が抑制されている言語もあった。

　では以下では、補文節の代わりに、命題フレーミングのストラテジーでどのような構文が多く用いられていたかを見ていこう。

188　Part 3　談話・相互行為からのアプローチ

表 2　各言語・意味領域における構文の分布

		独	英	バリ	イロ	マレ	クワ	シベ	イン	日	ジン	グイ	マト	アル	ダラ
補文節	発話	**74** **(78%)**	**32** **(74%)**	**90** **(54%)**	**9** **(47%)**	**31** **(53%)**	**60** **(98%)**	**54** **(72%)**	11 (13%)	10 (12%)	15 (29%)	9 (17%)	0	2 (1%)	0
	思考	**60** **(65%)**	**11** **(69%)**	**20** **(71%)**	**21** **(64%)**	3 (9%)	**36** **(100%)**	**4** **(40%)**	7 (13%)	8 (23%)	10 (30%)	**10** **(43%)**	0	5 (31%)	0
	蓋然	30 (16%)	32 (26%)	**40** **(93%)**	13 (28%)	18 (12%)	0	19 (33%)	37 (39%)	3 (3%)	0	1 (1%)	0	0	0
副詞節	発話	0	0	0	1 (5%)	**27** **(46%)**	0	6 (8%)	0	20 (23%)	**34** **(65%)**	23 (43%)	0	0	0
	思考	5 (5%)	2 (13%)	0	0	**21** **(64%)**	0	0	1 (2%)	14 (40%)	**22** **(67%)**	7 (30%)	2	1 (6%)	0
	蓋然	1 (1%)	1 (1%)	0	0	0	0	5 (9%)	0	9 (9%)	20 (17%)	0	0	0	0
並置節	発話	6 (6%)	4 (9%)	**74** **(45%)**	**9** **(47%)**	0	1 (2%)	15 (20%)	**62** **(76%)**	12 (14%)	3 (6%)	**22** **(41%)**	**154** **(99%)**	**147** **(96%)**	**95** **(100%)**
	思考	7 (8%)	1 (6%)	8 (29%)	9 (27%)	2 (6%)	0	**6** **(60%)**	20 (38%)	4 (11%)	1 (3%)	4 (17%)	**103** **(97%)**	8 (50%)	**13** **(72%)**
	蓋然	18 (10%)	3 (2%)	3 (7%)	2 (4%)	0	0	4 (7%)	0	5 (5%)	3 (3%)	0	4 (29%)	0	0
複雑動詞	発話	0	0	0	0	0	0	0	0	0	0	0	0	0	0
	思考	0	0	0	0	0	0	0	0	0	0	0	0	0	0
	蓋然	23 (12%)	18 (15%)	0	0	0	0	1 (2%)	1 (1%)	**44** **(44%)**	**62** **(54%)**	24 (30%)	0	0	0
副詞	発話	0	0	0	0	0	0	0	4 (5%)	0	0	0	0	0	0
	思考	9	0	0	0	5 (15%)	0	0	12 (23%)	0	0	0	0	0	0
	蓋然	**111** **(59%)**	34 (28%)	0	31 (66%)	**127** **(87%)**	28 (100%)	17 (30%)	57 (60%)	26 (26%)	0	53 (67%)	10 (71%)	37 (100%)	40 (100%)
すべて	発話	95	43	166	19	59	61	75	82	86	52	54	155	153	95
	思考	92	16	28	33	33	36	10	53	35	33	23	106	16	18
	蓋然	187	122	43	47	146	28	57	95	99	115	79	14	37	40

注 1　バリ＝バリ語、イロ＝イロカノ語、マレ＝標準マレー語、クワ＝クワル語、イン＝口語ジャカルタインドネシア語、ジン＝ジンポー語、マト＝マトゥカル・パナウ語、アル＝アルタ語、ダラ＝ダラボン語

注 2　40% 以上の数値をゴシック体で示している。

2.3　副詞節の使用

　我々の調査においては、日本語、ジンポー語、ドイツ語、マレー語、グイ語などで副詞節の使用が多く見られた。副詞節は典型的に、時、理由、結果、目的、付帯状況などを表すために用いられるとされているが、発話内容や思

考内容などを表すために用いられるというのはどういうことであろうか。例えば、以下の日本語の例を見てみよう。

（3）a.　私は、この店のレバニラ炒めが好きだと言った。
　　　b.　私は、この店のレバニラ炒めが好きだと嘘を言った。

（3a）では、引用の「と」によって「この店のレバニラ炒めが好きだ」という発話内容が示されている。これは目的語位置を占めるかのように考えられるが、実際には、（3b）にあるように、「嘘を」というヲ格で標示される名詞句と共起可能である。従って「と」によってまとめられる発話内容は、目的語位置を占めず、ある種の斜格的位置づけを持つことがわかる[5]。先行研究では、ジルバル語やアッカド語でも補文節の代わりに副詞節が用いられていたことが報告されており（Deutscher 2000, Dixon 2006）、このような現象は類型論的にも支持される現象である。

2.4　並置節の使用

　副詞節と並んで、多くの言語で見られた構文が並置節（parataxis）である。並置節は、接続詞や従属標識なしで節が連続的に現れる構文である。本研究では、バリ語、口語ジャカルタインドネシア語、マトゥカル・パナウ語、アルタ語、ダラボン語で頻度の高い構文として見られた。この構文は、〈蓋然性〉よりも〈発話〉、〈思考〉領域において顕著に見られる。例えば以下のアルタ語の例を見てみよう。

（4）　*Maŋa:na*　*i*　*a:yi:,*　*"A:nuŋ*　*a*　*awan=di?"*[6]
　　　INTR:say　DET　this　why　LK　NEG=already
　　　'This one said, "why don't you (drink)?"'　　　（SocCog-atz02-arta0655）

ここでは、「この（人）が言う」「なぜしないのか」という2つの節が接続詞なしで並置的に現れている。また *maŋa:na*「言う」が自動詞（INTR）であることから、引用部を目的語として取っていると分析することができない。我々

のデータにはこのような従属関係のない節連結構文が多く観察された。特に14言語中8言語で少なくとも1つの意味領域で40%以上の使用が見られたことから、命題フレーミングにおける重要なストラテジーの1つであることがわかる（アルタ語が並置節を多用し、補文節を避ける傾向にある点については3節で詳しく見ていく）。

2.5　複雑動詞と副詞の使用

　複雑動詞と副詞も命題フレーミングにおいて補文節の代替構文として多く観察された。複雑動詞は、ドイツ語、英語、日本語、ジンポー語、グイ語で支配的な構文であった。副詞は、ドイツ語、イロカノ語、標準マレー語、クワル語、口語ジャカルタインドネシア語、グイ語、マトゥカル・パナウ語、アルタ語、ダラボン語で、頻繁に用いられている。

　ここで重要な点は、表2に示されている通り、この2つの構文が〈蓋然性〉の領域に集中していることである。これは他の構文には見られない特徴である。英語の例を見ても、*They **might** be a little bit drunk*（eng01）「彼らはちょっと酔っているのかもしれない」や、*his kid's **probably** about nine*（eng01）「彼の子はおそらく9歳くらいかな」など助動詞や副詞が蓋然性領域に集中している。しかしなぜこのような傾向が類型論的に観察されるのであろうか。これについては4節で改めて議論を行う。

　ここでは14の言語に見られる命題フレーミングのストラテジー（Kimoto et al. to appear）から〈発話〉、〈思考〉、〈蓋然性〉の意味領域に焦点を当てて比較した。その結果、言語と表現する意味領域によって構文使用の選好性が大きく異なることが明らかになった。言語的には、ドイツ語、英語、クワル語のように、補文節を頻繁に用いる言語もあるが、通言語的にはマトゥカル・パナウ語、アルタ語、ダラボン語のように、補文節を好まない言語もある。また、意味領域の観点からみると、副詞と複雑動詞が〈蓋然性〉領域と深く結びついていることが明らかになった。

3. 補文節なしにどのように表現するのか―アルタ語の場合

　本節では、補文節を使う割合が低いとされたアルタ語(フィリピン)において、上記の3つの意味領域以外にも範囲を広げ、どのような場合に補文節が一般的に用いられ、どのような場合に補文節が用いられにくいかについて具体的に見てみる。また意味領域による選好性がアルタ語でも見られるかについても分析を行う。

3.1　アルタ語の概要

　アルタ語(ISO639-3: atz)は、フィリピンのルソン島のキリノ州とオーロラ州で9人の母語話者を中心に使用されている言語である。言語系統は、オーストロネシア語族マレーポリネシア語派北部ルソン語群に属する(Kimoto 2017)。アルタ語は、狩猟採集民の言語で、書き言葉の伝統は持たない。文法的にはVSO語順で、能格・絶対格体系が認められる。つまり、自動詞の主語と、他動詞の目的語が同一の標識(絶対格＝ABS)を取り、他動詞の主語が異なる標識(能格＝ERG)を取る。この区別は、冠詞(決定詞)と、代名詞などで見られる。

　また、アルタ語ほかフィリピンの言語で多用される機能語として、リンカー(LK)と呼ばれる文法形式がある。これは連体修飾の際に、修飾する語とされる語の間に置かれる(10, 13)。また補文節を導く際(6)や否定語と述語の間(4)にも任意に現れる。以上の前提を踏まえて、アルタ語の命題フレーミングのストラテジーについて見ていこう。

3.2　アルタ語の命題フレーミングのストラテジー

　本研究では、2節で行ったデータに加え、新たに、アルタ語の談話データ13セッション分に同様のアノテーションを行った(自伝的語り5セッション、Pear story 1セッション、会話1セッション、民話5セッション、教会での説教1セッション)。その結果が表3に示されている。この表は、命題フレーミングのストラテジーとして用いられる構文が、どのような意味領域に渡って用いられるかを示している。

192　Part 3　談話・相互行為からのアプローチ

表 3　アルタ語の補文節とその他の構文の使用範囲

意味領域	補文節	名詞句	並置節	副詞節	副詞
〈発話〉	✓	✓	✓		✓
〈思考〉	✓	✓	✓		
〈知識〉	✓	✓	✓		✓
〈願望〉	✓	✓	✓		
〈感情的反応〉		✓	✓	✓	✓
〈直接知覚〉		✓	✓		
〈懸念・恐れ〉			✓	✓	
〈蓋然性〉					✓
頻度(全 425 例)	27 (6.4%)	7 (1.6%)	323 (76.0%)	11 (2.6%)	56 (13.2%)

注　頻度は SCOPIC とその他のタグ付け全 425 例分より算出

3.2.1　補文節が用いられる場合

　アルタ語では補文節の使用が限定的であるが、〈願望〉〈知識〉を表す場合には補文節が用いられる。例えば、〈願望〉では 9 例中 8 例が、〈知識〉では 24 例中 18 例で補文節が用いられていた。例えば、(5, 6) では、主節動詞が能格(すなわち他動詞主語の形)を取っていることからわかるように、全体は他動詞構文で、その目的語位置に節が生起している。

（ 5 ）　*Kabba:tu　　　mambible-school.*
　　　want:1sg.**ERG**　go.to.bible.school

　　　'I want to go to bible school.'　　　　　　　　　　　　　　（arta0601）

（ 6 ）　*Tataw=di　　　　　a　　makarawat=tən.*
　　　know=3pl.**ERG**　LK　can.understand=1sgABS

　　　'They know that I can understand.'　　　　　　　　　　　　（arta0601）

〈願望〉と〈知識〉ではこの構文の使用がもっとも一般的であることから、この領域では補文節の使用が好まれると言える。

3.2.2 副詞節と名詞句の使用

しかし、アルタ語では、基本的には補文節以外のストラテジーが好まれることが多い。補文節の代替手段として、主に用いられる構文は、2節の実験の結果と同じく、副詞節、名詞句、副詞、並置節であった。

まず副詞節の使用は、〈感情的反応〉と〈懸念・恐れ〉の領域で現れる。〈感情的反応〉はある実現した事態に関する態度、〈懸念・恐れ〉はまだ実現していないことに関する態度という意味で異なるものの、いずれもその事態に対してある感情的態度を取る点では共通している。従って、これらは理由を表す副詞節で表現される。

（7） *Mepeppiya* *aytay* **da** *atti:* *asin.*
　　good　　　　now　　because　exist　salt

　　'It is good now **because (we) have salt**.' (Having salt is good.) (arta0647)

（8） *Namaŋantiŋ=tid* **da** *me:bara:wəŋ* *ta* *bagio.*
　　be.afraid=3plABS　because　blown.away　OBL　typhoon

　　'They are afraid of being blown away by the typhoon.'　　　　(arta0647)

(7) では「今は塩があるからとてもいい」と、塩が手に入るという現実の状況に対して正の評価を下している。(8) では「台風で吹き飛ばされるかもしれないから怖がっている」と可能性のある未来の出来事に対して懸念を表明している。2節で行った調査では副詞節の使用は広範には見られなかったが、〈感情的反応〉と〈懸念〉に対してはアルタ語でも副詞節が使われる。

名詞句の使用も多くの意味領域で見られる。表3にある通り、〈発話〉〈思考〉〈知識〉〈願望〉〈感情的反応〉〈直接知覚〉の領域に観察される。個々の表現が補文節ではなく、名詞句の形で見られるというのは、表現の中心となる統語的主要部がそれぞれ名詞で現れていることからわかる。

（9） *ibud=u* *i* *lala:ki* *na* *Dios* *dam*
　　say=1sg.ERG　ABS　virtue　GEN　God　1pl.OBL

194　Part 3　談話・相互行為からのアプローチ

'Now I tell (you) how God is good to us' (lit. God's virtue to us.)

(arta0648)

(10)　*ati:ŋən=mu*　**lappul**　**a**　**maŋasbu**
　　　hear=2sg.ERG　dog　LK　bark

　　　'You hear **a barking dog**.'　　　　　　　　　　　　　(arta0647)

例えば、(9) では、*lalaki*「美徳、良さ、素晴らしさ」という *ma-lalaki*「美しい」の語根名詞が名詞句の主要部に用いられ、直訳すると「神の我々への美徳(について私は述べる)」という構造で表現されている。(10) では「吠えている犬(が聞こえたら)」と連体修飾部を持つ名詞句が「聞く」の目的語位置に生起している。

　ただし、名詞句の使用は、広い意味領域に渡っているものの、頻度が高い構文とは言えない。アノテーションを行った全 202 例のうち、名詞化は 5 例のみであった。

3.2.3　一語副詞の使用

　アルタ語では一語の副詞が〈発話〉、〈蓋然性〉、〈知識〉、〈感情的反応〉の領域で用いられる。表に示されている通り、頻度としても全 425 例中 56 例用いられており、並置節には遠く及ばないが、その他の構文よりも頻度が高い。アルタ語では〈蓋然性〉を表すためには副詞がもっとも自然な形式で、特に (11) *=wada*「おそらく、ひょっとしたら」(12) *=mina*「〜だったらいいのに」を表す形式が用いられる[7]。

(11)　*ka:kabbat=mu=**wada**　ti　Sanuwa:təŋ.*
　　　want=2sg.ERG=probably　ABS　Sanuwateng

　　　'**I guess** you want (to hear the story of) Sanuwateng.'　　(arta0524)

(12)　*ittan=di=**mina**　mambu:da=d=tid.*
　　　see=3pl.ERG=hopefully　have.wedding=soon=3pl.ABS

'**I wish** they would see them having a wedding party.'　　　　　（arta0524）

これは後の議論にも関わることであるが、これらの副詞で表される態度的意味は、一人称の視座から見た蓋然性判断・知識・感情的反応となる。第三者の知識について述べる場合には、「彼は〜を知っている」と補文節で表現する必要がある。

3.2.4　並置節の使用

　並置節は、〈蓋然性〉以外のすべての領域、すなわち〈発話〉〈思考〉〈知識〉〈願望〉〈感情的反応〉〈直接知覚〉〈懸念〉を表現するために用いられる。また並置節は、アルタ語の補文節の代替構文としてもっとも広範に用いられ、全事例の 76.0%（323/425 例）を占める。

　例えば以下の例を見てみよう。（13, 14）では、独立文が 2 つ（場合によってはそれ以上）並置されることによって、統語的には埋め込みが行われていないが、それと同等の意味内容が表現されている。（13）では、「考えてみなさい／思い出しなさい。」、（14）では「老女は驚いた。」という文に続いて具体的な内容が述べられることで、それが思考内容や何に対して驚いたかの具体的な内容だとわかる。

(13)　***Pano:no:tən=muyu.***　　*Parepare:has=itam*　　　　*a*　　　*to:lay.*
　　　consider=2pl.ERG　　　all.the.same=1pl.ABS　　LK　　human

　　　'Consider. We are the same human beings.'　　　　　（arta0642）

(14)　***Pattaka***　　***ay***　　　***babakat=i.***　　　　　*Ay*　　　*pangal=na=te:,*
　　　surprised　　DET　　old.woman=DEF　　DET　　arrow=3sg.GEN=only

　　　nambu:tit=di　　　　*ana:=na=y.*
　　　get.pregnant=now　　child=3sg.GEN=DEF

　　　'The old woman was surprised. Her child got pregnant just by his arrow.'

　　　　　（arta0645）

アルタ語で並置構文がもっとも頻繁に用いられるのは、〈発話〉領域である。SCOPIC のデータでは、アルタ語の〈発話〉領域の表現の 96.1%(147/153 例)が並置節で表されていた(表 2)。それ以外のデータを見ても、97.2%(137/141 例)の事例が並置節で表現されていた[8]。その際、多くの場合、直接引用を導入する動詞 *maŋa:na*「～のように言った・した」に導かれて、直接話法で発話が導入されていた。

(15) ***Maŋa:na=d=tən***,   "*Balla:ŋu   tidi:na   gi:moŋ.*"
say.like=now=1sg.ABS   hate:1sg.ERG those   mass

    '**I said**. "I don't want, I don't want those masses."'   (arta0651)

(16) ***Maŋa:na   ti   ama=ku***,   "*Maŋay=ita   ta   ospital.*"
say.like   ABS   father=1sg.GEN go=1+2sg OBL hospital

    '**My father said**, "Let's go to the hospital."'   (arta0001)

並置構文による直接引用は、心理状態や感情にも拡張されて用いられる。実際にはそのような発話がされていないにもかかわらず、あたかもそれが発話されたかのように直接話法で表現される。例えば、驚いた内容を「カタツムリが非常に速いのに驚いた」と述べるのではなく、「「カタツムリってこんなに速いのか」などと言った」とあたかもそのように発話されたかのように語ったりする例が多く観察された。

3.3　アルタ語の補文節とその代替手段

　本節ではアルタ語の命題のフレーミングにおいて、どのようなストラテジーが用いられているのかを分析した。その結果、表 3 に示されている通り、名詞句、並置節、副詞節、副詞が用いられていることが明らかになった。特に、この言語においては、並置節と副詞の使用が顕著であった。並置節は〈発話〉を表す際によく用いられるが、それ以外でも〈思考〉〈知識〉〈願望〉〈感情的反応〉〈直接知覚〉〈懸念〉の領域で広範に見られた。副詞は並置節ほどには頻度が高くないが、特に〈蓋然性〉を表すための唯一のストラテジーと

してアルタ語では頻繁に用いられていた。

4. 構文の使い分けに関する認知的・社会的動機付け

　2節と3節では、命題フレーミングの類型論的、記述的研究を通じて、補文節とその代替構文がどのように分布しているかを観察した。特に本研究で明らかになったのは以下の点である。

- ・言語によって補文節を用いる頻度が大きく異なる。ドイツ語、英語、バリ語のように補文節を好む言語もあれば、マトゥカル・パナウ語、アルタ語、ダラボン語のように補文節を全く好まない言語が存在し、特にそのような言語では並置節の使用が広範に見られる。
- ・構文によっては意味領域の偏りが見られる。特に副詞や複雑動詞は、〈蓋然性〉領域への偏りが目立つ。

以下の節では、上の特徴がどのような要因に動機付けられているかを考察する。まず、副詞や複雑動詞の分布の偏りについては、認知的な動機付けを考えることが有効であることを述べる。次に言語による補文節の選好性については、社会的な動機付けを考慮する必要があることを述べる。

4.1 副詞・複雑動詞が用いられる認知的動機付け

　2節の分析では、複雑動詞と副詞は、〈蓋然性〉の領域に集中して見られた。表2で示した通り、補文節、副詞節、並置節は、〈発話〉〈思考〉〈蓋然性〉の各領域に渡って事例が見られるが、複雑動詞と副詞はそれとは異なる分布を見せる。複雑動詞は、〈発話〉、〈思考〉を表すストラテジーとしては14の言語のうちで1例も見られなかった。また副詞は、わずかに口語ジャカルタインドネシア語の〈発話〉領域で4例、〈思考〉領域で12例、標準マレー語の〈思考〉領域で5例、ドイツ語の〈思考〉領域で9例見られるのみである。その他すべての事例は、〈蓋然性〉領域に集中している。またアルタ語の事例研究においても、〈蓋然性〉を表現するのは、一語副詞に限られる（表

3)。これはどのように説明されるだろうか。

　これを考えるために、構文が持つ文法的特徴と、それぞれの意味領域が持つ概念構造との間に見られる類像性に注目してみる。そもそも副詞や複雑動詞は、それ自体主語などの項を取ることができない。例えば、*The group **might** come from Tokyo.* という助動詞を伴う文を考えると、*might* の主語も、*come* の主語も *the group* となり、*might* という助動詞が主動詞と別の主語を取ることはできない。また、***Probably** they came from Tokyo.* という副詞を伴う例を考えても、*probably* という副詞が、それ自体で主語を取ることはできない。

　このような副詞や複雑動詞の特徴は、表現できる意味・概念に制約があることを意味する。〈発話〉と〈思考〉を例にして考えてみよう。ある命題が節で表され、それが発話内容や思考内容であることが一語副詞や屈折や助動詞で表されていたとする。しかし、発話・思考をする主体が誰なのかを示すことができない。このようなことから副詞や複雑動詞は〈発話〉〈思考〉として使われにくいという傾向が見られるのだと思われる。

　一方で、〈蓋然性〉は主体が一人称（話者自身）の視座に固定されている。例えば ***Probably** they came from Tokyo.* という文は、パラフレーズすると *I guess they came from Tokyo.* となる。すなわち彼らが東京から来たことの蓋然性は話者の視座から判断されている。ほかにも *perhaps*、*possibly*、*maybe*、*hopefully*、*seemingly* などの副詞や、*may*、*might*、*must*、*cannot* などの助動詞が蓋然性を表す場合は、基本的に話者の視座からの判断が反映されている。このような特徴から、それ自体主語などの項を取ることができないという副詞や複雑動詞であっても〈蓋然性〉を表すことができるのではないかと考えられる[9]。

4.2　並置節と補文節の頻度の差に対する社会的・相互行為的動機付け

　次になぜ言語によって補文節を用いる頻度が大きく異なるのかについて考えてみる。ドイツ語、英語、バリ語のように補文節を好む言語もあれば、マトゥカル・パナウ語、アルタ語、ダラボン語のように補文節を全く好まない言語が存在し、特にそのような言語では並置節の使用が広範に見られる。これはどのような要因に動機付けられているのだろうか。

　補文節を好まない言語、変種には、書記言語としての伝統がないという共

通性がある。アルタ語は、狩猟採集民によって話される言語で、書記言語としての伝統を持たない。いわば純粋に話し言葉のみで受け継がれてきた言語である。一方で同じフィリピンの言語でも、イロカノ語は、スペインによって植民地化され、ラテン文字での書記が広まる以前から、バイバイン (Baybayin) と呼ばれる書記言語としての伝統を持っていた。またイロカノ語は現在バンナワグ (*Bannawag*) という週刊誌、ローカルラジオ局、フィリピンイロカノ著述家連盟という著述業に携わる人々の連盟があるなど、現在に至る書記言語としての伝統がある点で、アルタ語とは対照的である。同じようにマトゥカル・パナウ語やダラボン語も書記言語としての伝統は持たない点で、その他の言語とは異なる。

　先行研究においても、話し言葉で並置節ないしより従属度の低い構造が好まれ、書き言葉では補文節ないしより従属関係の高い構造が好まれることは広く指摘されている (Givón 1979、Ong 1982 ほか)。例えば Givón (1979) は、アカデミックな文章 (Chomsky) と話し言葉に依ったフィクション (L'Amour) を調べると、前者では全体の節に対して従属節の占める割合が 64%、後者では 14% となった。後者は純粋な話し言葉の分析ではないが、並置節への志向性が十分に見て取れる[10]。

　では、なぜ並置節が話し言葉では好まれるのだろうか。ここでは、聞き手の情報処理の制約がボトルネックとして存在することで、単一節ごとに産出する並置節のほうが好まれるのではないかという可能性について考えてみる。言語を用いた相互行為においては、話し手は聞き手の理解を適宜モニターしながら、情報を逐次的に提供する必要性に迫られている（また話し手自身もその場で語彙・構文的資源を用いながら、逐次的に発話を構築していく）。そのような状況においては、発話の産出において、無制限に複雑な文を発してよいわけではない。Chafe (1994) は、1 つの韻律的まとまりで一度に発話することができる量はそれほど多くなく、実質的な意味を持つ韻律的まとまり（イントネーション・ユニット）の場合、60% の割合で単一節に対応すると述べている。また Pawley and Syder (1975, 1983) も、単一節制約 (one-clause-at-a-time constraint) を提唱しており、話し言葉では単一の韻律的まとまりにおいて単一節を産出することが自然であると論じている。その

ような話し言葉における情報処理・言語産出上のボトルネックを考えると、従属関係のない単独節を順次的に産出する並置節のほうが、節と節の構造的な結びつきの強い補文節よりも話し言葉に適していると言える。

5. 結語―補文節の特殊性

5.1 本研究のまとめ

　本研究では、補文節という英語の複文の中核を占める構文の1つが、他の言語では必ずしも補文節ではなく、副詞節、並置節、副詞、複雑動詞など多様な構文で表現される可能性があることを、コーパス基盤類型論の観点から示した。2節と3節のデータ分析によって示された傾向は、意味領域における構文の選好性と、言語による構文の選好性である。まず意味領域における構文の選好性としては、〈蓋然性〉を表す表現としては、副詞や複雑動詞が好まれること、言語による選好性としては、補文節の代わりに並置節が用いられる言語が見られたことを述べた。

　4節では、意味領域と言語による構文の選好性の背後にある動機付けについて議論した。なぜ〈蓋然性〉を表す表現として副詞や複雑動詞が好まれるかについては、〈蓋然性〉などは視座が話者に固定されているため、副詞や複雑動詞など独立した主語を持たない表現でも十分に言語化が可能であるという動機付けが考えられることを述べた。また、言語による選好性には、話し言葉特有のボトルネック、すなわち、言語を用いた相互行為においては、話し手は聞き手の理解をモニターしながら情報を提供する必要性に迫られているため、逐次的に節を産出できる並置節という構造が話し言葉には適している可能性を示した。

5.2 言語・認知研究における英語書き言葉のバイアス

　この研究は、我々人間の知能にとって補文節がどの程度必要とされるのかについて1つの知見を提供すると思われる。人の社会的認知において重要な能力の1つに、他者の心を理解する「心の理論」が存在する。特に、他者の信念と事実とを切り分ける能力（誤信念理解）、すなわち John believed Mary has a dog. という文を聞いて、ジョンの信念とメアリーの実際が違うかもしれないと理解する能力は、社会的認知の重要な一側面として注目されてきた。

　心理学においては、心の理論の発達には補文節の構造的習得が重要とされている。"Complements to Cognition"（補文節から認知へ）というタイトルの論文（de Villiers and Pyers 2002）では、「特定の統語的側面すなわち時制付きの補文節が誤信念理解ができるようになるための前駆体でありおそらく必要条件である」こと、「子どもには、心理動詞と補文節からなる統語構造でもって、自分の心に他者の信念を表象することができる」（ibid.: 1037, 1056）と結論づけている。

　しかし本研究の類型論的観点から見ると、この種の研究は英語バイアスのかかった一般化であると言える。ここで論じたように、統語的な埋め込みや補文節は、概念内容を表す唯一の手段ではない。〈思考〉領域を例にしても、補文節が 50% 以上用いられている言語は対象言語 14 のうちの 5 言語に過ぎない。アルタ語やダラボン語などのように、思考を表すために副詞節、並置節など、節の埋め込みが生じない手段で表現する言語も多く存在する。そのような言語では、副詞節、並置節の構造と〈思考〉の意味の間に生じる記号的関係を理解して、適切に心の理論を習得しているはずである。本研究で明らかになったように、概念的に表現内容が〈発話〉や〈思考〉であることと、それが統語的にどのように表現されるかは切り分けて考えないといけない。それぞれの言語がそこで使用されるジャンル、レジスターに応じて進化し、慣習化されてきた構文を習得することで、我々は誤信念理解をはじめとする社会的認知を発達させる可能性を示唆する。

　認知言語学が歴史的に言語類型論に大きな影響を及ぼしてきたように、現在使用基盤モデルと、機能主義言語学と会話分析の融合的分野である相互行為言語学は、現在類型論的分野への広がりを見せている。本研究ではそのような営みの一端として補文節の研究を試みた。今後「認知言語学」や「相互行為言語学」という名を冠して行われる研究以外にもこのアプローチは広く行き渡り、使用基盤に基づく言語研究はますます強まってくることは確実であろう。

謝辞

本研究プロジェクトに多大な貢献を頂いた塩原朝子氏、Nicholas Evans 氏、Danielle Barth 氏、倉部慶太氏、児倉徳和氏、また言語データのアノテーションを行った諸氏、アルタ語話者の皆様に感謝する。また本研究は、JSPS 科研費 JP19KK0011（国際共同研究強化 B）、JP20K13029（若手研究）、東京外国語大学アジア・アフリカ言語文化研究所の共同利用・共同研究課題「ナラティブをめぐる形態統語論」「「失敗」のフィールド言語学」の成果の一部である。

注

1　Usage-based model の usage は言語使用事象のことを指すため、「用法」ではなく「使用」と訳す。

2　ただしこれは伝統的な言語記述が無意味であることを意味しない。対象事象によっては作例を用いることでしか明らかにできないこともあるし、調査期間などの現実的な理由からも作例が非常に有効であることは否定しがたい。

3　このタスクの詳細については Barth and Evans（2017）を参照。SCOPIC は Social Cognition Parallax Interview Corpora の略である。人間関係や人とのやりとりがどのように描写されるかを調べるため、多くの吹き出しや対人的やりとりが多く絵に描かれていることが特徴である。

4　データ収集とアノテーションは以下のメンバーが行った。英語：木本幸憲、日本語：Eri Kasima、Nicholas Evans、Heiko Narrog、横山晶子、木本幸憲、川上夏林、春日悠生、児倉徳和、倉部慶太、シベ語：児倉徳和、ジンポー語：倉部慶太、イロカノ語・アルタ語：木本幸憲、標準マレー語：野元裕樹、口語ジャカルタインドネシア語：塩原朝子、バリ語：Wayan Arka、Desak Putu Eka Pratiwi、マトゥカル・パナウ語：Danielle Barth、クワル語：Alan Rumsey、Andrew Noma、ダラボン語：Nicholas Evans、ドイツ語：Andrea C. Schalley、グイ語：大野仁美。

5　「と」に導かれる節が名詞節（補文節）ではなく副詞節を導く根拠については柴谷（1978: 80–103）も参照。また、通常の副詞節に含まれないが、それと関連する構文として、「中断節」ないし「脱従属化節」がある。この構文は、形態的には従属節標示を取るが、それに対する主節が現れない。日本語では「〜、と。」など引用標識で終わる例が〈発話〉領域において 29 例観察された。これは補文節（10例）と副詞節（20 例）以上に多い。このような脱従属化節の際立った使用は日本語のみに見られた。

6　略号は以下の通り。ABS: 絶対格、DEF: 定、DET: 決定詞、ERG: 能格、GEN: 属格、INTR: 自動詞、LK: リンカー、NEG: 否定、OBL: 斜格、pl: 複数、sg: 単数。

7 副詞としてはそのほかに〈発話〉と〈蓋然性〉にまたがる伝聞副詞 =yan「〜だそ
 うだ」、〈知識〉と〈感情的反応〉にまたがる驚嘆性の副詞 =sika の使用も確認さ
 れた。伝聞副詞 =yan は、他者から聞いた発話を引用する形で、自分にとっては十
 分な確信が持てない情報であることを示す。驚嘆性の副詞 =sika は、新たに知っ
 た情報を驚きを持って認識する場合や、忘れていた知識を「そうだ、そうだっ
 た！」と思い出した時に用いられる。

8 141 例中、補文節は 3 例、（21）のような副詞 =yan「〜と言っていた／〜らしい」
 の使用は 2 例、名詞化が 2 例であった。

9 これは、英語会話における補文節の副詞的イディオム化とも関わる現象である。
 Thompson（2002）は、話し言葉における英語の補文節（I think ...、I guess ... など）
 は、形の上では主語と動詞からなる複雑な表現であっても、その多くは蓋然性を
 表し、視座が一人称に固定されており、一語の副詞としてイディオム化している
 ことを明らかにしている。〈蓋然性〉領域において副詞的にイディオム化するこ
 とは、当該領域で副詞が多く用いられるという通言語的傾向と軌を一にする現象
 である。

10 Deutscher（2000）は、アッカド語の史的研究によって、社会が複雑化し、言語に
 課される機能的複雑性が増すにつれて補文節が発達したことが報告されている。

参考文献

Barth, Danielle, and Nicholas Evans. (2017) SCOPIC Design and Overview. In *Social Cognition Parallax Interview Corpus*（*SCOPIC*）, pp. 1–21. Honolulu: University of Hawai'i Press.

Chafe, Wallace. (1994) *Discourse, Consciousness and Time.* Chicago: University of Chicago Press.

Croft, William. (2001) *Radical Construction Grammar.* Oxford: Oxford University Press.

de Villiers, Jill G. and Jennie E. Pyers. (2002) Complements to Cognition. *Cognitive Development*, 17(1): pp. 1037–1060.

Deutscher, Guy. (2000) *Syntactic Change in Akkadian: The Evolution of Sentential Complementation.* Oxford: Oxford University Press.

Dixon, R. M. W. (2006) Complementation Strategies in Dyirbal. In Dixon, R. M. W. and Alexandra Aikhenvald (eds.) *Complementation: A Cross-Linguistic Typology*, pp.263–280. Oxford: Oxford University Press.

Everett, Daniel. (2005) Cultural Constraints on Grammar and Cognition in Pirahã. *Current Anthropology* 46(4): pp. 621–646.

Floyd, Simeon, Giovanni Rossi and Nick J. Enfield (eds.) (2020) *Getting Others to Do Things: A Pragmatic Typology of Recruitments.* Berlin: Language Science Press.

Givón, Talmy. (1979) *On Understanding Grammar.* New York: Academic Press.

Haig, Geoffrey, Stefan Schnell, and Frank Saifart. (eds.) (2022) *Doing Corpus-Based Typology With Spoken Language Corpora: State of the Art.* Honolulu: University of Hawaiʻi Press.

Kimoto, Yukinori. (2017) A Grammar of Arta: A Philippine Negrito Language. Ph.D dissertation, Kyoto University, Japan.

Kimoto, Yukinori, Asako. Shiohara, Danielle Barth, Nicholas Evans, Norikazu Kogura Wayan Arka, Eri Kashima, Yuki Kasuga, Carine Kawakami, Keita Kurabe, Heiko Narrog, Hiroki Nomoto, Hitomi Ono, Desak Putu Eka Pratiwi, Alan Rumsey, Andrea Schalley, and Akiko Yokoyama. (to appear) Syntactic Embedding or Parataxis? Corpus-Based Typology of Complementation in Language Use. In Danielle Barth and Nicholas Evans *The Social Cognition Parallax Interview Corpus (SCOPIC).* Honolulu: University of Hawaiʻi Press.

Noonan, Michael. (1985) Complementation, In Timothy Shopen (ed.) *Language Typology and Syntactic Description, Volume 2,* pp. 42–141. Cambridge: Cambridge University Press.

Ong, Walter J. (1982) *Orality and Literacy: The Technologizing of the Word.* London and New York: Routledge. (桜井直文・林正寛・糟屋啓介 (訳) (1991) 『声の文化と文字の文化』藤原書店)

Pawley, Andrew, and Frances Hodgetts Syder. (1975) The One-Clause-at-a-Time Hypothesis. In Riggenbach, Heidi (ed.) *Perspectives on Fluency*, pp.163–199. Ann Arbor: The University of Michigan Press.

Pawley, Andrew, and Frances Hodgetts Syder. (1983) Natural Selection in Syntax: Notes on Adaptive Variation and Change in Vernacular and Literary Grammar, *Journal of Pragmatics* 7: pp.551–579.

Selting, Margret and Elizabeth Couper-Kuhlen. (eds.) (2001) *Studies in Interactional Linguistics.* Amsterdam: John Benjamins.

柴谷方良 (1978) 『日本語の分析―生成文法の方法』大修館書店

Thompson, Sandra. (2002) "Object Complementation" and Conversation: Towards a Realistic Account. *Studies in Language.* 26(1): pp.125–164.

会話における思考の引用

中国語会話を例に

遠藤智子・李昱琨・李嘉

1. はじめに

　人間はさまざまな形で言葉を用いる。話し言葉と書き言葉という違いにとどまらず、目的や媒体を異にする言語使用、すなわち、異なるレジスターやジャンルにおいてそれぞれに固有の特徴があることは広く知られている。たとえば、学術的な講演で用いる語彙や文法は、友人向けの SNS メッセージにおけるそれとは大きな違いがあるだろう。このように多様な言語使用の形式の中で、会話は最も基本的なものである。人が言葉を習得するのは周囲の人間とのやりとりの中であり、人間が行う社会的活動の多くは口頭の言葉のやりとりにより構成される。人間同士が互いに知り合ったり、既にある関係を深めたりするのも、会話なくしては不可能である。

　会話における言語使用の大きな特徴の一つは、「イマ・ココ」の言葉だということである。すなわち、目の前に相手がいて、同じ時間の中で会話をする際には、言葉の産出と理解の同時性および産出における時間的制約が影響し、「イマ、ココにいる私」が話しているということが様々な形で体現される。会話という最も基本的な言語使用の実態についての研究が、作例や書き言葉に基づいた研究に比べて不足していることが指摘されて久しいが(Linell 2005)、実際の会話におけるやりとりを基盤とした言語研究である相互行為

言語学の歴史はまだ浅く、今後の発展が期待されている（Couper-Kuhlen and Selting 2017; Thompson et al. 2015）。

　もちろん、会話においても会話の時や場所から離れた内容について話すことはある。Chafe は 1994 年の著書 *Discourse, Consciousness and Time*（Chafe 1994）において、会話における言語使用の中にも会話の状況に即した経験を言語化するモード（immediate mode）と過去の経験等、発話の状況とは離れた内容を言語化するモード（displaced mode）があると論じた。ここで注目したいのは、過去において話し手自身や他者が言ったり考えたりした内容を語る際に、それまでの部分の話し方とは異なり、セリフのように産出することがあるということである。これはいわゆる直接引用と呼ばれるものであり（鎌田 2000; 山口 2009 等参照）、声色や語彙の選択の仕方が、出来事のその場において発される言葉の特徴を備える。では、過去の思考を、あたかもイマ・ココで考えている言葉であるかのように言語化するということは、どのような働きをもつのだろうか。

　本研究では、実際の会話において話し手が自分自身の思考を引用する現象に着目する。英語や日本語に比べるとまだ研究の蓄積が少ない中国語会話に焦点をあて、思考の引用がどのようになされているのかを、産出のされ方の詳細に注意しながら記述するとともに、その相互行為上の働きについて検討する。また、思考の引用のされ方だけでなく、思考の引用に対する聞き手の反応も分析の対象とする。このことを通じ、経験を言語化する際にはその内容と文法構造だけでなく、相手に向けて語る際の語り方の様態が、相互行為において無視できない重要な要素であることを示す。

2. 先行研究

2.1 引用に関する認知言語学的研究

　認知言語学において、引用は視点取りの問題として論じられることが多い。Dancygier（2012）はメンタル・スペース理論を用いて小説における語りの分析を行い、ストーリー・視点スペースと、複数のナラティブ・スペースを包含するメイン・ナラティブスペースを設定することで、セリフ的引用を

含む複数の視点が一つの作品の中で並列し、読み手に理解されるメカニズムとして機能すると論じた。好まれる言い回しと引用的表現に関する日英比較を行った研究では、日本語は発話および思考をその人の内面から再現するが英語は他者の意思を観察可能な表出の段階で捉えるという指摘や（本多 2005、2009）[1]、同じ内容のタスクをさせた際に日本語母語話者の被験者は英語母語話者の被験者よりも思考の引用を多用したという結果（野村 2017、2021）が報告されている。これらは、事態把握の観点からは、日本語話者は他者に自己投入して発話を再構成するのに対し、英語話者は三人称視点で分析的・客観的に把握すると整理できる（都築 2019）。

　そもそも引用がなぜ可能であり、引用が文法にとってどのような意義をもつのかを論じる研究も近年盛んに行われている。Pascual（2006、2014）は引用的表現を fictive interaction（擬似的相互行為）と呼び、やりとりをよりビビッドなものとし、そこで語られる体験を聞き手に追体験させる効果があるということ、および、そのような形で引用を使う認知的基盤は、他者を自分と同様の認知主体とみなすという人間の能力であると論じている（Verhagen 2005 も参照）[2]。また、Pascual の議論を踏まえて類型論的研究を行った Spronck and Carstelli（2021）は、fictive interaction が言語構造の複雑化の基盤であるとし、引用が言語進化の鍵である可能性にも言及している。

　このように、認知言語学において引用は視点取りとの関係で関心をもたれ、また近年では複雑な文法構造の基盤とする見方も出てきているが、分析の重点は主にメカニズムの提案や理論的考察にあり、引用によって何がなされるのかについてはあまり関心が向けられてこなかった。引用の実際のはたらきについて研究が行われてきたのは、次節で紹介する会話分析の分野においてである。

2.2　引用に関する会話分析的研究

　会話においてストーリーを語る際、そのクライマックスにおいては描写の粒度が上がる、すなわち、細部までいきいきと語るようになるということが知られている（Schegloff 2000）。会話における発話や思考の引用は、過去のやりとりの再演（(re) enactment）として語りのクライマックスでなされるこ

とが多く、相互行為にとって重要な役割を果たすことから、Holt and Clift (2007) 所収の諸論文のように様々な言語において会話分析の枠組みをもちいた研究がされている。中国語会話における再演については R. Wu (2012) や H. Wu (2016) の研究等がある。ただし、多くの研究は発話の引用を対象とするものであり、思考の引用を中心的に扱った研究は Haakana (2007) を除くとあまりなされていない。

Haakana (2007) はフィンランド語会話における愚痴の語り (complaint stories) に注目し、愚痴を語る中で思考の引用が果たす役割を分析した。発話の直接引用と同様に、思考の引用部分はプロソディが変化することから地の文とは異なり、あたかも実際の発言であるかのように提示される。フィンランド語においては、引用標識として *minä aattelin et* ("I thought that") などが使われることにより、その内容が実際に発話されたものではないことが明示される。思考を引用することにより、語り手は語る出来事の中で自身がもっていたが口には出せずにいた態度や感情を表出する。思考の引用は聞き手がそのような話し手の感情に反応するための手がかりを与えることにつながり、愚痴の語りの構築における重要な役割を果たすものであると Haanaka は論じた。

実際には言葉にしなかったが心の中で思った内容を愚痴の中で語るという行為は、人間の社会生活においておそらく普遍的なものであり、フィンランド語以外の会話でも広く起きていると考えられる。実際、後述するように、中国語会話においても同様の環境で思考の引用がなされる例は多く見られた。しかし、本研究のデータでは、そのような口に出せなかった思いを愚痴の中で語る場合の他に、より大きな対比を含む思考の引用も繰り返し観察された。次節にてデータの紹介を行った後、第 4 節では中国語会話における思考の引用を 2 つのパターンに分けて分析する。

3. データ

本研究で用いる主なデータは Multilingual COVID Project にて収集されたものである。このプロジェクトでは、ほぼ同世代で初対面の二人が Zoom で 20 分間コロナ禍の経験について語る様子を収録した。日本語と中国語 (普

通話）のほか、英語、韓国語、タイ語、広東語の計 6 言語で同様の手順に沿ってデータ収集を行い、各言語につき 30 組収録した。参加者の募集は研究グループのメンバーが行ったため、中国語のデータ収集にはアメリカ在住の中国語母語話者のペア、日本在住の中国語母語話者のペア、および中国大陸在住の中国語母語話者のペアがそれぞれ 10 組ずつ参加した。参加者の出身地は人により異なるが、データ収集の説明は普通話（中国語共通語）で行われ、参加者は収録の間、普通話で会話した。

　本研究では、中国語のデータのうち精緻な書き起こしが完了している 19 ペア、合計 380 分のデータを用いた。まず、書き起こしから思考内容を表す節が後続する動詞（"覚得"「思う、感じる」"想"「思う、考える」等）があり、かつ思考内容を表す部分が直接引用的と感じられる要素があるもののみ抜き出した。本研究では、思考動詞を伴わない形で引用が開始するいわゆるゼロ引用（马・管 2012）は分析の対象外とした。なお、中国語の規範文法では補文標識は用いられないが、北京方言の口語においては "的" が補文標識的に用いられることがあると指摘されている（方 2022）。本研究のデータにもいくつか類似する例が見られたが、ほとんどの例では思考動詞の直後に思考内容が産出されていた。直接引用的か否かの判断基準は、声色の変化・感動詞の使用・文末詞の使用・直示中心の変化の有無である。以下、声色の変化以外の特徴の例を示す。なお、以下では中国語の原文の下に日本語訳を付すが、会話のやりとりとしてできるだけ自然に読めるようにするため、原文にはない文末詞や発話末表現を日本語訳で加える等の工夫を加えた場合がある。

（1）　感動詞を含む例

然后	我	就	想	着	哦:	可能	就	这	一	次,
それで	1SG	すると	思う	ASP	おー	多分	だけ	この	一	CL

で，私は，**あーまあたぶん今回が最初で最後かな**って考えてたけど.

（2）　文末詞を含む例

然后	我们	觉得	现在	国际	局势	不	太	好	吧,
それで	1PL	思う	現在	国際	情勢	NEG	すぎる	良い	FP

で，私たちは**今国際情勢があまりよくないかも**って思って，

（3） 直示を含む例

如果	没有	新冠	我	会	覚得	**大家**	**都**	**在**	**玩**
もし	NEG	コロナ	1SG	だろう	思う	2PL	皆	ASP	遊ぶ

大家	**都**	**在**	**回国,**	**为什么**	**我**	**在**	**房间**	**里**	**这么**(.)
2PL	皆	ASP	帰国する	なぜ	1SG	LOC	部屋	中	こうして

惨地	**在**	**写**	**论文.**
かわいそうに	ASP	書く	論文

もしコロナがなかったら，私は**みんなが遊んで帰国しているのに**，**どうして私はこうして部屋に引きこもって論文を書いているんだろう**って思うだろう．

直接引用的な思考の引用を含む例は63例見つかったが、上述の特徴の分布は表1の通りである。

表1　思考の引用を直接引用的にする要素の分布

特徴	用例数
声色の変化（感動詞部分以外にも）	12
声色の変化（感動詞部分のみ）	14
感動詞（啊，诶，哦，哎呀，天呐 等）	35
文末詞（吧，啊，嘛，呀 等）	17
直示	28

半数以上の例で思考の引用部分は感動詞で開始されており、感動詞が境界づけの役割を果たしている。また、感動詞の部分だけが、ため息や驚きのような感情を表すプロソディを伴って産出されることも多く観察された。

　次節では、実際の例の詳細な分析により、思考の引用によって何が達成されているのかを考察する。

4. 思考の引用により達成すること

　前節で簡単に紹介した、データから抽出された思考の引用の例の全てに目を通し、特徴を記述した結果、思考の引用の用いられ方は多様であるが、口に出せなかった思考(内心の愚痴)と心境の変化の二つが主なパターンとして浮上した。以下では、それぞれのパターンについていくつかの例とその分析を提示する。

4.1　口に出せなかった思考

　思考の引用で繰り返し観察されたパターンの一つは、話し手が、実際の出来事の中では口に出せなかったことを、語りの中ではセリフのように語るというものである。実際には言えなかった内容を思考の引用として生き生きと語ることにより、話し手は聞き手からの反応を引き出すことができる。下の例 (4) では、参加者がワクチンを打った経験について話している。李希と周雨は日本在住であり、話題が新型コロナウィルス感染症のワクチンからワクチン全般に移ったところである。

（4）［你就打吧］MCO#006 19:13:44

01　李希：　就是长大了之后也打了好多:
02　　　　　就是: 乱七八糟的[那些疫苗.
03　周雨：　　　　　　　　　[流感疫苗之类的.
04　李希：　对对对.
05　　　　　但是我从来: 就是- 打完之后(.)
06　　　　　然后: 那个- 然后日本人打疫苗的时候还一定要跟你说:
07　　　　　啊你疼不疼.
08　　　　　>我就想< .h 你就打吧我是一个 [↓大人,
09　周雨：　　　　　　　　　　　　　　　　[hahaha
10　李希：　**打完就完事了你看你问我我还得回答 ¥一下¥,**
11　周雨：　huh huh
12　李希：　**¥好麻烦¥ 你就- 打完就完事了**=
13　　　　　**= 然后(.)你要问我我还得- 跟着你回答想这个事儿**=

212 Part 3 談話・相互行為からのアプローチ

14 ＝你就直接扎完就得了.

（日本語訳）
01 李希： そして大人になってからも多くの:
02 　　　 まあいろんな［ワクチンを打ってきたよ.
03 周雨： 　　　　　　　［インフルエンザのワクチンとかね.
04 李希： そうそうそう.
05 　　　 でも私はいつもは- 打った後(.)
06 　　　 で: あの- 日本人ってワクチンを打つ時に必ず聞いてくるんだよね.
07 　　　 あ, 痛くないですかって.
08 　　　 ＞私は＜ .h もうさっさと打ってよ　［私は↓大人だよと思う,
09 周雨： 　　　　　　　　　　　　　　　　　［hahaha
10 李希： 打って終わりなんだから, ほら聞かれたら答えなきゃ ¥いけないでしょ ¥,
11 周雨： huh huh
12 李希： ¥本当に面倒だよ ¥打ったらいいのに＝
13 　　　 ＝で(.)質問されたら答えるためにこれを考えなきゃいけないじゃん＝
14 　　　 ＝聞かずに打って終わらせてよ.

日本でインフルエンザ等のワクチンを打つ際に看護師が "啊, 你疼不疼"
「あ、痛くないですか」と聞くことについて李希は否定的な見解を述べてい
る。6-7 行目で看護師のセリフは実際に発話されたものとして、"说"（言う）
で導入される[3]。看護師の発話を引用した直後に李希は 8 行目で "我就想" と
言い、吸気を挟んで、"你就打吧我是一个大人"「もうさっさと打ってよ大人
だよ」から始まる一連の思考の引用を開始する。なお、李希の発話は全体的
に活気があり、愚痴を語る調子が継続しているため、引用部分では "打吧"「打
ってよ」が特に強く産出されている以外は周囲と比べてプロソディの大きな
変化はない。

　「もうさっさと打ってよ私は大人だよ」や「本当に面倒だよ」のような思
考内容は、実際には口に出していないし、社会的に口に出せないものである
る。日本の看護師が注射する際に痛くないか聞くのは一種の丁寧さの現れで
あるだろうし、そのことを李希もわかっていないわけではないだろう。それ
でも内心思ってしまう心の声をセリフのように生き生きと語ることで、会話

はユーモアに溢れた、楽しいものとなる。"你就打吧"「さっさと打ってよ」
まで産出された時点で聞き手の周雨は声を上げて笑い、その後も笑いで反応
し続ける。

　ただここで注意したいのは、周雨は笑い以上の反応はしていないというこ
とである。断片の後もしばらく李希は同様のユーモアを含んだ愚痴を続け、
インフルエンザのワクチンではいつも大した副反応はなかったが、コロナの
ワクチンでは反応が厳しかったということを李希が述べると、周雨は同意し
ながらターンを取り、ワクチンの種類による副反応の強さに話題を移す。日
本の看護師の(李希にとっては)過剰な気遣いに対する批判的態度は、周雨に
とって理解可能であり、面白いものとして扱うことはできるが、強く同意
し、自らも同様の評価を行うような内容ではなかったのである。

　もちろん、語りの内容によっては聞き手に同様の経験があり、強く同意す
ることもある。次の例では、同じく日本在住のペアが、コロナ禍で図書館や
自習室を利用する際の心境について話している。

（5）　［会不会有点危险］MCO#009 19:18:12

01	林叶：	嗯:: 你在图书馆里面坐着什么的你就感觉
02		(0.5)
03		老有人咳嗽啊什么的［你(都)觉得
04	宋静：	［啊:↑::
05	林叶：	噢:↓::h＞(°就觉°)＜
06	宋静：	最近吗？还是说之前.
07	林叶：	最近最近.
08		因为可能就这个天气突然- 变化呀什么的,
09		他们会有一些反应嘛.
10	宋静：	huh huh huh［那真是坐在图书馆就提心吊胆的.
11	林叶	［但是我- 我- 我-
12		对呀. 我心里可能会就是告诉我自己, **啊他们可能就只是,**
13		**空气太干**［燥了啊或者怎么样那种的, 反应.
14	宋静：	［嗯嗯.
15	林叶：	但是也会想一想, **唉: 会不会有点危险就这种.**
16	宋静：	确实(.)就是我们- 我们那个- 我们专攻嘛,

17		他有一个大的自习室.
18		是很大的一个自习室.
19		平时大家都, eh 在里面去那个: 学习自习什么的=
20		= 然后, 我有时候去学校的时候我就会经过那个自习室.
21		然后我就感觉那么大一个密闭的空间=
22		= 然后(.)还有很多人在里面学习
23		我就觉得, **真的:: 好- 好- 好危险呀**我就感觉.
24		**为什么大家都那么- 淡然自若地那么坐在里面,**
25		**坐那么久呢而且.**
26	林叶:	对呀, 我就觉得(.)他们的意识真的是,
27		而且前一段时间就是那个什么文化祭的那个时候嘛.

（日本語訳）

01	林叶:	うん:: 図書館で座っているとなんだか
02		(0.5)
03		いつも誰かが咳払いをしていたり［すると
04	宋静:	［あー:↑::
05	林叶:	あー:↓::>(°なんだかな°)<
06	宋静:	最近？それとも以前から.
07	林叶:	最近最近.
08		だって急に天気が変わったりすると,
09		彼らは何か反応することがあるかも.
10	宋静:	huh huh huh［それは図書館に座っていると心配だね.
11	林叶	［でもわ- わ- 私
12		そうなんだよ. 心の中で, **あ彼らはたぶん単に,**
13		**空気の乾［燥とかに反応してるんだ**と自分に言い聞かせる.
14	宋静:	［うんうん.
15	林叶:	**でもあーこれってちょっと危ないんじゃないかな**と思うこともある.
16	宋静:	確かに(.)私たち- うちのあの- うちの専攻にね,
17		そこに広い自習室があるのよ.
18		めっちゃ広い自習室なんだけど.
19		普段みんなは eh その中で勉強とか自習とかするんだけど=
20		=で, 時々学校に行く時にその自習室の前を通ることがあるの.
21		それであんなに大きな閉鎖された空間で=

22   = たくさんの人が中で勉強しているなんて
23   **本当に::すごく-すごく-すごく-危ないなって思っちゃう.**
24   **なんで皆そんなに-平気そうに中に座っていられるんだろう**
25   **しかも(なんで)何時間も座っていられるんだろうって.**
26 林叶: そうよ,私も思う(.)彼らの意識は本当に,
27   それに先日,あのなんとか文化祭のときにね.

まず、一人目の思考の引用から見ていこう。図書館で咳をしている人がいると、(その人がコロナに感染しているのではないか)不安になるという話をする中で、林叶は12–13行目で"啊他们可能就只是,空气太干燥了啊或者怎么样那种的,反应"「あ彼ら(が咳をしているの)は多分単に、空気の乾燥とかに反応してるんだ」と自分に言い聞かせる("我心里可能会就是告诉我自己")ということ、しかし「あーこれってちょっと危ないんじゃないかな」("唉:会不会有点危险就这种")と思うということを、思考の引用を用いて語る。

15行目の発話を例にとり、少し詳しく見てみよう。図1は15行目の発話の各時点における音量とピッチを示したものである。

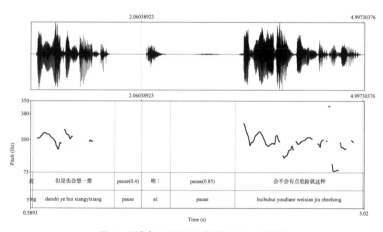

図1 例(5) 15行目の声量とピッチ曲線

"但是也会想一想"「でも〜とちょっと考えることもある」という表現によって、これから"想"する内容が語られるということが強く投射されるが、その後0.4秒の間があり、まずは感動詞の"唉 ai"が、それまでよりも小さい

音量で産出される。"唉"は悲しみや嘆息を表す感動詞とされるが（刘ほか2001）、小声で発されることで、その意味合いがさらに強調される。その後、さらに長い間があってから、"会不会有点危险就这种"「これってちょっと危ないんじゃないかな」という否定的な見方が述べられるが、これはもちろん、"想"の内容として理解される。この部分のプロソディに目立った特徴はないが、"想"および小声の"唉"が先行していることで、心の声として言語化されていることがわかる。

　この例で興味深いのは、会話相手の宋静も自らの類似した経験を語り、ほぼ同内容の思考の引用をしているということである。16行目で宋静はターンを取るが、まず"确实"「たしかに」という同意表現でターンを始めた後、一瞬の間をおいてすぐに自分の所属する専攻の自習室について話し始める。自習室という新しいトピックを導入し（17行目）、簡単に背景情報の説明を加えると（18–20行目）、コロナ禍という状況下においては、密閉空間に多くの人がいることについて危険を感じるということを思考の引用を交えて語る。

　何らかの語りが行われた後に、聞き手が関連する自分の話をするのは、セカンド・ストーリーと呼ばれ、話の理解を示すやり方である（Sacks 1992）。図書館で人が咳をしていると「危ないんじゃないか」と思う林叶の話の後で、自習室に多くの人がいると「本当にすごく危ないな」と思う、と語ることで、宋静は林叶と同じ感覚をもっていることを示すことに成功している。さらに、林叶による思考の引用に比べて、それに対する同意的な反応である宋静による思考の引用の方がより強い評価を伝える発話になっていることに注意したい。すなわち、林叶は"危险"「危ない」の前に"会不会"や"有点"を発している。"会不会"とは、可能性を表す助動詞の"会"を反復疑問文の形で用いたものであり、「〜ということがあるだろうか・あるかもしれない」という確信度を下げる働きをもつ。"有点"は主に好ましくない事態に対して「少し・やや」という程度を示すものであり、"危险"という判断・評価は和らげられている。これに対し、宋静は"危险"の前に"真的"「本当に」や"好"「すごく」を用いており、強く断定する態度を表明している。英語会話の評価連鎖において、同意する応答では評価がより強い形になるということが指摘されているが（Pomerantz 1984）、林叶と宋静の思考の引用におけ

る強さの変化も類似した現象として捉えられるだろう。

　以上、本節では、実際には口に出せなかった内心の思いを引用するパターンを検討した。思いはしたが口に出すのを憚られる内容とは、人に聞かれたくはない、すなわち、聞いた人が気を悪くしたり、発言者が批判を受けかねなかったりするようなものだろう。そのような内容を初対面の相手に語るのは、いささか危険を伴う行為のようにも思えるが、相手にも同様の経験があり共感できるのであれば、参加者間の心理的距離を縮めることにつながる。本研究のデータ収集参加者は初対面であるため会話開始時には互いの共通点が明らかではないが、「コロナ禍における経験」を話題として指定されており、場所は違ったとしても同じ時期に同じような経験をしていることが想定できる。自らの心の声を引用して伝えるという自己開示を通じ、話し相手との共通基盤を構築していると考えられる。

4.2　過去と現在の思考の対比

　中国語会話における思考の引用において多く見られたもう一つのパターンは、過去と現在の自分の考えに変化が起きたことを述べるものである。下の例（6）はアメリカ在住の王可とアメリカから中国に戻った李雪の会話で、李雪がコロナに関する考えを語っている部分である。

（6）［会有什么改变呢］　MCO#005 10:29:22

01　李雪：现在真的是说不好,=
02　王可：［huh huh
03　李雪：[=以前还觉得**啊 <Q↑再等几个月就好了, Q>**=
04　　　　=然后现在就觉得说 =
05　　　　**=.h 唉等几个(h)月(h)也就那(h)样儿**=
06　　　　**=能会有什么改变(h)呢**. huh huh
07　　　　(0.2)
08　　　　对:.
09　　　　(0.8)
10　王可：就反正我觉得还是挺:- 挺- 挺不::-
11　　　　(0.5)

218　Part 3　談話・相互行為からのアプローチ

12　　　　挺不积极的吧.

（日本語訳）
01　李雪：今は何とも言えないね,=
02　王可：[huh huh
03　李雪：[=以前思ったのはあっ <Q↑もう数ヶ月待っていたらきっと帰れる,Q>=
04　　　　=で今思っているのは=
05　　　　=.h ああもう数ヶ月 (h)待っていてもその(h)ま(h)まだ =
06　　　　= 何も変わらない(h)なあって .huh huh
07　　　　(0.2)
08　　　　そう:.
09　　　　(0.8)
10　王可：いずれにせよあ:- あまり- あまり::-
11　　　　(0.5)
12　　　　楽観的ではないでしょう.

　李雪は、「以前」はコロナウィルス感染症の収束に対して楽観的だったが、データ撮影時の「現在」、すなわち 2021 年の 9 月ではそうではないということを、各時点の思考を引用することで対比的に述べている。特に注目すべきは、発話時「現在」で既に間違っていたということがわかっている「以前」の考えを引用する際に、ピッチが目立って上昇し、明らかにそれまでとは違う声で思考の引用部分が産出されているということである（図2）。これに対し、4行目以降で「現在」の考えを述べる際には、ピッチは相対的に低い。また、吸気 (.h) の後に "唉" というため息のような感嘆詞が出ていることから、話し手自身の感情をそのまま表出するような形で思考が引用されていることがわかる。続く "等几个月也就那样儿"「数ヶ月経っていてもそのままだ」は自嘲めいた笑いを含んだ産出をされており、会話時点のコロナの状況に対して諦めのような心境であることが現れている（図3）。なお、中国語には、「（実際とは違う内容を）思い込む」という意味の "以为" という動詞がある。しかしこの会話では "以为" は使われず、真偽については中立的な "觉得" を用いて思考内容が伝えられている。高いピッチによって標識される、会話時点の李雪とは異なる声が、その声の伝える「数ヶ月すれば良くなる」とい

う事態は現実には起きなかったということ、および、そのような楽観的な考えを持っていた自分への批判的態度を表していると考えられる。

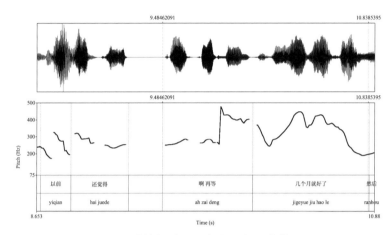

図2　例(6) 3行目の声量とピッチ曲線

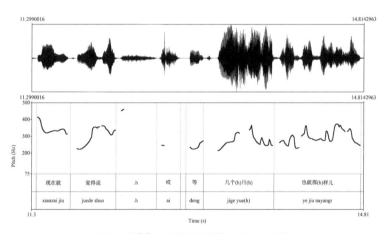

図3　例(6) 4-5行目の声量とピッチ曲線

4行目から6行目の発話は自己批判的・自嘲的な意味合いがあり、直接的な同意のしにくい性質のものである (Pomerantz 1984)。王可がターンを取るまでに間があり、「いずれにしてもあまり積極的ではないと思う」という一般的で抽象的な応答をしているのは、李雪の表明した態度の応答しづらさに

起因していると考えてよいだろう。

　(6)の例では過去の思考と現在の思考が両方とも引用の形で提示されて対比されていたが、どちらかが引用ではない形で提示されることもある。次の例 (7) では、現在の考えを述べる際に何の標識も使われず、セリフ的な引用からいわば素に戻ることによって対比が実現している。この会話の参加者は二人共アメリカ在住である。曹如はコロナウィルス感染症が流行する前の最後の休暇の時期に中西部から東海岸に引っ越しをする必要があり、引っ越しで慌ただしかったため中国へ一時帰国をしなかったのだが、その後コロナ禍で帰国することができず、会話を収録した時点ではまだ帰国できていなかった。なお、曹如は、この断片の直前で、"我19年夏天之后就没有回过国"「2019年の夏からずっと帰国していない」ということを話しており、語りの中の2020年の冬に帰国しなかったということは参与者たちに理解されている。

（7）［悔不当初］MCO#019 07:22:11

01　何芬：　美国的哪个区域方便-(方便说吗)
02　　　　　(0.3)
03　曹如：　我原来本科是- 现在是在东海岸,
04　　　　　(0.5)
05　何芬：　嗯.
06　　　　　(0.3)
07　曹如：　然后原来的话是在 da- 就中西部.
08　　　　　(0.3)
09　何芬：　嗯嗯嗯.
10　曹如：　对, 我当时就是想的：**<Q 哎呀: 还要搬家:,**=
11　　　　　=**还要把所有东西从中西部**=
12　　　　　=［**然后, 寄到或者搬到东海岸, Q>**
13　何芬：　　［唉:
14　曹如：　>觉得< **<Q↑太麻烦了**= **不然不回国了吧, Q>**
15　　　　　(0.8)
16　　　　　↓ <悔不当初>［huh huh huh
17　何芬：　　　　　　　　　　［huh huh huh
18　　　　　(0.9)

会話における思考の引用　221

19　　　　　我懂, 我懂.

（日本語訳）
01　何芬：　アメリカのどこか（聞いてもいいかな）.
02　　　　　(0.3)
03　曹如：　私は学部が- 今は東海岸でね,
04　　　　　(0.5)
05　何芬：　うん.
06　　　　　(0.3)
07　曹如：　で, 前はあの da- まあ中西部だったの.
08　　　　　(0.3)
09　何芬：　うんうん.
10　曹如：　うん, そのとき思ったのは <Q ああ引っ越さなきゃ=
11　　　　　=すべての荷物を中西部から, =
12　　　　　=［で, 東海岸に送ったり移動させたりしなきゃ, Q>
13　何芬：　　［ああ：
14　曹如：　>思ったのは< <Q 面倒くさいから = 一時帰国をやめようかな, Q>
15　　　　　(0.8)
16　　　　　後悔先に立たず. ［huh huh huh
17　何芬：　　　　　　　　　　［huh huh huh
18　　　　　(0.9)
19　　　　　わかる, わかる.

10 行目から 14 行目までの曹如の語りにおいて、まず、“我”「私」と “当时”「そのとき」という表現で「誰が・いつ」したことなのかが示され、“就是”「すなわち」のあと “想的”「思った」という思考動詞が続き、過去のある時点において考えた内容がこれから語られることが投射される。過去の思考内容が始まる最初のところでは “哎呀”「アイヤ」という感嘆詞に続いて “还要搬家”「引っ越ししないといけない」“还要把所有东西从中西部然后寄到或者搬到东海岸”「すべてのものを中西部から東海岸に送ったり移動させたりしないといけない」という、“还要”「〜もしないといけない」で始まるフレーズが二度繰り返されているが[4]、これは話者の感情的評価である “太麻烦了”「面倒くさすぎる」（14 行目）に導くための論拠を列挙している。実質的にはほぼ

同じ内容であるが、抽象的な表現の“搬家”「引っ越し（する）」が具体的な“还要把所有东西从中西部然后寄到或者搬到东海岸”「すべてのものを中西部から東海岸に送ったり移動させたりしないといけない」という表現へと変えられていることで、引っ越しの必要性を感じて焦る気持ちをよりまざまざと伝えている。

　続く14行目では、思考動詞“觉得”「思う」が用いられ、思考内容が述べられるということが再度投射される。産出されていない“觉得”の主語は“我”だと理解可能であり、引っ越しが必要な状況で曹如が思ったことが“太麻烦了”「面倒くさすぎる」“不然不回国了吧”「帰国しない方がいいだろう」と述べられるが、どちらも口語的な表現であり、やや高いピッチで発せられ、直接引用的に言語化されている。

　思考の引用により曹如は引っ越しが必要で慌てていたという気持ちと面倒だから帰国しないでおこうかと思ったということを伝える一方、行動として何をしたかは述べていないことも注目に値する。14行目の後、0.8秒というやや長い沈黙があり、16行目で曹如は“悔不当初”「後悔先に立たず」という四字熟語を口にする。この四字熟語を発するということは、すなわち後悔しているということであり、後悔の対象は自分が帰国しなかったということである。会話のこの部分では帰国しなかったこと自体は述べられていないが、後悔しているというスタンスが四字熟語の使用により鮮明に前景化されている。

　また、この例でも、やりとりにおいてプロソディが大きな役割を果たしている。10行目から14行目は慌てふためいた様子を再演する声色で、特に14行目はやや高いピッチで産出されているのに対し、16行目の“悔不当初”は非常にはっきり、ゆっくりと、やや低いピッチで産出されており、それまでの思考の引用とは明確なコントラストがある（図4・図5参照）。四字熟語という定型表現を用いることでトピックの終わりが標識されるだけでなく（Drew and Holt 1988）、話し手が発話時現在において冷静にそのような評価をくだしているということがプロソディにも表れているのである。16行目の明瞭な産出の仕方はやや演技的とも言えるほどであり、直後に産出されていた笑いは、このような演技的な振る舞いに対して自分でも可笑しみを感じ

たということの表明なのかもしれない。このように複雑なメタ認知とその表出が行われているが、異なる時点の異なる態度を表す際にプロソディは有用な資源であり、聞き手にとっても理解の手がかりとなる。

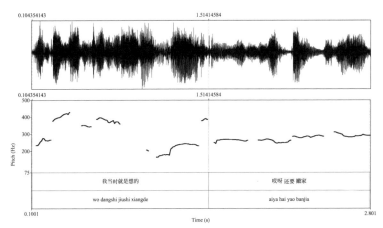

図4　10行目の声量とピッチ曲線

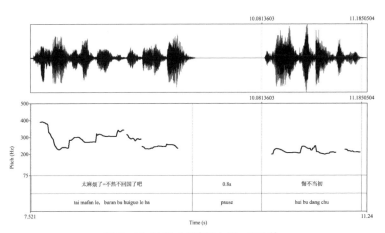

図5　14-16行目の声量とピッチ曲線

このように複雑かつ自己批判も含む語りに対し、聞き手の何芬は16行目の曹如の笑いに同調して共に笑い（17行目）、少しの間をおいて、「わかる,わかる」と理解を主張している（19行目）。このあと何芬はそのままターンを

保持し、自分がアメリカに戻ることになった経緯を語る。曹如の話と何芬の話は、例 (5) のペアほど重なりが大きくはないが、先行する話に触発されて関連する話を始めるという点では類似している。直接引用的で詳細な思考の引用は語りのクライマックス近辺で行われ、参与者たちの間に共通理解を達成し、現行の話し手によるターンの終結と聞き手によるターン取得、すなわち順番交替をもたらしている。

以上、本節では、過去と現在の思考が対比されるケースを分析した。ビビッドに引用された思考だけでなく、時間を経て変化した心境が対比的に語られることで、より大きな時間枠における経験が言語化されている。心境の変化を語るケースでは、時間的に早い時点での思考は結果的に間違っていたものとして提示されがちであるが、その時点においてはそう考えていたのだということを聞き手に理解させることがその後の語りの展開にとって重要である。過去の自分の思考を聞き手に実感をもって感じさせるために、思考の引用は非常に効果的であると言えよう。

5. まとめと考察

本稿では、中国語会話における思考の引用について、実際の例の分析を通じて検討した。特に、口には出せなかったが内心思ったことを述べるケースと、心境の変化が起きたことを述べるケースについて詳しく見た。

会話において引用を引用として理解できるように産出するには、思考動詞や引用標識という文法的資源だけでなく、プロソディや表情等のマルチモーダルな資源も無視できない役割を果たす。引用部分の前にポーズがあったり、引用部分では声色やピッチが変わったりすることで、引用部分はそれまでとは違う性質の言葉として実時間の中で産出され、即座に理解されるのである。Pascual (2014) が指摘するように、直接引用は、語る内容をより鮮明に伝えることができるだけでなく、会話の場において聞き手をより直接的に参加させる効果がある。思考の引用の場合は、引用された発話の聞き手としてよりも、引用された思考内容を持つ主体として参加させられると言えるだろう。

思考の引用という、他の部分とは異なるレベルが会話の中に挟まれること
は、参与者たちにも異なるレベルの関わり方を可能にする。思考の引用をす
ることは、話し手が思考を主体的に再現し再体験するものである一方、自分
の思考を客体化することでもある。そして、客体化された自己の思考は評価
の対象となる。ここで注意したいのは、語られる過去の出来事の場にいたの
は会話参与者のうち話し手だけであるが、会話の場には聞き手も存在すると
いうことである。各事例の分析で見たように、思考の引用の後に聞き手は笑
いや同意表現、関連する語り等で協調的な反応をする。話し手と聞き手は、
体験の語りを行うものと聞くものという非対称な関係であるだけでなく、話
し手が語った体験を評価するものとしては対等になりうるのである。認知言
語学において複数の主体がそれぞれ認知状態を持ちうるという議論が行われ
る際 (Verhagen 2005; Pascual 2014)、それはあくまでも話し手による言語使
用を説明するための理論的な想定にすぎない。しかし、本研究が行ったよう
に、会話のやりとりを詳細に観察すると、話し手とは異なる認知主体である
聞き手が実際にどのような形で、どのようなタイミングで反応を行っている
のかがわかる。特に今回のデータでは、コロナ禍という経験を共有する初対
面の参与者同士が会話を通じて互いを理解する様を観察することができた。
言葉を用いて経験を共有し、共通理解を達成するという人間社会にとって不
可欠なプロセスにおいて、思考の引用は有効なやり方の一つなのである。

謝辞

本研究はカリフォルニア大学ロサンゼルス校の岩崎勝一教授による Multilingual
COVID Corpus プロジェクト、「COVID-19 とデジタル・ネイティブ世代—多言語に
よる語りの収集と分析」(JSPS 科研費 JP22H00660、代表：龍谷大学　村田和代) およ
び「認識性の日中対照会話分析」(JSPS 科研費 JP22K00526、代表：遠藤智子) の助成
を受けて行われた。

注

1　たとえば、英語では "He's agreeing to meet me" のように "agree" という動詞で表
　　現する内容を、日本語では「彼は会ってもいいって言ってる」という形で引用を

用いて表現するということ（本多 2005: 166–169）。

2　Pasucual は Langacker にも言及しているが、特に Verhagen（2005）の間主観性（intersubjectivity）の議論とより関連が深い。

3　"跟你说" は「あなたに言う」という意味だが、ここでの "你" は英語における総称の you と同様、聞き手ではなく人間一般を指すものであり、このような状況が誰に対してもしばしば起きるものとして表現されている。

4　「しないといけない」という必要の意味を表すのは "要" だけである。"还" はしばしば「まだ」と訳される、時間や強調の意味を表す副詞だが、ここでは接続詞として機能している。

参考文献

Chafe, Wallace. (1994) *Discourse, Consciousness and Time: The Flow and Displacement of Conscious Experience in Speaking and Writing*. Chicago: University of Chicago Press.

Couper-Kuhlen, Elizabeth and Margret Selting. (2017) *Interactional Linguistics: Studying Language in Social Interaction*. Cambridge: Cambridge University Press.

Dancygier, Barabara. (2012) *The Language of Stories: A Cognitive Approach.* Cambridge: Cambridge University Press.

Drew, Paul and Elizabeth Holt. (1988) Complainable Matters: The Use of Idiomatic Expressions in Making Complaints. *Social Problems*, 35（4）: pp. 398–417.

方梅（2022）"的" 字补说：北京话中用作他引标记的 "的".《世界汉语教学》36（4）: pp. 451–461.

Haakana, Markku. (2007) Reported Thought in Complaint Stories. In Elizabeth Holt and Rebecca Clift (eds.) *Report Talking: Reported Speech in Interaction*, pp.150-178. Cambridge: Cambridge University Press.

Holt, Elizabeth and Rebecca Clift. (Eds.) (2007) *Reporting Talk: Reported Speech in Interaction*. Cambridge: Cambridge University Press.

本多啓（2005）『アフォーダンスの認知意味論―生態心理学から見た文法現象』東京大学出版会

本多啓（2009）「他者理解における「内」と「外」」坪本篤朗・早瀬尚子・和田尚明（編）『「内」と「外」』pp.395–422. 開拓社

鎌田修（2000）『日本語の引用』ひつじ書房

马博森・管玮（2012）汉语会话中的零转述现象 .《外国语（上海外国语大学学报）》2012（04）: pp. 24–34.

Linell, Per. (2005) *The Written Language Bias in Linguistics: Its Nature, Origins and Transfor-*

mations. London and New York: Routledge.

刘月华・潘文娛・故韡 (2001)《实用现代汉语语法 (增订本)》商务印书馆 .

野村佑子 (2017)「日英語会話における思考動詞を用いた引用について」『日本女子大学大学院文学研究科紀要』(24): pp.105–115.

野村佑子 (2021)「日英語会話における引用形式を用いた発話と相互行為―解放的語用論に基づく引用研究の試み」『順天堂グローバル教養論集』6: pp.157–165.

Pascual, Esther. (2006) Fictive Interaction within the Sentence: A Communicative Type of Fictivity in Grammar. *Cognitive Linguistics* 17(2): pp. 245–267.

Pascual, Esther. (2014) *Fictive Interaction: The Conversation Frame in Thought, Language and Discourse*. Amsterdam: John Benjamins.

Pomerantz, Anita. (1984) Agreeing and Disagreeing with Assessments: Some Features of Preferred/Dispreferred Turn Shapes. In J. Maxwell Atkinson and John Heritage (eds.) *Structures of Social Action: Studies in Conversation Analysis*, pp. 57–101. Cambridge: Cambridge University Press.

Sacks, Harvey. (1992) *Lectures on Conversation* Volume 1 & 2. Oxford: Blackwell.

Schegloff, Emanuel A. (2000) On Granularity. *Annual Review of Sociology* 26(1): pp. 715–720.

Spronck, Stef and Daniela Casatelli. (2021) In a Manner of Speaking: How Reported Speech May Have Shaped Grammar. *Frontiers in Communication* 6: 624486.

Thompson, Sandra A., Barbara A. Fox, Elizabeth Couper-Kuhlen. (2015) *Grammar in Everyday Talk: Building Responsive Actions*. Cambridge: Cambridge University Press.

都築雅子 (2019)「事態把握の主観性と言語表現―認知言語学の知見より」郡伸哉・都築雅子 (編)『語りの言語学的／文学的分析』pp.3–64. ひつじ書房

Verhagen, Arie. (2005) *Constructions of Intersubjectivity: Discourse, Syntax, and Cognition*. Cambridge: Cambridge University Press.

Wu, Haiping. (2016) Modified Resayings of Reported Speech in Mandarin Conversation. *Chinese Language and Discourse* 7(1): pp. 105–135.

Wu, Ruey-Jiuan Regina. (2012) Self-praising Through Reporting: Strategic Use of Two Reporting Practices in Mandarin Conversation. *Discourse Processes* 49(8): pp. 622–659.

山口治彦 (2009)『明晰な引用、しなやかな引用―話法の日英対照研究』くろしお出版

228 Part 3 談話・相互行為からのアプローチ

付録 トランスクリプトで使用した記号

(.)	ごく短い沈黙
(数字)	沈黙の秒数
文字::	直前の音が延びている.「：」の数が多いほど長く延びている
文字,	まだ発話が続くように聞こえる抑揚
文字.	下降調の抑揚
[	この記号をつけた複数行の発話が重なり始めた位置
文字—	直前の語や発話が中断されている
>文字<	速く発話されている
<u>文字</u>	強く発話されている
<Q Q>	声色に変化がある
.hh	息を吸う音. h の数が多いほど長い. 笑いの場合もある
↓文字	直後の音が低くなっている
↑文字	直後の音が高くなっている
=	前後の発話が切れ目なく続いている
¥	記号で挟まれた箇所が笑っているような声の調子で発話されている
文(h)字(h)	笑いながら発話している
(文字)	はっきりと聞き取れない部分
°文字°	弱く発話されている
文字？	上昇調の抑揚
huh , haha	笑い声
太字	分析において注目する発話部分(思考の引用部分)

「超かわいいんだけど！」

「けど」中断節構文による肯定的評価と言語内バリエーション
への相互行為的アプローチ

横森大輔

1. はじめに

　認知言語学の展開の中で生み出され、発展してきた構文文法 (Construction Grammar) の諸研究は、様々な言語現象について、構成要素からは予測のつかない形式的特徴や機能的特徴を記述することに成功してきた。それを可能にした構文文法の強みの1つは、分析対象の現象(構文)の形式面および機能面の特徴づけにおいて、既存の言語研究で定められた構造や概念を盲目的に適用するのではなく、どこまでの範囲を構文として扱うか、あるいはどのような要素を構文の記述に含めるかといった問題に極めて柔軟でオープンな態度で臨む点にあるだろう。そのため、構文文法は他のどの枠組みの文法研究よりも、話し言葉を含めた広範な現象を分析の俎上に載せること、そして談話・語用論的な特徴を体系的に分析に取り組むことを可能にしてきた。

　とはいえ、である。Hilpert (2014) が指摘するように、構文文法の分野において話し言葉現象に対する取り組みは依然として十分であるとは言い難い。近年の構文研究において、コーパス中の話し言葉データを利用する研究 (例えば、特定の構文の頻度や共起関係を調べる研究)は一定数見られる。その一方、当該構文が文脈の中で人々にどのように利用されているか(言い換えれば、当該構文が相互行為においてどのような実践的特徴を有している

か)という水準で言語知識を記述する構文文法的研究は限られているのが現状である。

また、現状の構文文法の課題として、言語内バリエーションの扱いの不十分さが指摘されることもある(Hollmann 2013)。当該言語の話者が皆等しく同じ構文を使用しているとは限らないため、ある構文が専ら特定の属性(例えば性別や年齢)を持つ話者によって用いられているのであれば、その事実は当該言語の体系に関する知識の一部として記述に含める価値があるだろう。他方で注意しなければならないのは、当該言語の内部におけるある構文の使用や定着のバリエーションを記述する際の「変数」として、性別や年齢に代表される話者個人の固定的属性がどこまで有効であるかは自明ではないという点である(Coupland 2007; Eckert 2012)。エスノメソドロジー・会話分析の諸研究が論じてきたように、話者の属性のように見えるものの一部(例えば、ある人物が「教師」であること)は、個別の社会的文脈の中で、一定のやり方で相互行為に参加すること(例えば、教室で生徒を前にして教師らしく振る舞うこと)を通じて立ち現れてくる特徴である。したがって、第3節で論じるように、ある構文の言語内バリエーションについて記述するためには、どのような属性あるいは人物像の話者によってその構文がよく使用されているかを調べるのとは別に、その構文を使用することがどのような社会的文脈に感応したものであり、どのような相互行為上の実践になり得るのかを明らかにする必要があるだろう。

本稿では、日本語の体系の中で特定のタイプの若年層女性(例:ギャル)の人物像(話者アイデンティティ)と結びつけられる傾向のある構文として、「けど」中断節構文による肯定的評価(例「超かわいいんだけど!」)を題材とし、それが相互行為の中で果たす働きを記述する[1]。本稿の分析を通じて、構文と話者アイデンティティの関係の問題ならびに構文の言語内バリエーションの問題に迫る上で、当該構文が持つ相互行為上の実践的特徴を記述する論考が有効であることを示したい[2]。

2. 「けど」中断節構文と言語内バリエーション

　日本語の話し言葉では、従属節（副詞節「〜けど」「〜から」、条件節「〜たら」、補文節「〜という」など）が主節を伴わずに単独の発話として産出される現象がしばしば観察される。Ohori (1995) は、構文文法 (Fillmore et al. 1988) の枠組みに基づいてこの現象を中断節構文 (suspended clause constructions) と呼び、その形式的・機能的な特異性を捉えることを試みた。中断節構文は、話し言葉に特化した構文である点、そして構文（すなわち人々の言語知識）の記述に談話語用論的特徴を組み込む必要性がある点で、構文文法そして使用基盤言語学の展開にとって重要な研究対象として位置付けられる。中断節構文の中で、取り立てて頻度が高い「けど」中断節構文については特に盛んに研究が行われてきた（Nakayama and Ichihashi-Nakayama 1997; Ono, Thompson, and Sasaki 2012; Yokomori 2023）。

　従来の構文文法や使用基盤言語学の文脈で行われてきたこれらの研究は、日本語話者一般の間で共有される言語知識として「けど」中断節構文の諸特徴を明らかにしようとしてきた。例えば、筆者は別稿 (Yokomori 2023) で、相手の言動や眼前の状況に観察される問題について「〜けど」という発話形式で言及すると、それが何らかの対処が求められるものであり、聞き手の側に対処の責任があることが暗に示されると論じた。このような「けど」中断節構文の特徴は、幅広い層の日本語話者が日常的に話者として活用したり、聞き手として問題なく理解したりしているものだろう。実際、「けど」（あるいは「けれども」）で発話を終了するという言語形式は、日本語研究に実際の話し言葉の録音データが利用され始めた最初期の時点で既に報告されており（国立国語研究所 1951）、日本語に広く定着した言語知識と言える。

　その一方、巷の言説においては、「けど」中断節構文の使用を特定のタイプの話者アイデンティティと紐づける立場も散見される。例えば以下のような SNS 投稿は、「けど」で発話を終えることが「ギャル」という特定のタイプの若年層女性の人物像とステレオタイプ的に結び付いている（そして、「標準的」な日本語とは異なるものである）という人々の認識を伝えている。

（1） 「語尾に『だけど』って付けるとギャルみたいで可愛いね」って友達
　　　と話して以来、頭の中でしゃべる時全部語尾に「だけど」が付いちゃ
　　　って面倒臭いんだけど。

　　　　　　　　　　　　（https://twitter.com/popbelop/status/796976127411515392）

（2） 一昔前のギャルじゃないんだから、「ですけど」って語尾につけるの
　　　やめて。痛々しい

　　　　　　　　　　　　（https://twitter.com/gesges1/status/240836598055440384）

（3） ギャル描くのに語尾に〜けど、〜だし。もしくは〜し。付けて、外観
　　　さえそれらしく描いたら、それで十分とか思ってない？

　　　　　　　　　　　　（https://twitter.com/StarOwl16/status/1542712114225131522）

　もちろん、「けど」で発話を完了すること自体は、上述の通り幅広い層の話
者の間で観察されている。ウェブ上の言説の中で挙げられる具体的な発話例
を見ていくと、私達が「ギャル」あるいはそれに類する話者アイデンティテ
ィと結び付けたくなるタイプの「けど」中断節構文の特徴が浮かび上がって
くる。それは、内容的には「その場に存在する事物・人々・状況についての
肯定的な評価」であり、形式的には「んだけど」「んですけど」のように「の
だ」を伴うという特徴である[3]。次の（4）では、「超カワイイんだけど」とい
う発話が「ギャルみたい」な「口調」として言及されている。

（4） 超カワイイんだけど wwwwwww 面白すぎて口調がギャルみたいにな
　　　ってしまった…

　　　　　　　　　　　　（https://twitter.com/44_ovation/status/1503338061698318339）

　次の（5）は、著名なウェブサイト『ほぼ日刊イトイ新聞』に掲載されたコラ
ム記事の一節で、花見の席で耳に入った発話を「ギャルっぽい、OL 風の子」
によるものと特徴づけた上で、「けど」で発話を終えることへの違和感を表
明している。

（5）　この間もギャルっぽい、OL風の子が

　　　「やだぁ〜超キレイなんですけどーーー！」

　　　って叫びながら、バッシャバシャ写真撮ってた。

　　　あの言い回しって、誰から始まったのかねぇ？

　　　まず、「いや」じゃないじゃない。で、「ですけど」なに？？けど、な

　　　に？　　　　　　　　　　（http://www.1101.com/joshi/2008-03-31.html）

次の(6)は東京都父島在住の男性のブログ記事で、「チョー感動なんですけどー！」という発話を「キャピキャピの女子高生言葉」として言及し、その言葉遣いが目立つものであるという態度を示している（記事の執筆者自身が面白おかしくその言語形式を真似してみせている点にも注目されたい）。

（6）　「マジ見て見て！魚がいっぱい！チョー感動なんですけどー！」

　　　入港直後、修学旅行で訪れた生徒さんの二見桟橋での会話です。田舎者のオジサンからすれば、キャピキャピの女子高生言葉のほうが感動なんですけどー！（笑）

　　　　　　（http://chichipen-blog.seesaa.net/article/61378942.html）

以上の例では、いずれも「その場に存在する事物・人々・状況（眼前の対象）についての肯定的な評価」が「〜んだけど（〜んですけど）」という発話末形式を伴って産出されている。こうした特徴を備えた発話パターンを、本稿では［眼前の対象への肯定的評価＋んだけど］と表記することとしよう[4]。

3．構文の言語内バリエーションへの相互行為的アプローチ

　ここまでの観察から言えることが2つある。まず、［眼前の対象への肯定的評価＋んだけど］という構文は一定の頻度で観察されるが、日本語話者の間で幅広く受け入れられ使用されてはいない、すなわち言語内バリエーションが認められるということ。そして、この構文の使用は特定のタイプの若年層女性（例：ギャル）の話者アイデンティティと結びつくものとして人々によ

って語られる傾向があるということ。以上の2点を踏まえると、この構文について記述する1つの方向性は、構文と話者アイデンティティを紐づけること (cf. Hoffmann 2022: 236-243)、すなわち［眼前の対象への肯定的評価＋んだけど］という発話形式が「ギャル」またはそれに類する人物像を備えた話者層と結びついていると定式化することであるように見えてくるかもしれない。

　しかし、このような構文記述には問題がある。第一に、「ギャル」という語彙が指す範囲は曖昧で、実際のデータを必ずしもうまく説明しない。例えば年齢だけに限っても、筆者の収集した事例においてこの構文を用いていたのは小学校高学年の女子児童から40代女性までと広がりがあり、こういった人々を「ギャル」等の用語で一括りにするのは難しいだろう。また、頻度は少ないものの男性がこの構文を用いることもあるし、その事例を見ても「ギャルのように振る舞おうとしている」というような印象は受けない。そもそも「ギャル」やそれに類する話者アイデンティティは、各個人に備わる客観的属性(例：若い女性である、どちらかというと容姿が派手である等)だけによって生み出されるのではなく、個別の社会的文脈において「ギャルらしい」(あるいはそれに類する)言動があってはじめて浮かび上がってくるものである。すなわち、人々が巷の言説の中で「ギャル」等の言葉で特徴づけようとしていたのは、当該の個人に備わる属性(だけ)ではなく、その人物が周囲の人々や状況に対してどのような立ち居振る舞いをしていたかということである可能性が高い。

　第二に、この構文を使用する話者は、眼前の対象を肯定的に評価する際に常にこの構文だけを使用する訳ではない。同じ人物が「かわいいんだけど！」と言うこともあれば「かわいー！」や「かわいくない？」と言うこともあるだろう。これらはそれぞれが微妙に異なる相互行為上の働きを果たしており、個々の文脈における相互行為上のニーズやタスクに応じて、その都度ふさわしい発話形式が選択されていると考えられる。すなわち、［眼前の対象への肯定的評価＋んだけど］という構文の使用は、当該話者が個人としてどのような人物かという点(だけ)には還元できず、どのような相互行為上のニーズやタスクがあったのかという点に照らして理解されるべきである。

このように、特定の話者属性(例：女性)と紐づけられがちな発話形式や会話行動を記述するためには、「事実としてどのような属性の話者によって産出されているか」についての社会言語学的調査とは別に、その構文を使用することがどのような社会的文脈に感応しており、どのような相互行為上の実践になり得るのかを明らかにする必要がある。そのように相互行為に着目した分析を行うことで、当該の発話形式・会話行動と話者属性あるいは「キャラ」(定延 2020)とのステレオタイプ的なつながりのメカニズムに光を当てられる可能性がある (Jefferson 2004; Hepburn and Potter 2011)。

例えば、Jefferson (2004)は「男女が会話する際、男性が笑うと続けて女性が笑うが、女性が笑ってもその後に男性は笑うことはない」という説に焦点をあてて実際の会話データの調査を行った。Jefferson は、「相手の笑いに続けて笑うこと」そして「相手の笑いの後に笑わないこと」という 2 つの振る舞いのいずれもが男女間で明確な頻度差が無いことを示した上で、会話参加者の性別に関わらず、「相手の笑いに続けて笑うこと」と「相手の笑いの後に笑わないこと」がそれぞれ持つ相互行為上の意味合い自体を捉えることの重要性を指摘している。また、Hepburn and Potter (2011) は、英語の付加疑問が「話し方をより丁寧にもしくは控え目にさせるアイテムであり、女性の方がよく使う」と論じられる傾向がある (例えば Lakoff 1975)ことを念頭に、実際に女性が男性に対して付加疑問を用いた会話データの分析を通じて、この形式が丁寧にもしくは控え目に話すためというよりも、「それまでのやりとりの中で相手が抵抗を示している方向性に向けて推し進める」という相互行為実践のために利用されていることを示している。

以下では、Jefferson (2004) や Hepburn and Potter (2011) と同じく会話分析の立場から、当該の発話行動パターン (ここでは [眼前の対象への肯定的評価＋んだけど]) が、どのような社会的文脈に感応しており、どのような相互行為上の実践になり得るのかを検討する。

4. データと分析方法

本研究のデータ分析には、主に『日本語日常会話コーパス』(小磯ほか

2022）を利用した。このコーパスは国立国語研究所によって開発されたもの
で、首都圏（東京、神奈川、千葉、埼玉）に在住の協力者 40 名によって 2016
年から 2020 年にかけて収録された日常生活の会話のデータを中心に構成さ
れている。また、事例の数を確保するため、現在構築中の『子ども版日本語
日常会話コーパス』（小磯ほか 2023）のプロジェクト内公開版データおよび筆
者自身が収集した会話データも利用した。

　『日本語日常会話コーパス』からは、［眼前の対象への肯定的評価＋んだけ
ど］を含む 10 の会話断片を収集した。そのうちの 3 つの会話断片では一続
きのやりとりの中に当該発話形式が 2 回出現しており、見つかった発話事例
としては合計 13 である。また、『子ども版日本語日常会話コーパス』からは
1 例、筆者自身が収集した会話データからは 5 例が集まった。なお、本稿で
例示する断片は全て『日本語日常会話コーパス』のものである。

　以下では、会話分析の枠組みに依拠した分析を提示する。その際、特に評
価発話（assessment）をめぐる会話分析の知見を重視する。評価発話は、連
鎖開始位置で用いられると相手から同意または不同意の応答を要求すると言
われている（Pomerantz 1984）[5]。その一方、会話文脈や当該発話の微細な特
徴次第で、評価発話が応答される必要のない発話として扱われる場合もあれ
ば、中間的な程度を示す場合もある（Stivers and Rossano 2010）。日本語の評
価発話は「よね」「じゃない？」といった文末詞でマークされると応答要求
発話としての性格を帯びやすくなるだろう。他方、文末詞類を伴わず、なお
かつ韻律や視線などの点でも相手に働きかける特徴が弱い場合、独り言的あ
るいは感嘆的な発話として応答要求の度合いは極めて弱くなるだろう。以下
では、これら 2 つの評価発話の形式との比較を通じて［眼前の対象への肯定
的評価＋んだけど］について記述を行う。

5. 分析―相互行為における［眼前の対象への肯定的評価＋ん だけど］

　今回収集された［眼前の対象への肯定的評価＋んだけど］に用いられる評
価述語には様々なものがあるが、その中で繰り返し観察された「うまい／お

しい」および「かわいい」を事例として取り上げる。

　以下では、[眼前の対象への肯定的評価＋んだけど] には、自分の感覚や感情を「相手に共有されていない独自の経験」として提示し、そのギャップやコントラストに聞き手の注意を向けさせる働きがあり、そのことが個々の相互行為文脈に応じた様々な形で利用されていることを示したい。

5.1　「おいしい」系―味覚経験のコントラスト

　[眼前の対象への肯定的評価＋んだけど] を産出する 1 つのパターンは、ある人物がなんらかの飲食物を口にした後に、それについての肯定的評価を産出するというものである。飲食物を口にして肯定的評価を述べること自体は、「うまっ」「おいしー」といった感嘆的発話形式によっても、「おいしいね」「うまくない？」といった応答要求の文末詞でマークされる形式によっても、いずれも可能である。飲食物について肯定的評価を行う際に「けど」中断節構文を利用することで可能になるのは、評価的態度を独り言のように表出してみせるわけでも、同意や承認を聞き手に強く求めるわけでもなく、聞き手と話し手の味覚経験のギャップやコントラストを前景化し、それによってその場の相互行為に影響を与えることである。

　断片 1 は、両親と大学生の娘の 3 人が新居探しに関する家族会議をしている途中に、娘がアイスクリーム 3 個が入った箱と、タピオカミルクティー（トランスクリプトでは TM と表記）1 つを別室から取ってきたところである。娘はタピオカミルクティーの最初の一口を口にし（1–5 行目）、その後にストローを口から外して嬉しそうな声色で「↑ん::.」と言いつつボトルをテーブルの上に置く（5 行目）。娘はアイスクリームを自分の手前に置いてから（この間、タピオカを咀嚼し続けている）、右手をボトルに添え（12 行目）、見つめて回転させながら [眼前の対象への肯定的評価＋んだけど] を産出する（13 行目）。

断片 1:［K010_016］タピオカミルクティー
01　父　　　*はいっ.((アイスを箱から出している))
　　dau　　*TM に口をつけて飲む -->*

238 Part 3 談話・相互行為からのアプローチ

02　　　　（1.0）

03　父　　はいっ.

04　　　　（0.4）

05　娘　　*↑ん::.((嬉しそうな声))

　　dau　*ストローを口から外してTMを置く -->*

06　父　　あれ -*(0.3) おんなじのしかねえじゃ =

07　　　　= ねえ *°かよ°

　　dau　　　　* 父が並べたアイスの1つに手を伸ばす

08　　　　（0.2）

09　娘　　tch!=

10　母　　=°< 明治地所 >°.((不動産関連サイトを見ている))

11　　　*（1.3）

　　dau　*アイスを手元に置く。まだ咀嚼が続いている。

12　父　　*°ngh [:°

　　dau　* 右手をTMに添える

13　娘　　　[*↑まじで↓これおい#しんだけ[ど. 　　　　]*

　　dau　　　　　*TMを見つめて回転させる ----------------->*TM 離す ->*

14　母　　　　　　　　　　　　　　　 [°あちょ]*っと, くれ.°*

　　mom　　　　　　　　　　　　　 #TMに手を伸ばす

15　　　　#*（0.5）

　　dau　* 片手でスマホ操作開始 -->*

　　mom　#TMを持ち上げて自分の口元に -->#

16　父　　°°ngh:°°

17　　　　（0.6）# #（2.7）#　　#（1.4）#　　　　 #（0.8）#

　　mom　　　　 #TMを飲む # #TMを娘の前に置く# #咀嚼#

18　母　　うん.

19　　　　（1.0）

20　父　　なん [でこうゆう,]((TMを置いた位置についての文句))

21　母　　　　[おいしいけ]ど, あまっ_

13行目の評価発話について検討する上で注目したいのは、タピオカミルクティーについての肯定的評価自体は5行目の「↑ん::.」で既に表出されていること、そして、この感嘆的発声は周囲の他者を巻き込む一手にはなっていない（6–12行目の両親の振る舞いを参照されたい）ということである。それ

に対して 13 行目の［眼前の対象への肯定的評価＋んだけど］は、その場にいる他の参与者との味覚経験のコントラストに焦点を当て、結果として周囲からの反応を引き出す契機となっている。実際、母はタピオカミルクティーを自分も味わってみようという態度を身体的・言語的に示す（14 行目）。さらに、実際に口にして「おいしいけど, あまっ＿」と述べる（21 行目）際には、娘が用いたのと同じ「おいしい」という形容詞に対比表現「けど」および強調的評価表現「あまっ」を後続させ、娘の評価を踏まえつつも娘との違いを際立たせることへの志向を示している。

13 行目の「けど」中断節構文の発話は、感嘆的な評価に比べると他者からの反応を引き起こす性格が認められる一方で、「まじこれおいしいよ？」のような発話と比べると応答を要求する度合いの弱い、自己志向的な発話としても特徴づけられる。実際、話し手である娘は、タピオカミルクティーのボトルを回転させ、まじまじと見つめながら産出しており、内省的な態度を身体的に示している。また、聞き手である母が 14 行目で産出した「ºあちょっと, くれ.º」という発話は、目につきやすい身体行動（手を伸ばす）に後続するタイミングで、極めて小さい音量で産出されているという特徴から、娘の評価発話によって求められた応答を返すものというよりも、自らが取った身体行動について説明を添える一言として記述できる。すなわち、「けど」中断節構文の応答要求度の低さについて、話し手と聞き手の両者の理解がデータの中から観察できる。

このように、断片 1 では［眼前の対象への肯定的評価＋んだけど］によって味覚経験のコントラストに焦点を当てることが周囲の参与者も同じように味わおうとする展開への契機となっていた。対照的に次の断片 2 は、味覚経験のコントラストに焦点を当てて話し手と聞き手の立場の違いを敢えてより鮮明にすることが会話展開にとって適合的である事例である。この断片は、詩織と幸子が中華料理店で食事をしている場面で、2 人の頼んだ料理がテーブルに運ばれると、詩織が自分の料理に入っているキクラゲを「あげる」と言い、幸子は「いいよもらう」と応じた。その後しばらくこの日の出来事について話す間、詩織は自分の料理のキクラゲを集めていた。「さっちー」と「サチヒコ」はいずれも幸子のあだなである。

断片 2: ［K003_012a］キクラゲ

01 詩織 #はい, はい, さっちー
   Shio #自分の料理から集めたキクラゲを掲げてみせる
02 幸子 ↑まじか. この大量の ［黒い塊. す↑げえな.
03 詩織 ［*ºhhº
   Shio *キクラゲを幸子の器に入れる
04 詩織 ［HahHahHah］
05 幸子 ［なんk気持 ］ちわりい. hh .h huhuh .h=
06 =huhuh ［.hh もう食べるけど.］
07 詩織 ［.hh でもサチヒコもそ］れ作ってるんでしょだって.⁶
08 (0.4)
09 幸子 これ？［キクラゲは作ってない(h)
10 詩織 ［うん.
11 詩織 tsHuh ［Huhuhuhuh ］
12 幸子 ［Huhhuhhuhhuh］.H ［hh .hh huh ］作ってない.
13 詩織 ［.H 作ってるんでしょ:?］
14 幸子 ＝キ［クラゲ は 作っ］てない.
15 詩織 ［作ってるでしょ？］
16 (0.2)
17 詩織 *キクラゲ作ってるでしょ？
   Sachi *キクラゲを乗せたレンゲを口に含める
18 幸子 *>ううん<_
   Sachi *レンゲを口に付けたまま素早く首を横に振る
19 (1.4) ((以後この断片の最後まで幸子は咀嚼を継続))
20 詩織 お茶だいじょぶだね¿サチヒ［コは.
21 幸子 ［うん.
22 (5.0)
23 詩織 やっとありつけ↑ま:す_＝
24 幸子 ＝ん:.
25 (0.8)
26 詩織 排除*活動に, (0.3) ［ちょっと,
27 幸子 ［*huh
   Sachi *詩織を見る ----* 視線を落とす
28 幸子 .h ［h キ *クラゲめっ］ちゃうまいんだけど.*

		Sachi	*顔を上げて詩織を見る -----------------*
29	詩織		［苦戦して, 　　　　］
30			*(0.6)　　　　*(0.2)
		Sachi	*ビールに視線 *詩織に視線
31	詩織		よかったね _=
32	幸子		=*うん.
		Sachi	*小さく頷いてからビールジョッキを持ち上げて口に運ぶ
33			(3.7)
34	詩織		またいたらそっちに送るね :?

この断片における［肯定的評価＋んだけど］発話（28行目）は、評価対象であるキクラゲの食べ物としての価値が下げられた後のタイミングで産出されている。例えば、幸子は詩織から受け取る際にキクラゲを異物のように取り扱い（2行目）、見た目について否定的な評価を産出する（5行目）。これは、キクラゲを拒絶した詩織のスタンスに同調的なスタンスを示す振る舞いとして理解できる。また、詩織は、幸子がキクラゲを「作ってる」と決めつける確認要求をしつこく繰り返す中で、この「雑ないじり」とでも呼べる活動の主題としてキクラゲを参照している（7-17行目）。さらに、詩織は自分の皿からキクラゲを取り分けることを「排除活動」と呼んでいる（26行目）。

　このような文脈で産出された［肯定的評価＋んだけど］は、話し手の幸子と聞き手の詩織の間でのキクラゲについての味覚経験のギャップに焦点を当てる発話になる。実際、この発話において評価対象であるキクラゲが主題句としてわざわざ言語化されている（幸子が何かを食べていることは明らかであるため、主題句を伴わず「めっちゃうまいんだけど」だけでも発話として成立しただろう）点は、単に「美味しい」という味覚経験を表出するだけではなく、それまでのやりとりの中で（主に詩織によって）示されたキクラゲへの否定的評価に対して自分のスタンスを対置しようという幸子の志向を示している。

　この発話の後、詩織は、例えば「いや無理」などと評価への不同意という行為を行うこともできただろう。しかし実際に詩織が行った行為は、「よかったね _」と幸子の評価を受け止めるというものである。このように、幸子

の評価に同意や不同意を示すのではなくただ受け止めるということは、この評価対象（キクラゲ）は自身が味わうものではないということ、そしてこの評価発話は2人の立ち位置の違いに焦点化したものであるということへの詩織の理解を示している（もしこの発話を英訳するなら、定型表現 "Good for you." がぴったりくるだろう）。

5.2 「かわいい」系―共有されない愛玩感情

　［眼前の対象への肯定的評価＋んだけど］が用いられる2つ目のパターンは、ある種の動物やアニメキャラといった愛玩対象物に対して行われる評価である。今回、複数の事例で観察されたのは、ある話者が「～よね？」「～じゃない？」など同意や共感を強く求める文末形式で評価を行った後、それに対する十分な同意や共感が得られなかった時に、相手の反応を求める度合いを弱める一手として［眼前の対象への肯定的評価＋んだけど］を産出するというパターンである。すなわち、自分の評価が相手と共有されそうにないという見通しが会話の中で立ち現れた際、相手に同意を求める評価発話から、相手から受け入れられなくとも自分の側の評価を主張する発話に切り替える際に［眼前の対象への肯定的評価＋んだけど］が用いられる。

　断片3は、大学生の詩織とその両親が雑談をしている場面である。この断片の前で、詩織はハリネズミがうつったスマホ画面を父母それぞれに見せ、「↑＜かわ＞いい」と言いながらスマホの画面を操作していた。

断片3: ［K003_014］ハリネズミ

```
01  詩織    でね, *何よりもこれ見て朝む - 胸キュンしたよ¿.h
    Shio        *父にスマホ画面を向ける -->*
02  父      ［え_
03  詩織    ［なんで手ぇ上げ［てんのって .=
04  父                    ［huh ((右拳を突き上げるポーズ))
05  詩織    =［*その - 見］て_ ママ. ほら.
    Shio      *スマホ画面を母に向ける
06  父      ［huhhuh ］
07          (0.2)
```

「超かわいいんだけど！」 243

08	父	huhhuh (0.2) .hh［イエ#ーイっっ(h)って(h)［heheh］
	dad	#右拳を突き上げる
09	母	［cha ((口を開く音))　　　　　　［え, だ］れ,=
10	母	=そ［れ.
11	詩織	［か - ↓え, え？ハリ*ネズミさん¿
	Shio	*スマホ画面を自分で見る
12	詩織	*nHh［h .HH　　　　］
	Shio	* 父に顔を向ける
13	父	［huhhuhhuh］
14	詩織	めっちゃかわいく(> ない <)-=
15		=*イェーイ　［ってやって］んだよ .=
	Shio	*右拳を突き上げてから父に顔を向ける
16	父	［huhhuhhuh］
17	詩織	=*めっ［ちゃ［かわ*いい］［んだ］［けど.　　　　　］
	Shio	*スマホ見る　　　*左手でスワイプ
18	父	［.H　［(>なんか<)-］　　　　［(>なんか<)嬉し］そう =
19	母	［ °ふ:　　］［:　］［ :　ん¿° 　　　］
20	父	= だよなんか .
21	詩織	*ね, すげ:かわいいんだけど.*
	Shio	*スマホ操作(何回かタップ)*
22	詩織	*ちょっと笑ってるように見えるもん［ね_ ］　［ .hh　　］
	Shio	*スマホ画面と顔を父に向ける
23	父	［うん,］た［しかに.］
24	詩織	*かわいい. ((猫なで声))
	Shio	*体勢を戻しさらにスワイプ
25		(0.3)
26	詩織	°.hh° (0.2) ほんとにかわいい.

1行目から詩織はまた別の画像(ハリネズミが右手を天に向かって突き上げ
ている画像)を、まず父に、ついで母に見せる(5行目)。しかし、詩織が反
応を求めているにもかかわらず、母の反応は9行目末尾まで遅れており、し
かもそこで発される「え, だれ, それ.」は同調的反応とは言えないものであ
る。詩織は母から視線を外して父と笑い合い(12–13行目)、3つの発話を矢

継ぎ早に産出する。14行目の「めっちゃかわいく（>ない<）」には同意を求める文末形式が用いられ、さらに続く「イェーイってやってんだよ。」では仮想的な引用句とジェスチャーによる誇張的実演を伴っており、いずれも聞き手から「かわいい」への同意を強く要求するデザインになっている。それとは対照的に17行目の［眼前の対象への肯定的評価＋んだけど］発話は、身体的には両親のどちらにも視線を向けず、むしろ目の前にスマホだけに向き合ってその操作に従事している。すなわちこの［眼前の対象への肯定的評価＋んだけど］は、1行目から続く「かわいさ」についての同意・共感の要求から撤退する一ステップとして産出されている。ここでもし「かわいいでしょ？」など応答を強く求める形式が用いられていれば、会話展開（相手からの同意や共感を得られる見込みが薄い）の点でも、話し手自身の身体行動（身体を引いてスマホ操作に従事している）の点でも適合的でなかったように思われる。

　断片4は、友人である詩織と由子がカフェで雑談している場面である。詩織が最近別の友人と会った話をして、スマホの写真でその時の様子を見せると、由子は「全然写真ない」と言った後に「あ靴が悲惨なことになっちゃった」と述べ、壊れた靴の写真をスマホで見せてから、壊れた靴で会社から帰宅したという前夜の出来事を語る。詩織は自分も同じように靴が壊れたが、接着剤で修繕して今も使い続けていると語る（1、3、5行目はその語りの続きである）。6行目以降で由子が見せているのは、『弱虫ペダル』というマンガ作品のキャラグッズ（実際の作中の造形をデフォルメし、2頭身にしたもの）の画像と思われる。8行目の「大江戸」は『大江戸温泉物語』という施設のことで、この会話の前の部分で、『弱虫ペダル』と期間限定コラボしている『大江戸温泉物語』に一緒に行こうと詩織を誘い、詩織はそれに抵抗を示すというやりとりがあった。

断片4:［K003_008］弱虫ペダル

01　詩織　　*なんか,靴がこうあって,うちここがべろん *て剥がれてて :,*
　　　Yuu　　*スマホに視線を落とし操作する------------- *詩織を見る*
02　由子　　［*いや::::_　　　　　　　　］

「超かわいいんだけど！」 245

	Yuu	＊視線を落としてスマホ操作
03	詩織	［ぺったんぺったんしてた］け［ど,接着剤で頑］張ったよ=
04	由子	［あ,そうなの：¿］
05	詩織	=あたし［は.
06	由子	［＊あ,ね,›見て見て‹#かわ↑いくな：い¿hh
	Yuu	＊詩織を見て、スマホ画面を詩織に見せる -->＊
	Shio	#スマホ画面をのぞき込む
07		(0.2)
08	由子	＊.h え,かわ↑いくな［い¿ ［大江戸 _ ［大江戸：_
09	詩織	［ね,揺［らさないで _ ［›ちょ(h)と‹<=
	Yuu	＊スマホを詩織の眼前でキープしながら左拳を激しく振る -->＊
10	詩織	=$ 揺らさ［な(h)い(h)で $_ ［#.hh
	Shio	# スマホを両手で受け止め凝視 -->#
11	由子	＊［(う：) ›見て見て‹［超かわい↑くない¿=
	Yuu	＊左拳を振るのをやめスマホをさらに差し出す
12	由子	=>え,‹めっちゃかわいいんだけど.
13		(0.2)
14	詩織	あ,#これがね¿
	Shio	#スマホ画面に触れてピンチアウト
15		(0.4)
16	由子	これが.
17		(0.8)
18	詩織	あれ？おっきくならない.
19		(0.4)
20	由子	え,ならない？
21		(0.3)
22	詩織	#これ＊がかわいい.
	Shio	#スマホを由子に戻す
	Yuu	＊スマホを自分の方に戻し始める
23		(0.2)
24	由子	あ：,↑‹そ›こ？((拍子抜けするような声色))
25	詩織	＊uh ↑ HuhHuhHuh［Huh
	Yuu	＊ スマホを見て操作する -->>>
26	由子	［(ん)‹そこ›かよ.

6行目および8行目にかけて、由子は自分のスマホ画面に詩織の注意を引き付けてから、そこにうつっている画像についての「かわいい」という評価について同意を求める。しかし、詩織にとって、この評価に対して同意することは複数の要因から難しい。第一に、ここで「かわいい」という評価の対象になっているのは、由子がはまっている『弱虫ペダル』のグッズであり、先行するやりとりの中で由子から強引に誘われて難色を示していた『大江戸温泉物語』への同行に対してポジティブな回答をすることに繋がり得るからである。第二に、この由子による評価発話は、この直前までに展開していた詩織の語りが完了可能な位置において、詩織の語りに対して適切な応答をせずに唐突に導入されたトピックについてのものであり、詩織にとっては、話題の自然な移行という意味でも、自らの発話に対する適切な応答の不在という意味でも、ここで即座に由子の評価発話に同意することは不自然である[7]。すなわち、6行目および8行目の由子による「かわいくない?」は、同意を強く求める否定疑問文の形式を用いている一方で、本気で同意を求めるというより、相手から同意を得られる見込みがないのに強引に押し付けているという特徴を帯びている。実際、聞き手である詩織は画像を見てみるという反応を行っているだけで、同意の応答を行っていない(6–10行目)。

このように、画像のかわいさについての詩織からの同意の見込みが極めて薄いことが明らかになった文脈で、由子がさらに評価を繰り返す際に選ばれたのが「けど」中断節構文である(12行目)。その後(14行目以降)、詩織はスマホ画像の中の見当違いの箇所に敢えて焦点をあてることで、由子の評価に対してずれた応答を行っている(そのことは、24行目や26行目のツッコミのような由子の反応からも証拠づけられている)。このように、由子による「めっちゃかわいいんだけど」は、まともに取り合う必要のない評価発話として詩織に処理され、由子自身もそのことを深刻な問題として追及していない。

6. 結語

本稿の以上の議論は次のように要約できる。まず、日本語の「けど」中断

節構文がウェブ等の言説において特定の人物像(例:ギャル)と紐づけて認識されている傾向を踏まえ、言語内バリエーションが見られる可能性がある言語現象として［眼前の対象への肯定的評価＋んだけど］という下位構文を分析の主題として設定した。次に、こうした構文の記述を行う際、単純に話者の属性(例:若年層女性)と結びつけるのではなく、その構文がどのような相互行為上の働きをしているかを明らかにする必要があることを論じた。そして、会話データから得られた［眼前の対象への肯定的評価＋んだけど］の事例のうち、飲食物について「うまい／おいしい」と評価する場合と、愛玩対象物について「かわいい」と評価する場合に焦点を当て、会話分析の手法を用いた記述を行った。具体的には、［眼前の対象への肯定的評価＋んだけど］という構文が、話し手の感覚や感情を「相手に共有されていない独自の経験」として提示し、そのギャップやコントラストに聞き手の注意を向けさせる働きがあることを示した。このような［眼前の対象への肯定的評価＋んだけど］の特徴は、感嘆的形式による評価発話ほど独り言的ではなく、周囲の他者への一定の影響力を持つものとして理解できる。その一方、文末詞を伴う評価発話に比べると相手からの応答を求める度合いの弱い、自己志向的な発話としても特徴づけられる。

　2節で見たように、ウェブ等の言説では、［眼前の対象への肯定的評価＋んだけど］はあたかも非規範的で、「標準的」な日本語話者からは理解の及ばない言語行動であるかのように描かれている。しかし、本稿の分析から示唆されることは、「ギャル」であろうとなかろうと、個々の話し手は個別の相互行為文脈の中で、他者の振る舞いや他者の様子を観察し、合理的な一手として「超かわいいんだけど！」等の発話形式を選択していた可能性があるということだ。ウェブ記事などで語られる逸話は、当該発話の前後のやりとりや周辺環境と身体のインタラクションといった要素が大幅に捨象されているが、実際の相互行為の映像データを丹念に分析することで、ともすれば揶揄の対象になりかねない口語的な言葉遣いの中に、人間の高度な知性と社会性を見出すことができるかもしれない。

248 Part 3 談話・相互行為からのアプローチ

謝辞

本稿の草稿に有益なフィードバックをいただいた関西 EMCA 互助会の参加者の皆様および遠藤智子氏に感謝申し上げます。本研究は JSPS 科研費 20K13007 および 20H05630 の助成を受けたものです。

注

1 本稿は横森（2024）の内容を発展・拡大したものである。横森（2024）では対象の現象を［肯定的評価＋けど］として特徴づけていたが、本章ではより特定的に［眼前の対象への肯定的評価＋んだけど］としており、その特定化に伴って横森（2024）で取り上げた「面白い」「うける」といった述語を用いた評価発話を事例分析および事例数の集計から除外している。

2 本稿が対象とする言語形式と話者の人物像の関係性については、定延（2020）による「キャラ」を巡る考察と多くの部分を共有する。ただし、定延による「キャラ」の議論が全て当てはまるわけではないため、より一般的な用語である「アイデンティティ」を採用する。

3 これは、「その場に存在する事物・人々・状況についての肯定的な評価」以外の「けど」中断節構文が、「ギャル」やそれに類する人物像と結びついていないということではない。例えば、同じく評価発話のうち否定的評価（例：「つらいんだけどー！」）も、創作作品における「ギャル」的登場人物の発話に現れるだろう。こうした発話パターンは、特定の話者アイデンティティとのつながりが相対的に希薄に感じられる（より多様な層の話者によって利用される、汎用的発話タイプであるように思われる）ため、本研究の焦点としては扱わない。

4 以上の論点は、構文文法における一般化のレベルの問題として理解できる。すなわち、巷の言説において話題にされるような日本語内部でのバリエーション（当該構文が特定の人物像と結びついており、「標準的」な日本語ではないものと扱われがちであるという事実）を適切に捉えるためには、「けど」中断節構文全般という抽象的なレベルではなく、節内部の意味的・形態統語的な特徴が指定された、より具体的なレベルで問題の構文を特徴づけて議論を行う必要がある。

5 評価発話が同意または不同意の応答を求めるのは「話し手と聞き手が共通のアクセスをもつ（例：両者ともに知っている／経験している／見えている）対象についての評価である」という条件が満たされた場合である。しかし本稿の文脈で重要なのは、同意を求める程度が強い特徴を備えた評価を産出することによって「相手も共通のアクセスを持っている」という知識／経験に関するスタンスを示すことである（断片 1 の 13 行目で「おいしいね？」と言った場合を想像してみるとわ

かりやすい)。

6　ここでは幸子が飲食関係の仕事についていることが参照されている。

7　この直前で、詩織の語りが完了可能な位置を迎えるが(一連の出来事について内容上の切りの良いところまで述べられており、「頑張った」という体験者としてのスタンスも述べられている)、由子は「あ, そうなの :̈」と新規情報を受け止めたことを示したものの、詩織の語りに対する適切な反応を返さずに、「あ, ね, 見て見て」と自身の関心に唐突に話題を変更している(詩織の語りは、「べろん」や「ぺったんぺったん」といったオノマトペに示されるユーモラスさや、「頑張った」に示される前向きなスタンスから、深刻な悲劇というよりは、笑い話として聞ける苦労談として組み立てられている)。

参考文献

Coupland, Nikolas. (2007) *Style: Language Variation and Identity*. Cambridge: Cambridge University Press.

Eckert, Penelope. (2012) Three waves of variation study: The emergence of meaning in the study of sociolinguistic variation. *Annual Review of Anthropology* 41(1): pp. 87–100.

Fillmore, Charles J., Paul Kay, and Mary. C. O'Connor. (1988) Regularity and Idiomaticity in Grammatical Constructions: The case of *let alone*. *Language* 64(3): pp. 501–538.

Hepburn, Alexa and Jonathan Potter. (2011) Recipients Designed: Tag questions and gender. In Susan A. Speer and Elizabeth Stokoe (eds.) *Conversation and Gender,* pp. 135–152. Cambridge: Cambridge University Press.

Hilpert, Martin. (2014) *Construction Grammar and Its Application to English, 2nd Edition.* Edinburgh University Press.

Hoffmann, Thomas. (2022) *Construction Grammar: The Structure of English*, Cambridge: Cambridge University Press.

Hollmann, Willem B. (2013) Constructions in cognitive sociolinguistics. In Thomas Hoffmann and Graeme Trousdale (eds.) *The Oxford Handbook of Construction Grammar*, pp. 491–509. Oxford: Oxford University Press.

Jefferson, Gail. (2004) A Note on Laughter in 'Male-Female' Interaction. *Discourse Studies* 6(1): pp. 117–133.

小磯花絵・天谷晴香・石本祐一・居關友里子・臼田泰如・柏野和佳子・川端良子・田中弥生・伝康晴・西川賢哉・渡邊友香(2022)『日本語日常会話コーパス』設計・構築・特徴』(国立国語研究所「日常会話コーパス」プロジェクト報告書6).

小磯花絵・天谷晴香・居關友里子・臼田泰如・柏野和佳子・川端良子・田中弥生・滕越・

西川賢哉（2023）「『子ども版日本語日常会話コーパス』の構築」『言語資源ワークショップ 2022 発表論文集』: pp. 103–108.

国立国語研究所（1951）『現代語の助詞・助動詞—用法と実例』秀英出版

Lakoff, Robin. (1975) *Language and Woman's Place*. New York: Harper Colophon Books.

Nakayama, Toshihide and Kumiko Ichihashi-Nakayama. (1997). Japanese *Kedo*: Discourse Genre and Grammaticization, *Japanese/Korean Linguistics* 6: pp. 607–618.

Ohori, Toshio. (1995) Remarks on Suspended Clauses: A contribution to Japanese phraseology. In Masayoshi Shibatani and Sandra A. Thompson (eds.) *Essays on Semantics and Pragmatics*, pp. 201–218. Amsterdam: John Benjamins.

Ono, Tsuyoshi, Thompson, Sandra A., and Sasaki, Yumi. (2012) Japanese Negotiation through Emerging Final Particles in Everyday Talk, *Discourse Processes* 49 (3-4): pp. 243–272.

Pomerantz, Anita. (1984) Agreeing and Disagreeing with Assessments: Some Features of Preferred/Dispreferred Turn Shapes. In J. Maxwell Atkinson (ed.) *Structures of Social Action,* pp. 57–101. Cambridge: Cambridge University Press.

定延利之（2020）『コミュニケーションと言語におけるキャラ』三省堂

Stivers, Tanya and Federico Rossano. (2010) Mobilizing Response. *Research on Language and Social Interaction* 43 (1): pp. 3–31.

Yokomori, Daisuke. (2023) *Kedo*-ending Turn Format as a Formula for a Problem Statement with a Deontic Implication. *Journal of Japanese Linguistics* 39 (1): pp. 59–79.

横森大輔（2024）「「まじウケるんだけど」はギャル語か？—「けど」中断節構文による評価発話の相互行為分析」『日本認知言語学会論文集』24: pp. 520–525.

付録　会話の文字起こし記号一覧

(( ))	背景情報や補足情報
*	身体動作の開始位置（複数の話者の身体動作を表示する場合は＃も用いる）
-->*	身体動作が * の位置まで継続することを示す
(0.2)	無音区間
＝はい	切れ目なく産出されている
は [い]	発話の重なり
はい.	下降音調
はい？	上昇音調
はい¿	やや上昇する音調
はい_	平板な音調

はい,	継続する音調
はい -	中断する音調
は↑い	直後の音のピッチが急上昇
は↓い	直後の音のピッチが急下降
は:い	音の引き延ばし
< はい >	ゆっくり発話されている
> はい <	早口で発話されている
<u>はい</u>	強く発されている
°はい°	小声で発されている
は(h)い(h)	笑い混じりで(噴き出しながら)産出されている
$はい$	にやけた声色で発されている
.h	息を吸う音(音量が大きい場合は大文字で表記)
(はい)	語句が不明瞭

活動の中の相互行為と主体の認識

三味線の稽古における「教える」話しぶり／「学ぶ」話しぶり*

名塩征史

1. はじめに

　我々は日常生活において多種多様な活動に参加し、その活動主体として求められる様々な行為を適切に、時には試行錯誤を経て徐々に適切な形へと洗練させながら遂行している。言語の運用もそうした行為の一種として、我々の社会生活において重要な位置を占めることは言うまでもない。こうした活動の中には複数の主体による共同作業が必須となるものも多い。この場合、一連の行為は、他者の振る舞いとの間に有意な連鎖関係を保持しつつ協調的に組織化された行為の応酬、すなわち、相互行為（interaction）として捉えられることになる。相互行為は、発話連鎖だけでなく、その言語的な様式に非言語的な様式が絡み合った複雑な様相となる。昨今の相互行為論では、こうした社会的相互行為を創出／理解するための様式／資源の多様性、すなわち、「マルチモダリティ（multimodality）」（Mondada 2019）を前提とした行為の記述が求められるようになった。

　上記のような相互行為研究においては、活動主体の観察可能な振る舞いに基づく議論が基調となるため、そこから各主体の内部構造、例えば、各主体の認知や心理にまで踏み込んで議論することが避けられる傾向にある。そうした認知や心理の変容は、観察を通して直接確認することが難しいからであ

る。この意味では、本書の中心的テーマでもある「認知言語学」に、相互行為論の立場から有意な知見を提供することは、思いのほか至難の業と言えるのかもしれない。

　しかし、誰もが自分の経験を振り返ればわかる通り、活動中に「何も考えない」「何も思わない」ということがあるわけもなく、また、各主体が当該活動に関する知識や経験を既に身につけていることが、活動の適切で円滑な実践を支えていることも否定し難い事実である。観察可能かどうかに関わらず、活動の中の相互行為には、確実に、何かしらの認知／認識が関わっている。

　本稿は、相互行為論的アプローチによる活動の中の相互行為のマルチモーダル分析を通して、観察可能な相互行為の様相と活動主体の認知／認識との関連を明らかにしようとする試みである。ここでは、議論の便宜上、目的や形式が特に明確な活動の一例として三味線の稽古を取り上げ、師弟間での指導 - 学習相互行為における「話しぶり」に焦点を当てる。本稿における「話しぶり」は、言語と非言語の協働によるマルチモーダルな振る舞いを指す。稽古における指導 - 学習相互行為は、師匠が教え、習い手が学び、そのどちらが欠けても成立しない。稽古における「教える」話しぶりと「学ぶ」話しぶりは、師弟間で概ね共通する認識を前提に、相互依存的、相互特定的な関係にある。本稿では、そうした一方がもう一方を「教え」もしくは「学び」として演出し合う話しぶりの応酬に垣間見える活動主体(師弟)の認知／認識の影響を探っていく。

　本稿の構成は以下の通りである。まず、続く第2節では、本稿の試みを支える主要概念、すなわち、「認知／認識」と「活動」について、いくつかの先行研究の知見を援用しつつ、それらの定義を確認する。第3節では、具体的な活動事例として長唄三味線の稽古場面を取り上げ、活動主体の認知／認識の影響が顕著に表れている場面を抽出し分析する。当該活動は、三味線の演奏技術の伝承を目的とする指導 - 学習場面であり、伝統芸能の稽古場面に共通して見られる形式性・制度性の高さが特徴である。そうした形式・制度について各主体が予め知っていることが、当該活動における各主体の振る舞いに深く関連しており、そうした側面が本章が焦点を当てる活動と認識との

関連を明らかにする上で有意であると考えられる。3.1 で当該活動に関する基本情報を確認したのち、3.2 では指遣いを指導する場面ついて、3.3 では撥の扱い方を指導する場面についてそれぞれ取り上げ、各場面における「学ぶ」話しぶり、「教える」話しぶりの様相を分析・記述する。さらに第 4 節では、第 3 節で分析・記述された話しぶりが持つ指導 - 学習過程としての実用性や、師弟関係との関連について考察し、その様相が、活動主体が当該活動に特化して有する認識を反映したものであることを再確認する。最後に、第 5 節で本稿の議論をまとめ、本章と認知言語学との接点を確認し、今後の課題を示す。

2. 認識を介した活動のコンテクスト化

活動が行為よりも上位のレベルに位置付けられ、階層的な複数の行為によって構成されるという前提に立てば（cf. Levinson 1979/1992、Clark 1996、高梨・坂井田 2022）、活動の中の行為は、活動の目標や環境に状況づけられており、その様相が上位の活動を特定する資源となると言えるだろう。この活動と行為との関係は、言語学、特に語用論において頻繁に議論の俎上に挙げられるコンテクストと言語使用との関係に類似する。Silverstein (1993: 36) によると、「語用 (pragmatics)」とは、生起する記号形態がその場／コンテクストとの間に持つ指標関係の全体を指す。指標 (index) とは、「今ここ／オリゴ (origo)」のコンテクストで起こっているコミュニケーション出来事において現れる記号（ことば、眼差し、ジェスチャー、身構え、身体、人間など、観察可能な現象）とそのコンテクストの中にある構造との指示関係である（小山 2009: 26）。記号としての行為は、そうした構造をコンテクスト化し、先行する行為やすでにその場に存在する様々な事物事象と関連づけられ、一連の出来事としてテクスト化されるという指標関係の中で実践的な意味機能を発揮すると言えるだろう。このオリゴを中心とした指標的なコンテクストを「指標野 (deictic field)」（小山 2009）と呼ぶ[1]。

名塩 (2021: 177) では、この指標野を「個々の行為主体が周囲の環境から知覚したり、または自己の内部から喚起したりする多種多様な情報が「今こ

こ」のコミュニケーション出来事に係留され組織される指標の体系」である
とし、現行の活動に特化した「あくまで自己が知る限りでの状況の把握」に
基づき各主体の内部に組織される認知的基盤として捉え直した。活動の中に
現れる事物事象を互いに結びつける指標関係は、当然のことながら、現実の
糸のように観察可能なものではない。それは、当該の事物事象と接触する際
に活性化される「それがそこにあることの合理性」であり、そうした活性化
を繰り返し経験することで個々の主体に内在化したものである。

　以上を踏まえ、本稿では、「今ここ」の活動について各主体が知りうる限
りでの指標の集大成を、改めて「認識」と呼ぶことにしたい。本稿では、「認
識」と「認知」を、互いに不可分な関係にあることを踏まえつつも、便宜上、
おおむね次のように区別する。「認識」とは、これまでに得た知識や経験の
集大成として各主体の内に既に構築された情報体系のことである。この認識
に基づくことで、各主体はこれから起こることについての予期を得て、次な
る行為を適切に選択することができる。一方、「認知」は、今ここで知覚さ
れた多様な事物事象について、それが何であるかを認識との照合によって特
定する手続きである。したがって認識は、外界との絶え間ない接触に伴う認
知の積み重ねによって構築されるものと考えられる。未知の情報の認知は、
多かれ少なかれ、既存の認識を更新する可能性がある。逆に、同じ事柄に関
する認知を繰り返すことによって認識はある一定の様相に固定されることも
考えられる。多くの場合、認識はあらかじめ各主体の内にあって、目下の事
物事象の特定や理解の参照枠となり、認知とは認識に基づいて当該の事物事
象を特定し理解する手続きを指す[2]。

　認識は、上述の通り、自己の経験に基づき、あくまで自己の知る限りで組
織されるものである。したがって、ある活動に関する認識は個人間で異なる
可能性があり、特に相互行為においては、主体間の認識的なズレが観察可能
なやり取りとして現れることもある。この主体間での認識的なズレは、同じ
主体間で繰り返し同じ活動を共に経験することで解消されるものと考えられ
る。もしくは、活動の目的や形式が極めて明確で、それがどのような活動で
あるかが誰にでも明らかなほどに定型化しているということも、主体間での
認識が概ね一致する要因の一つと言えるだろう。

本稿が次節で取り上げる長唄三味線の稽古は、形式性や制度性が高い活動の最たる事例である。当該の稽古は、長い間繰り返されてきた形式に則って実践される指導 - 学習活動であり、それがどのような活動であるかが予め各主体によって把握され、その開始から終了までに至るあらゆる局面が、然るべき振る舞いの応酬によって組織される。特に日本の伝統芸能や武道の稽古は、まさに「制度的環境（institutional setting）」（Drew and Heritage 1992、Lindström et al. 2017）と呼ぶに相応しく典型的な師弟関係を基盤に展開されるものである。しかし、その制度は特に明文化されるわけではなく、活動の前後や活動中にその詳細が明示的に確認されることもない。それは活動の主体によって「概ねそういうものである」と把握されており、主体間で然るべき振る舞いが交わされることで、互いの認識が概ね共通していることが確認される。社会語用論を提唱する Mey（2001）によれば、我々は常に社会によって力づけられ限界づけられた上での自由な行為者であり、我々の行為は常に社会的なコンテクストの枠組みの中で実践的意義を持つ。この意味で社会的行為は、常に必ず、その行為主体が自身をその場のコンテクストに適応させ、同時にコンテクストを自分自身に適応させるようなコンテクスト化された「語用実践行為（pragmatic acts）」なのである（Mey 2001: 94）。三味線の稽古という小さな社会においても同じことが言えるだろう。稽古に参加する師匠と習い手は、当該の活動に対する自分なりの認識をもとに振る舞い合うことで、互いの「教える - 学ぶ」話しぶりを、ひいてはその背景にある師弟関係をその場に似つかわしく演出している。その話しぶりは、当該の稽古をコンテクスト化することで状況づけられた語用実践行為である。当該の稽古を構成する要素間の指標関係が各主体（師匠と習い手）の立場から認識として体系化／内在化され、稽古の実践に資するあらゆる話しぶりが、その認識に基づき選択され、理解される。その認識が師弟間で互いに概ね一致している限り、活動の進行は十分に円滑なものとなるだろう。逆に、そうした伝統芸能の稽古に疎い者から見れば、なぜそのように振る舞うのかが理解し難い局面も少なくない。ある活動に資する話しぶりは、その活動に固有の認識を反映した様相となるのである。

　次節では、長唄三味線の稽古場面における師匠と習い手の相互行為のマル

チモーダル分析を通して、各主体の認識を反映した各々の話しぶりが、当該稽古に似つかわしく選択され、理解され、教え - 学ぶことを実現しながら、いかに現行の活動を稽古らしく演出しているかについて記述する。

3. 分析―長唄三味線の稽古における話しぶり

3.1 データの概要

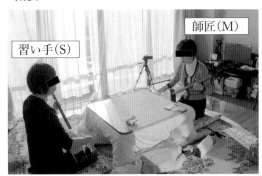

図1 稽古の様子

　分析対象となる三味線の稽古は、師匠（M）と習い手（S）（いずれも成人女性）が小さなテーブルを間に向かい合って正座し、互いの演奏が観察可能な状況で行われている（図1）。Sは稽古を始めて10ヶ月未満の初心者で、1回の稽古時間は30分程度である。本研究では2018年4月までに収録された6回分（約3時間）のデータを観察・分析の対象とした。稽古中、Sは譜面を見ず、見聞きできるMの演奏と指導だけを頼りに課題曲を弾くことが求められており、Mもまた、Sの奏でる音、演奏する手指の動きを資源に指導を行っている。これは三味線音楽に楽譜が存在しなかった頃から続く長唄三味線の伝統的な稽古形式である。そもそも稽古とは、「訓練を重ねることによって、さまざまな規格を身につける」ことである（田中ほか 2009: 245）。田中ほか（2009）によると、この規格を身につける過程は、1)「構え」などの肉体で構成する規格を身につけること、2) 師匠の芸をそっくり真似できる能力を身につけることの二段階に分けられ、特に2) の段階では、師匠からの教

えを聞くだけではわからなかったことに、師匠を観察することで気づき、それを自分に応用するという主体的な学びが重要であるとされる。こうした気づきを基点とした学びが「芸を盗む」ということなのである。実際に演奏する師匠の観察を重視する稽古形式は、こうした稽古のねらいにも関連し、精緻な楽譜が容易に手に入るようになった現在でもなお盛んに採用されている。

　稽古という制度的環境において、MS間の指導-学習過程は、いわゆる師弟関係に似つかわしい非対称な関係性のもとで展開される。Sは原則として、Mの模範演奏なしに単独で演奏することがなく、Sに対するMからの評価や指導も演奏と並行して継時的・場当たり的に行われる。そうした同時演奏の中で互いに奏でる旋律の一致／不一致を逐一評価／修正しながら、不格好でも演奏を継続することに志向して稽古が進められる（名塩2020、Nashio 2021）。Mの「教える」話しぶりは、実際に奏でる弦音に、多種多様な発話と、手元の三味線を参照とするジェスチャーを組み合わせた複雑な様相となっており、その発話だけを見ても、1）曲に合わせて歌う長唄、2）Sに向けた指導と激励、3）口三味線（後述）といった三種の言語情報が複雑に混ざり合っている（ibid.）。一方のSは、演奏中はほとんど発話せず、Mの指導に従って自己の演奏を修正し（繰り返し弾き直し）ながら、Mが演奏をやめるまでひたすら演奏を進めることに従事している。身体的な姿勢もほぼ固定されたままで、自分の演奏の至らなさに顔を顰めたり、Mの指導に対して軽く頷いたりする動きがしばしば観察されるだけである。視線はM（の演奏）に向けられており、時折、糸を押さえる自己の左手を確認するために視線を落とす程度の変化しかない。

　発話を抜きにして、視覚的に取得可能な情報だけを参照したとしても、首を振り回し、口を動かし、時には演奏を止めて手振りを交える活発なMの身体と、それに正対する姿勢と視線を保ちながら、Mの動きに呼応してわずかに変化する程度のSの身体との非対称な共在が、前者を師匠、後者を習い手として相互に特定し合う関係性を顕現している。この様相が当該稽古において然るべきものとの認識が両者の話しぶりにどのように反映されるのか。まずは、当該稽古に特化した端的な発話を含むMの「教える」話しぶりを見ていこう。

3.2　指遣いの指導に状況づけられた端的な話しぶり

　三味線の稽古では、いくつかの特殊な発話が観察される。その代表的なものが口三味線である。口三味線とは、「三味線の旋律に擬声音を当てはめて唱える方法」(田中ほか 2009: 238)であり、流派によって若干の違いはあるものの、およそ表 1、2 のような体系をもつ。なお、「一の糸」が一番下(低音)の糸(弦)を指し、「開放弦」は左手指で棹に張られた糸を押さえずに弾く場合を指す。また、音の出し方には、右手に持った撥を上から振り下ろすようにして糸を弾く(「ヒク」)だけでなく、撥を下から上にすくい上げて糸を弾く方法(「スクウ」)や、左手指で棹に張られた糸を弾く方法(「ハジク」)がある。表 1、2 のような対応関係に通じていれば、自前の三味線が用意できなかったり、演奏できる環境が整わなかったりする場合でも、口三味線を覚えることでその曲の独習がある程度可能になる。また稽古中の指導においても口三味線は多様に用いられ、本稿の事例の中でも頻繁に観察されている。

表 1　口三味線の表記一例〈単音〉(田中ほか(2009: 239)を参照)

	開放弦 ヒク・スクウ・ハジク	勘所を押さえる ヒク・スクウ・ハジク
一の糸	ドン・ロン・ロン	ヅン・ルン・ルン
二の糸	トン・ロン・ロン	ツン・ルン・ルン
三の糸	テン・レン・レン	チン・リン・リン

表 2　口三味線の表記一例〈重音〉(ibid.)

	開放弦	勘所を押さえる	いずれかの音をスクッたり、 ハジいたりする
一と二の重音	ジャン	ジャン	リャン
二と三の重音	シャン	チャン	リャン

　表 1、2 にあるカタカナ表記、またはそれを読み上げる発音が、三味線のどの糸をどのように弾くことを指示しているかを知るには、まさに同表に示された対応関係を把握している必要がある。ここで取り上げる稽古において

も、口三味線が MS 間の同時演奏を支える資源となり得るのは、口三味線に関する認識が MS 間での十分な類似性を保ってコンテクスト化されている必要がある。

口三味線のように明らかに特殊なものに限らず、日常的によく用いられる普通名詞であっても、当該稽古に状況づけられることで特別な意味機能を発揮するものがある。例えば、「中指」「薬指」「人差し指」は、それぞれ 5 本の指のうちの 1 本を指し示す名詞であるが、当該稽古の場において、M がこれらの名詞を発することは重要な意味を持つ。断片 1 は、当該稽古における課題曲「末廣がり」の踊り地の一部分を演奏している場面である[3]。そもそも長唄三味線の稽古においてもっぱら焦点が当てられるのは指遣い、すなわち、棹に張られた糸を押さえる左手指の運指法である。この運指法にはある程度の形が定まっており、各音を弾き鳴らす際の左手の位置と指はほぼ固定されている。したがって、同時演奏中に M が S に志向して発する「中指」「薬指」「人差し指」は、すべて指遣いに言及する指導として意味づけられる。断片 1 の 02 行目「動か：ないで中指」や 21 行目「上がって：薬指」という発話がその典型的な例と言えるだろう。なお、指の呼称と共起する「動く／上がる／下がる」は糸巻き側を上、胴側を下として左手の配置に言及するものである。

断片 1 「末廣がり」踊り地より

```
01   リンリン
02   動か：ないで中指
03   チン
04   ♪こ :: れ :: も :: ♪
05   ♪は :: な :: の :: ♪
     ~~~~~ (中略)~~~~~
09   テン
10   ♪ら :: あ♪
11   一番上
12   チン
13   ♪ひ :: と :: が :: ♪
```

14　♪の::み::て::♪
15　**三本**
16　<・7・7>
~~~~~（中略）~~~~~
21　**上がって：薬指**
22　**我も呑みて**
23　♪我も::呑み(♪)
24　**トテテレ**
~~~~~（中略）~~~~~
60　♪そ::よ::の♪
61　（図2）
62　トチチ
63　トチ
64　**人差し指**
65　トチチリチン

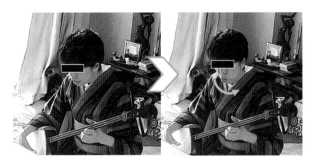

図2　断片1、61行目

さらに、これらの出現位置や共起する身体動作を踏まえて見てみると、各発話が異なる機能によって教えることに貢献していることがわかる。例えば、02行目「中指」と21行目「薬指」は、それぞれ直後の一音(03行目の「チン」、23行目「♪我も::呑み(♪)」の冒頭の音)を弾く際の指遣いを予め指示する、いわばナビゲーション(cf. De Stefani and Gazin 2014)としての発話である。一方、64行目「人差し指」は、60行目時点でのSの演奏を聴いたMが、61行目で左に首を捻り(図2)、62–63行目で61行目と同じ旋律を繰

り返し弾き直した後で発せられている。この M の首の捻りや、同じ音／旋律（下線部）を何度も弾き直す振る舞いは、S の演奏に対する否定的な評価を表している。その一連の流れの中で発せられた「人差し指」は、S の指遣いの誤りを指摘し正しく修正するための発話として機能している。

3.3 「学び」によって「教え」として許容される冗長な語り

　稽古中、特に同時演奏による稽古の前後には、やや冗長にも感じる教授が行われる場面が度々観察される。ここでは、演奏に入る前に M が S の三味線も含めて順に調弦を行う場面での撥の使い方に関する教授を取り上げる。この場面では、M と S が適宜音を出しながら調弦の仕上がりを確認する中で、M が S に対して「撥を扱う際には親指が大事である」ということを伝えようとしている。断片 2 は、その教授の冒頭部分である[4]。

　特に重要なのは 006–007 行目の S の振る舞いである。003 行目で S が弾いた音を聴いた M は、撥を持つ S の右手親指の位置を細かく修正した（004行目）。その指摘と修正を受けて、S は撥を持ち直し、再度自ら音を弾き鳴らす（006 行目）。するとその直後、S は「あ :::」と声を出し、自ら弾いた音と撥の感覚に驚いたような表情で顔を上げ、M に視線を向けている（007行目）。この S の一連の仕草は、M の指摘と修正の効果を主体的に探索し（006行目）、自らの実践が改善されたことへの実感を表現している（007 行目）と考えられる。このような習い手による指導の効果の体現は、現行の指導に関する肯定的な評価として、指導者が指導を進める上でも貴重な参照資源となるに違いない。

断片 2　撥の扱い方の指導 (1)（冒頭 28 秒）

001	M:	うん(1.5) 二の糸は？ *真ん中の糸弾いて, うんまんな,
	m:	*(三味線を脇に置く)
002	m:	(体ごと前に倒して右手でSの三味線の糸巻きに手を伸ばす)
003	M:	*もうちょっと
	s:	*(四音)
004	M:	*親指のもうちょっと前ね, この, この斜めの線よか前に出して/*

264　Part 3　談話・相互行為からのアプローチ

```
         m:      *(右手指でSの撥の一部を差し示す→　→　→　→　→　)/*
005  S:  あ,はい
006  M:  *あのやっぱり,親指の,
         m:     *(元の位置に座り直す)
         s:     *(三音)
007  M:  [なんていうのかな,
     S:  [*あ:::
         s:     *(驚いたような表情で顔を上げ、Mを見る)
008  M:  えあの,*親指の,ちょっと意思っていうのかな
         m:          *(右手で撥を振る仕草)
009  S:  あ::
010  M:  うん,[*こうやって,　　**持ってるものをこうやってんじゃなくて,/*
         m:        *(右手を振る→　→　→　→　→　→　→　→　→　→　→)/*
     S:  [*はい
         s:     *(自分の右手を見る)**(顔を上げてMを見る)
011  S:  はい
012  M:  *親指,**はやっぱりすごく/*意思,意思を
         m:   *(右手で撥を振る仕草→)/*
         s:         **(自分の右手を見る→)
013  M:  親指って大事なんですよ
014  S:  あ:そうですか
```

図3　004行目

　しかし、Mはこの006-007行目のSの振る舞いに対して明確に反応を返すことなく、それを受け流すように語りを継続し(007-008行目)、013行目でこの教授のポイントを「親指って大事なんですよ」と明言した。004行目におけるMの指導は、撥を扱う際の親指の位置を適切な参照(「斜めの線」)と合わせて直接指し示す(図3)極めて端的でわかりやすいものであり、その指導の成果もSによる反応から十分に確認できたはずである。そう考えれば、MS間での撥の扱い方を巡る指導‐学習過程は、004-007行目をもって完結していると見ることができるだろう。それにもかかわらず、Mはそれ以降も補足的な情報を追加しつつ013行目で要点に再び言及するまで語りを継続した。しかも、この撥の扱いにかかる親指の大切さを説く語りは、これ以

降もさまざまなエピソードを提示しながら継続され、全体で約3分20秒にもおよぶ語りとなる。

　この語りの中で、Mは随所で撥を持つ自分の右手を見本として提示し、左手でポイントを指し示しながら詳細を解説しており、それに対して、Sは「はい」「あ：」「ほ：」「そうですか」などのあいづちと、時折自分の右手に視線を落としたり撥を振ったり握り直したりする仕草で反応を返している。「教える」という観点からこのMの語りに欠けていると思えるのは、Sの撥の持ち直しや振り直しに対する(再)評価と思えるものがほとんど見られないことだろう。また、結局は同じポイントに繰り返し言及しているため、その意味では指導-学習に進展がない。Mは語りの途中でたびたびSから視線を逸らし、語りに伴う自分のパフォーマンスに没入しているかのように見える局面や(図4)、そうしたパフォーマンスを笑顔でSに誇示するかのような仕草(図5)も観察された。そういった点からは、この語りが自己完結的、さらには自己中心的にも見えてくる。こうした側面は、この語りの終盤にさらに顕著に表れている。

図4　中空を見て語るM

図5　撥の握りを笑顔で示すM

　断片3は、断片2から約2分後のやり取りである。ここでも同様にMの語りが続く中、Sは時折撥を振り、「ほ：」などと声をあげながら、指導の効果の探索と実感を表している。特に077行目では、当該稽古においては稀な振る舞いであるが、「なんかぜんぜん違う」と明確な発話によってその効

果に言及している。これらの振る舞いに対してMは「そう」という、一見すると肯定的評価と捉えられそうな発話で反応を返している。しかし、073行目の「いろいろ,」、077行目の「あの:,」が言い差しとなっていることからもわかる通り、Sの振る舞いがことごとくMの語り始めを妨げる位置で起こっていること、またそのような押し引きの末にMが078行目で「あの、」と語気を強めた発話によってターンを奪取していることから考えると、その過程で発せられる「そう」は語りの継続に強く志向するMが、その語りにとっては決して望ましくはない位置に現れたSの話しぶりをいなしているかのように見えてくるのである。

断片3 撥の扱い方の指導(2)

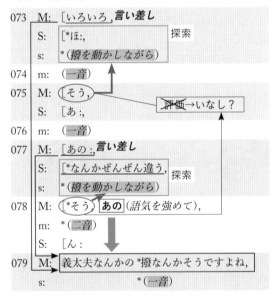

ここで改めてSの振る舞い、すなわち、随所で撥を動かし、音を出し、指導の効果の実感を声に出す振る舞いの意義を確認したい。この献身的に反応を返すSの「学ぶ」話しぶりは、ここでのMによる自己中心的な語りを「教授」として演出している。単に発話であいづちを打つだけでなく、いま争点となっている自分の右手を見たり動かしたりすることで、ただ「聴いて

いる」だけではなく、「学んでいる」ということが表現されている。Sの「学ぶ」話しぶりが、Mの語りを「教える」話しぶりとして承認し許容しているかのようである。Mの話しぶりに、Sが習い手として呼応する様相が、まさに三味線の稽古に似つかわしい師弟関係を演出し、そこに師弟関係に関するMS間の共通認識が反映されていると言えるだろう。

4. 考察

Macbeth (2011: 446) は、教室での教師 - 学生間インタラクションによく見られる＜指示／質問 – 反応／返答 – 評価＞の3ターン連鎖が、その明示的な規則性と一貫性ゆえに、学習の進捗状況において最初期にある学習者 (novice) であっても参与可能であり、そこに学習者を理解へと導く「装置 (apparatus)」としての「動力と実用性 (power and utility)」を指摘した。本章で取り上げた三味線の稽古における指導 - 学習過程にも同様の連鎖構造を指摘することはできるが、その規則性が明示的、一般的であるとは言い難い。断片1に見られる「中指」「薬指」「人差し指」「上がって」「下がって」のような端的な発話が習い手に対するナビゲーション、評価、修正といった「教える」発話として許容されるのは、当該活動に特有の状況下に限ってのことと言わざるを得ない。一方で、そうした過度に端的な発話形式が、問答無用の身体的な模倣と反復を基調とする「習うより慣れろ」の稽古に特有の忙しなさに絶妙に適応していることを考えると、この特殊な環境下においては、この形式が何よりも実用的であると言えるのかもしれない。

また、伝統芸能や武道の稽古に特有の、指導する側が極端に優位に立つ非対称な指導 - 学習過程は、師弟間の信頼関係に支えられている。すなわち、半ば制度的な縛りがあることも否定できないが、師匠の指示に従うことが習得への近道であるという信念をもって、弟子が主体的に師匠の導きに追従するという前提が、当該稽古の「動力」となっている (cf. 藤田 2002)。そうした師弟関係に関する認識を反映する振る舞いが稽古中の各所で観察される。3.3で分析した師匠の語りを巡るやりとりもその一つと言えるだろう。しかし、繰り返し真似るという身体活動を基調とする稽古の効率性を考えると、

この語りはやはり冗長であると言わざるをえない。この語りを巡る師弟間の
やり取りにはどのような意味があるのだろうか。例えば、一般的な会話で
は、会話参加者同士が互いの有する知識について主張し、堅持し、競い合う
といった様々な形で、知識・経験に対する志向性が立ち現れる場面が指摘さ
れており、その知識・経験に対する志向性は「認識性 (epistemics)」と呼ば
れている (Heritage 2013、早野 2018)。認識性は、会話の組織を支える要素
の一つとされ、会話参加者たちが互いの「認識的立場 (epistemic status)」を
明確にし互いにそれを受け入れること、すなわち「認識的調和 (epistemic
congruence)」を達成することへの志向もまた、会話における各発話や振る
舞いのあり方を左右することになる (Heritage 2013、早野 2018)。本章にお
ける認識の定義をもって当該稽古の師弟関係を巡る認識的調和を言い換える
なら、「現行の稽古における MS 間の関係がいかに非対称的か」に関する認
識が MS 間で一致していること、と言えるだろう。そして、その認識の一
致は、制度的に保証されていると言っても過言ではない。M が有する三味
線の知識と経験は、S に比べて圧倒的に豊富であり、そもそも問答無用の稽
古にあって S には自己の認識的優位性を主張する機会もない。逆に言えば、
そうした固定された認識的立場を殊更に誇張することも無意味であるように
感じられる。

　しかしながら、この師弟関係に関する認識が、当該稽古においては無視で
きない MS 間の非対称性をその場に反映していることは間違いない。特に、
断片 1 に見られるような特殊な指導 - 学習過程を円滑に進める上で、MS 間
の非対称性は前提条件の一つと言える。見方を変えれば、そうした非対称な
関係性が当たり前のように指導 - 学習活動に浸潤していることが、当該稽古
の特徴であるとも言える。M と S は、ほぼ同年代で、稽古の場を離れれば、
友人同士のように食事や娯楽を共にする間柄でもある。もちろん、そうした
日常の場面においても、M を師匠として敬う態度が S から全く失われてし
まうことはないだろうが、師弟間における厳格な非対称性は、あくまで稽古
中に限って反映されるものである。そのため、稽古の開始に当たっては、日
常の関係性から認識を切り替えて、再度稽古のための師弟関係をコンテクス
ト化する必要がある。断片 2、3 は、同時演奏に基づく稽古に先立つ準備段

階で互いの三味線を調弦する際に起こったやり取りである。つまり、Sにとってこの段階は、日常生活から稽古の場に足を踏み入れ、Mとの関係が日常のそれとは異なる特別な師弟関係へと切り替わっていく時間でもある。他の稽古場では、入室する段階から儀礼的な所作を求められる場合もあるかもしれないが、本稿で取り上げる稽古場では、入室してすぐは何気ない雑談から始まり、そうした日常会話の間に月謝の受け渡しなどのやり取りを随所に挟みながら、頃合いを見て所定の位置に座り、三味線の調弦を終えてから、いよいよ同時演奏が開始されるという流れとなる。そうして徐々に稽古らしい雰囲気が高まっていく中で、MSの関係性も徐々に厳格な師弟関係の様相を呈するようになる。断片2、3のやり取りは、こうした関係性の切り替えを兼ねる側面もあるのかもしれない。師が師であることを享受し、弟子が弟子であることを受け入れるような話しぶりの応酬には、稽古場面に不可欠な基盤となる師弟間に特有の調和を再構築するための「交感的な (phatic)」(Malinowski 1923) 側面があるのではないだろうか。

5. むすび

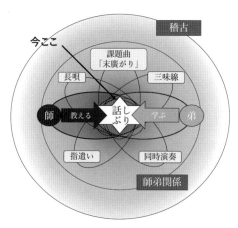

図6　認識を介して現行の稽古をコンテクスト化する話しぶり

最後に改めて、長唄三味線の稽古における認識と話しぶりとの関係につい

て、その全容を確認してみよう（図6）。まず師弟関係を軸とする稽古という活動において、一方が教える側、もう一方が学ぶ側として振る舞う指導‐学習相互行為が実践される場合、両者の間に繰り出される双方の話しぶりは、それが表出する「今ここ」の状況、すなわち、現行の活動に特化した制度的・環境的な条件に関する各主体の認識を反映している。例えば、当該稽古の手法が同時演奏であることや、指導‐学習の対象が指遣いであること、さらには、課題曲の特徴とも関連しているかもしれない。そうした活動の諸特徴に関する師弟の認識を反映することで、師匠の話しぶりが教えることとなり、習い手の話しぶりが学ぶこととなる。同時に、そうした「教える‐学ぶ」話しぶりは、互いをそれらしく演出し合いながら、当該活動を長唄三味線の稽古として演出している。本章の分析からは、こうした活動環境と行為との相互特定的な関係によって、当該の相互行為がその場に似つかわしい指導‐学習過程として然るべき効力と実用性を発揮する仕組みの一端が垣間見えた。

　「教える」話しぶりと「学ぶ」話しぶりの応酬は、さらに師弟間の非対称性をも明確にしていた。この非対称な師弟関係は、伝統芸能の稽古に特有の問答無用の反復と模倣を効率よく推進する上で欠かせない基盤となっている。それゆえに、指導‐学習と言うには、あまりに冗長で非合理的なやり取りも、その場に似つかわしい師弟関係の発露として許容されうるのではないか。そうした、特に明確な目的や意義が確認できないやり取りにも、師弟としてその場に共在する者同士、その関係性をそれとなく確かめる交感的な意義があると言えるのかもしれない。

　本稿の議論は、現行の活動をめぐる認識を、「今ここ」に適した振る舞いの選択や理解に寄与する資源／コンテクストとして捉えるものであるが、これは認知言語学の中でも特にフレーム意味論（澤田 2020、松本・小原 2022）に通じるものがある。ただし、本稿の相互行為論においては、協調的な活動システムの展開がいかにして創発するかを逐次的に記述するために、すなわち、「なぜ今ここでそうするのか」といった局所的かつ一時的な出来事について記述する際に、各主体に固有の認識が反映されることを論じた。一方で、認知言語学においては、「ある言語使用の意味役割にかかる認知」について記述したり、その図解を示したりすることで、より汎用性の高い理論を

目指す抽象化が必要となる印象を受ける。

　著名な認知言語学者の一人である Langacker による一連の研究（Langacker 1999、2006、2008）は、人間が周囲の世界を一定の仕方で切り分け解釈する認知プロセスを、その現れとしての言語現象を通して説明するものであるが（濱田・對馬 2011）、その手続きは、マルチモーダルな相互行為の様相を通して行為主体の認識にアプローチしようとする本稿の試みと基本的な部分で共通している。また Langacker が人の認知能力の原点を日常の身体的経験（everyday bodily experiences）に求める点も本章での前提に一致する（Langacker 2008、濱田・對馬 2011）。しかし Langacker は、知覚されたモノや事態から細部を捨象し、抽象化し、パターン化されたものを "image schema"、もしくは、"simulation" と呼び、それらが脳内に蓄えられることで人の認知能力の基盤となると考えた（ibid.）。この "image schema" や "simulation" で構成される認知の基盤は、まさに本稿における認識に当たるものと思われるが、その抽象化／一般化のプロセスについては再考の余地があるだろう。この抽象化／一般化は、物事を論理的に構造化して捉える言語現象に限定して考えれば、確かに必須の手続きと言えるかもしれない。しかし、そうした言語現象から明らかにされた認知プロセス（認知文法）が、マルチモーダルな相互行為とその背景にある認識との関係性を明らかにする際にもそのまま応用できるだろうか。本稿で分析の対象となった稽古場面では、長唄三味線の稽古一般に共通する知識も当然必要ではあるが、特定の師弟（MS）間に閉じた経験や当該稽古の環境に特化した知識も認識の構成要素として有効に働くものと考えられる。この意味では、実際に経験された事物事象の具体性も捨象されずに保存され、それらが実際のコミュニケーションの中で生かされる仕組みも想定されるべきだろう。また本稿がマルチモーダル分析をもとに浮き彫りにした師弟の認識は、各振る舞いの言語的側面にだけ現れているわけではない。多様な身振りによっても教える者／学ぶ者としての自己が表現され、そうした一つ一つの振る舞いによって起こる「今ここ」の出来事が、即時に次なる振る舞いへと反映されていく。相互行為の主体は、そうした行為連鎖に、互いの認識が概ね共通していることを信じて身を投じていくことになる。このダイナミクスが、言語現象を通して明らかになる認識だけに支えら

272　Part 3　談話・相互行為からのアプローチ

れているとは考えにくい。人の認知の究明における認知言語学の功績には疑いの余地はないが、認知科学の一角として隣接する他の認知論との接続も意識し、より説得的な記述を模索することが、これからの新しい認知言語学に求められているように思われる。

　さらに、本稿ではあまり触れることのなかった認知、すなわち、認識との照合によって事物事象を特定し、理解し、時に認識を更新するような手続きについても、さらなる議論と再考が必要であると思われる。各主体の認識が活動の実践に反映される際の作用もまた認知であると考えられるが、実際の活動の観察と分析を鑑みると、例えば「理解」や「思考」といったような認知的手続きが認識の反映に逐一介入しているという捉え方に若干の違和感を覚える。認識は、そうした手続きを経ずとも、振る舞う主体の身体に直接染み付いて（身について）いて、その意味で活動の中の相互行為は、主体間で互いの認識を身体的に照合する過程として捉えられるのではないか。一方、本稿が取り上げたような概ね円滑に進行している活動ではなく、活動が頓挫し、改めて主体間での交渉が必要となるような、進行に淀みのある活動を見れば、その淀みの背景に主体間での認識のズレを認め、それについて互いに考え直し、理解を改めるといった認知が観察可能な事象を通して確認される可能性もある。このように多種多様な活動の相互行為分析を通して認知／認識を捉え直す試みが、ひいては新しい認知言語学の礎となるような知見に繋がることを期待したい。

注

*　本稿は名塩（2024）の議論に、主に認識にかかる理論的な裏付けを中心に加筆した上で、その分析と考察に修正を加えたものである。

1　指標を巡る一連の理論については、Silverstein（1993）、小山（2009）以外にも、Silverstein（1976、1985）や、小山（2008）なども参照されたい。

2　「認知」と「認識」は、"cognition" と同じ英訳が当てられることもあるほど類似した概念である。哲学において「認識」は「知識」とほぼ同義とされているが、「知識」が認知作用によって得られた成果を表すのに対し、「認識」は成果のみならず、対象を把握するに至る作用をも含むとされる（森 1995: 367）。本章では、この

作用を「認知」とした上で、「その場の活動に不可欠な認知の基盤として体系化された知識群」を「認識」と定義し、日常語としての「知識」とも区別する。

3 断片1は、Mの話しぶりのみを書き起こしたもので、カタカナは口三味線の詠唱、'♪○○♪' 部分は長唄の歌唱、また**ゴシック太字**は三味線の演奏を伴わない発話を表す。

4 断片2、3では、'M/S' が話者、'm/s' が非言語行動の主体、'[' が発話同士の重なりの開始部、'＊' が非言語行動との重なりの開始部、'/＊' が非言語行動との重なりの終了部、'(*斜体*)' が非言語行動に関するメモ、'(0.0)' が発話のない期間（秒）を表す。

参考文献

Clark, H. H. (1996) *Using Language*. Cambridge: Cambridge University Press.

De Stefani, E. and Gazin, A. D. (2014) Instructional Sequences in Driving Lessons: Mobile Participants and the Temporal and Sequential Organization of Actions. *Journal of Pragmatics* 65: pp. 63–79.

Drew, P. and Heritage, J. (1992) Talk at Work: An Introduction. In Drew, P. and Heritage, J. (eds.), *Talk at Work: Interaction in Institutional Settings*, pp. 66–100. New York: Cambridge University Press.

藤田隆則 (2002)「能の音楽の伝授—身体的な繰り返しと「ことば」」『人文學報』86: pp. 295–309. 東京都立大学

Levinson, S. C. (1979/1992) Activity Type and Language. *Linguistics* 17: pp. 365–399.

Lindström, J., Lindholm, C., Norrby, C., Wide, C. and Nilsson, J. (2017) Imperatives in Swedish Medical Consultations. In Sorjonen, M-L., Raevaara, L. and Couper-Kuhlen, E. (eds.), *Imperative Turns at Talk: The Design of Directives in Action*, pp. 299–324. Amsterdam/Philadelphia: John Benjamins.

濱田英人・對馬康博 (2011)「Langacker の主観性（Subjectivity）と主体化（Subjectification）」『文化と言語：札幌大学外国語学部紀要』75: pp. 1–49. 札幌大学

Hayano, K. (2011) Claiming Epistemic Primacy: *Yo*-marked Assessments in Japanese. In Stivers, T., Mondada, L. and Steensig, J. (eds.), *The Morality of Knowledge in Conversation*, pp. 58–81. Cambridge: Cambridge University Press.

早野薫 (2018)「認識的テリトリー—知識・経験の区分と会話の組織」平本毅・横森大輔・増田将伸・戸江哲理・城綾実編『会話分析の広がり』pp. 193–224. ひつじ書房

Heritage, J. (2013) Epistemics in Conversation. In Sidnell, T. and Stivers, T. (eds.), *The*

Handbook of Conversation Analysis, pp. 370–394. Boston: Wiley-Blackwell.

小山亘(2008)『記号の系譜—社会記号論系言語人類学の射程』三元社

小山亘(2009)「シルヴァスティンの思想—社会と記号」マイケル・シルヴァスティン著、小山亘編、榎本剛士・古山宣洋・小山亘・永井那和共訳『記号の思想—現代言語人類学の一軌跡　マイケル・シルヴァスティン論文集』pp.11–233. 三元社

Langacker, R. W. (1999) *Grammar and Conceptualization*. Berlin/New York: Mouton de Gruyter.

Langacker, R. W. (2006) Subjectification, Grammaticalization, and Conceptual Archetype. In Athanasiadou, A., Canakis, C. and Cornillie, B. (eds.), Subjectification: Various Paths to Subjectivity, pp. 17–40. Berlin/New York: Mouton de Gruyter.

Langacker, R. W. (2008) *Cognitive Grammar: A Basic Introduction*. Oxford: Oxford University Press.

Macbeth, D. (2011) Understanding Understandings as an Instructional Matter. *Journal of Pragmatics* 43: pp. 438–451.

Malinowski, B. (1923) The Problem of Meaning in Primitive Languages. In Ogden, C. K. and Richards, I. A. (eds.), *The Meaning of Meaning*, pp. 451–510. London: Routledge & Kegan Paul. (石橋幸太郎訳(1967)『意味の意味』新泉社)

松本曜・小原京子(2022)「フレーム、フレーム意味論、フレームネット」松本曜・小原京子編『フレーム意味論の貢献—動詞とその周辺』pp. 1–17. 開拓社

Mey, J. L. (2001) *Pragmatics: An Introduction Second Edition*. Malden: Blackwell. (小山亘訳(2005)『批判的社会語用論入門 社会と文化の言語』三元社)

Mondada, L. (2019) Contemporary Issues in Conversation Analysis: Embodiment and Materiality, Multimodality and Multisensoriality in Social Interaction. *Journal of Pragmatics* 145: pp. 47–62.

森宏一編(1995)『哲学辞典』青木書店

名塩征史(2020)「同時演奏を基調とする三味線の稽古場面のマルチモーダル分析—「演奏すること」を教授する対面・同期形式での指導」『日本認知科学会第 37 回大会発表論文集』pp. 412–420. 日本認知科学会

名塩征史(2021)「会話への途中参加を巡る動機付けと許容に関する認知語用論的考察—理容室でのコミュニケーションを対象とした事例分析をもとに」田中廣明・秦かおり・吉田悦子・山口征孝編『動的語用論の構築へ向けて 第 3 巻』pp. 162–181. 開拓社

Nashio, S. (2021) Interaction for Synchronization: Multimodal Analysis of the Process of

Instructing and Learning Shamisen Skills. *Journal of Morito Institute of Global Higher Education* 4: pp. 55–67.

名塩征史 (2024)「「教える」話しぶり／「学ぶ」話しぶり―自他の認識を反映した話し方によって演出される稽古もしくは師弟」『日本認知言語学会論文集』23: pp. 526–531. 日本認知言語学会

澤田淳 (2020)「フレーム意味論」池上嘉彦・山梨正明編『講座 言語研究の革新と継承 4 認知言語学 I 』pp. 173–240. ひつじ書房

Silverstein, M. (1976) Shifters, Linguistic Categories, and Cultural Description. In Basso, K. H. and Shelby, H. A. (eds.), *Meaning in Anthropology*, pp. 11–55. Albuquerque: University of New Mexico Press.

Silverstein, M. (1985) Language and the Culture of Gender: At the Intersection of Structure, Usage, and Ideology. In Mertz, E. and Parmentier, R. J. (eds.), *Semiotic Mediation: Sociocultural and Psychological Perspectives*, pp. 219–259. Cambridge: Academic Press.

Silverstein, M. (1993) Metapragmatic Discourse and Metapragmatic Function. In Lucy, J. A. (ed.), *Reflexive Language: Reported Speech and Pragmatics*、pp. 33–58. Cambridge: Cambridge University Press. (榎本剛士・小山亘・永井那和共訳 (2009)「メタ語用的ディスコースとメタ語用的機能」マイケル・シルヴァスティン著、小山亘編、榎本剛士・古山宣洋・小山亘・永井那和共訳『記号の思想―現代言語人類学の一軌跡　マイケル・シルヴァスティン論文集』pp.473–537. 三元社)

高梨克也・坂井田瑠衣 (2022)「日常生活場面の相互行為分析」鈴木宏昭編『認知科学講座 3 心と社会』pp. 103–140. 東京大学出版会

田中悠美子・野川美穂子・配川美加編 (2009)『まるごと三味線の本』青弓社

索 引

C

Corpus of Contemporary American
English (COCA) 98

Corpus of Global Web-Based English
(GloWbE) 99

F

fictive interaction (仮想／擬似的相互行
為) 135, 136, 137, 150, 152, 207

G

glmertree 21, 22

M

Michigan Corpus of Academic Spoken
English (MICASE) 40, 41

P

Partial Dependency Plot (PDP) 57

W

wanna 縮約 14

WANT 交替 13

あ

アイデンティティ 145, 147, 150, 151

アルタ語 191

い

逸脱表現 158, 173

意味ベクトル 44, 47, 48

う

打ちことば 157, 159, 170, 174

埋め込まれた認知 173

か

外円圏 103

χ 二乗検定 49

会話分析 230, 235, 236, 247

画一化 114

革新 117

拡張 168

確率文法 13, 20

過去と現在の思考の対比 217

語りのクライマックス 207, 224

活動 255

感動詞 209, 210

き

記号的・視覚的な要素 174

疑似体験　137
共通（の）基盤　138, 140, 217

く
口に出せなかった思考　211
愚痴の語り（complaint stories）　208
句のブレンディング　119

け
言語知識の方向性　80, 82
言語知識の用法基盤性　2
言語の理想化　1
言語変異　31
言語類型論　183, 201

こ
語彙密度（Lexical Density, LD）　52
構文形成　168
構文文法　18
コーパス基盤類型論　183, 185
心の理論　200, 201
語用　255
語用実践行為　257
声色　209
根源的用法　104, 106

さ
再演（(re)enactment）　207

し
視覚方言（eye dialect）　39
思考動詞　209, 222
思考の引用　205, 206, 207, 208
自己志向的な発話　239, 247

指標野　255
社会的転回　6
社会的認知　200, 201
ジャンル　101, 102
主観的意味　37
主語補語　94
使用基盤　151, 152, 158
使用基盤言語学　231
使用基盤モデル　133, 149
叙述用法　91
所属　138, 140, 151
新規性　134, 144, 147, 148, 150, 151,
　　　152
身体行動　239, 244

す
スタンス　241, 248, 249

せ
生成文法　14
生態学的ニッチ　120
世界英語　105

そ
相互行為　206, 253
属性　230, 235, 247

た
多重文法　173
脱曖昧化　90

ち
地域方言　101
直示　209

索引　279

直接引用　206, 209, 222, 224
直接会話修飾節　162

て
定型性　134, 147, 148, 150, 151, 152
テキストジャンル　65
伝播　117, 170

と
同意　213
動機付けられたエラー　120
読点　160
独立成分分析（ICA）　47
トピック　75

な
内円圏　103
内心の愚痴　211
内省　173

に
認識　256
認識的モダリティ（epistemic modality）
　　61
認知　256
認知社会言語学　7, 27, 31

は
発話行為　95
話し言葉　229, 231
話しぶり　254

ひ
非時間的（な）関係　91, 94

ピッチ　215, 218, 222
批判　144, 147, 150
非標準的な句読法　157
評価　216
頻度　229, 231, 233, 234, 235

ふ
複雑動詞　190, 197, 198
副詞　190, 194, 197, 198
副詞節　188, 189, 193
負の定着　118
プロソディ　208, 210, 222, 223
プロトタイプ的意味　70, 71, 79, 81, 82
分布仮説　76
文末詞　209, 236, 237, 247
文脈　66, 82
文脈依存　173

へ
並置節　189, 195, 196, 198, 199
変異社会言語学　3

ほ
方言　102, 103
補文節（compelmentation）　184, 187,
　　192, 198, 199, 200

ま
間テクスト性　139, 153
間テクスト的　138, 139
マルチモダリティ　253

め
命題のフレーミング　184

も

モード依存性　172

モジュール仮説　15, 16

モダリティ表現　163, 166

ゆ

ユーモア　139, 140, 153

よ

用法（使用）基盤の前提　iii

用法基盤アプローチ　2

ら

ランダムフォレスト分類器 (Random
　　Forest Classifier)　56

り

理想化　134

る

類推　119

れ

レジスター　101

わ

話者アイデンティティ　230, 231, 232,
　　233, 234, 248

編者・執筆者紹介

(五十音順 ＊は編者)

遠藤智子（えんどう　ともこ）

東京大学大学院総合文化研究科准教授

［主な著書・論文］

Recipient Design and Collaboration in Language Socialization: A Multimodal Analysis of a Japanese Household Religious Ritual. *Research on Children's Social Interaction* 7(1)(Equinox, 2023)

Sequential Positions and Interactional Functions of Negative Epistemic Construction in Japanese Conversation. *Journal of Japanese Linguistics* 39 (1) (De Gruyter Mouton, 2023)

大谷直輝（おおたに　なおき）

東京外国語大学大学院総合国際学研究院准教授

［主な著書・論文］

『ベーシック英語構文文法』（ひつじ書房、2019）

『認知言語学と談話機能言語学の有機的接点―用法基盤モデルに基づく新展開』（ひつじ書房、2020、共編）

木本幸憲（きもと　ゆきのり）

大阪大学大学院人文学研究科准教授

［主な著書・論文］

Mora, Vowel Length, and Diachrony: The Case of Arta, A Philippine Negrito Language. *Issues in Austronesian Historical Linguistics* (University of Hawai'i Press, 2017)

Vitality, Maintenance and Documentation among the Malayo-Polynesian Languages of Southeast Asia. *The Oxford Guide to the Malayo-Polynesian Languages of Southeast Asia* (Oxford University Press, 2024, 共著)

木山直毅（きやま　なおき）

北九州市立大学基盤教育センター准教授
［主な著書・論文］
When Tense Meets Constructional Meaning: The Realis and Irrealis Alternation in the *Enough* Construction. *Cognitive Linguistic Studies* 4 (2) (John Benjamins, 2017)
A Topic-based Diachronic Account of the Polysemy of the English Verb 'Run'. *Research in Language* 21 (2) (Lodz University Press, 2023, 共著)

渋谷良方 ＊（しぶや　よしかた）

金沢大学人文学系准教授
［主な著書・論文］
『ラディカル構文文法―類型論的視点から見た統語理論』（研究社、2018、訳）
Examining the Analytic Shift Hypothesis in the English Comparative Constructions : A Corpus-based Diachronic Study of Register Variation.『認知言語学研究』5（日本認知言語学会、2020）

Ash L. Spreadbury（アッシュ　リー　スプレッドベリー）

信州大学人文学部助教
［主な著書・論文］
Fictive Interaction in Humorous YouTube Comments: A Preliminary Investigation.『藝文研究』122（慶應義塾大学藝文学会、2022）
X they said Y they said as a Sarcastic Multi-sentential Construction.『認知言語学論考 No.16』（ひつじ書房、2022）

土屋智行（つちや　ともゆき）

九州大学言語文化研究院准教授
［主な著書・論文］
「言語の創造性の基盤としての定型表現―慣用句およびことわざの拡張用法の調査」『認知科学』18 (2)（日本認知科学会、2011）
『言語と慣習性―ことわざ・慣用表現とその拡張用法の実態』（ひつじ書房、2020）

中村文紀（なかむら　ふみのり）

中央大学法学部准教授
［主な著書・論文］
「連結詞的知覚動詞構文の談話標識化―現代アメリカ英語における調査」金澤俊吾・
柳朋宏・大谷直輝編『語法と理論との接続をめざして―英語の通時的・共時的広がり
から考える 17 の論考』（ひつじ書房、2021）
Quotation and Dialogueness: Be Like in TED Presentations. *Colloquia* 43（慶應義塾大学
大学院文学研究科英米文学専攻『コロキア』同人、2022）

中山俊秀（なかやま　としひで）

東京外国語大学アジア・アフリカ言語文化研究所教授
［主な著書・論文］
『認知言語学と談話機能言語学の有機的接点―用法基盤モデルに基づく新展開』（ひつ
じ書房、2020、共編）
Commas as a Constructional Resource: The Use of a Comma in a Formulaic Expression in
Japanese Social Media Texts. *Journal of Japanese Linguistics* 39（1）（De Gruyter Mouton,
2023, 共著）

名塩征史（なしお　せいじ）

広島大学森戸国際高等教育学院准教授
［主な著書・論文］
「身体的技術の指導 – 学習過程における相互行為―年少者向け空手教室での「相手を
意識した」経験の共有」『社会言語科学』23（1）（社会言語科学会、2020）
「日常会話を伴う理容活動に状況づけられた「見る」―鏡を介した「見る／見せる」
の分析」牧野遼作・砂川千穂・徳永弘子編『外界と対峙する』（シリーズ　言語・コミュ
ニケーション研究の地平）（ひつじ書房、2022）

堀内ふみ野（ほりうち　ふみの）

日本女子大学文学部准教授

［主な著書・論文］

English Prepositions in Usage Contexts: A Proposal for a Construction-Based Semantics（ひつじ書房、2022）

Commas as a Constructional Resource: The Use of a Comma in a Formulaic Expression in Japanese Social Media Texts. *Journal of Japanese Linguistics* 39 (1)（De Gruyter Mouton、2023、共著）

横森大輔*（よこもり　だいすけ）

京都大学国際高等教育院および人間・環境学研究科准教授

［主な著書・論文］

『話しことばへのアプローチ―創発的・学際的談話研究への新たなる挑戦』（ひつじ書房、2017、共編）

『会話分析の広がり』（ひつじ書房、2018、共編）

吉川正人*（よしかわ　まさと）

群馬大学情報学部准教授

［主な著書・論文］

「社会統語論の目論見―「文法」は誰のものか」井上逸兵編『社会言語学』（朝倉日英対照言語学シリーズ　発展編 1)（朝倉書店、2017）

「認知言語学の社会的転回に向けて―「拡張された認知」が切り開く認知言語学の新たな可能性」篠原和子・宇野良子編『実験認知言語学の深化』（ひつじ書房、2021）

李嘉（り　か）

名古屋大学大学院工学研究科講師／東京大学大学院総合文化研究科博士後期課程

［主な著書・論文］

「汉语自然口语中“不是”的语用功能与韵律特征分析」『互动语言学与汉语研究 第四辑』（社会科学文献出版社、2023）

李昱琨（り　ゆくん）

東京大学大学院総合文化研究科博士後期課程

［主な著書・論文］

「初対面の中国語会話における疑問詞を用いた質問応答の相互行為分析―質問応答連鎖後方拡張の４パターン」『言語情報科学』22（東京大学大学院総合文化研究科言語情報科学専攻、2024）

新しい認知言語学
—言語の理想化からの脱却を目指して
New Approaches in Cognitive Linguistics: Beyond the Idealization of Language
Edited by SHIBUYA Yoshikata, YOSHIKAWA Masato, YOKOMORI Daisuke

発行	2024 年 12 月 6 日　初版 1 刷
定価	5500 円＋税
編者	© 渋谷良方・吉川正人・横森大輔
発行者	松本功
装丁者	中垣信夫＋中垣呉（中垣デザイン事務所）
印刷・製本所	日之出印刷株式会社
発行所	株式会社 ひつじ書房
	〒 112-0011 東京都文京区千石 2-1-2　大和ビル 2 階
	Tel.03-5319-4916　Fax.03-5319-4917
	郵便振替 00120-8-142852
	toiawase@hituzi.co.jp　https://www.hituzi.co.jp/

ISBN978-4-8234-1249-3

造本には充分注意しておりますが、落丁・乱丁などがございましたら、
小社かお買上げ書店にておとりかえいたします。ご意見、ご感想など、
小社までお寄せ下されば幸いです。

［刊行書籍のご案内］

話しことばへのアプローチ　創発的・学際的談話研究への新たなる挑戦
鈴木亮子・秦かおり・横森大輔編　　定価 2,700 円＋税

近年、書きことばに基づく文法記述では説明できない「話しことば」の諸現象に注目が集まっている。本書は、話しことばの言語学を概説する第 1 部と、その応用編として同じ談話データをアプローチの異なる話しことば研究者が分析するとどのような考察が得られるかという野心的な試みに挑戦した第 2 部で構成されている。各章に重要キーワードの解説付き。

執筆者：岩崎勝一、遠藤智子、大野剛、岡本多香子、片岡邦好、兼安路子、鈴木亮子、中山俊秀、秦かおり、東泉裕子、横森大輔

認知言語学と談話機能言語学の有機的接点　用法基盤モデルに基づく新展開
中山俊秀・大谷直輝編　　定価 4,500 円＋税

本書は、言語を実際の言語経験に基づいて形成される動的な知識体系として捉える用法基盤モデルを接点として認知言語学と談話機能言語学の有機的融合を図り、言語知識、言語獲得、言語運用に関する研究の新展開の可能性を示す。第 1 部と第 2 部で用法基盤モデルで想定される言語観を概観し、第 3 部では学際的な視点から行われた 9 つの研究を実例としてあげる。

執筆者：岩崎勝一、大谷直輝、大野剛、木本幸憲、佐治伸郎、サドラー美澄、柴﨑礼士郎、鈴木亮子、第十早織、巽智子、田村敏広、長屋尚典、中山俊秀、堀内ふみ野、松本善子、吉川正人